Robert Schurz

Negative Hermeneutik

AF150262

Robert Schurz

Negative Hermeneutik

*Zur sozialen Anthropologie
des Nicht-Verstehens*

Springer Fachmedien Wiesbaden GmbH

Die Deutsche Bibliothek – CIP-Einheitsaufnahme

Schurz, Robert:
Negative Hermeneutik: zur sozialen Anthropologie
des Nicht-Verstehens / Robert Schurz.

ISBN 978-3-531-12767-5   ISBN 978-3-663-12254-8 (eBook)
DOI 10.1007/978-3-663-12254-8

Umschlaggestaltung: Horst Dieter Bürkle, Darmstadt

Gedruckt auf säurefreiem Papier

ISBN 978-3-531-12767-5

Inhaltsverzeichnis

I. Einleitung

Es gibt Momente, in welchen das Nicht-Verstehen seinen festen rituellen Stellenwert hat: gepaart mit den Affekten von Fassungslosigkeit und Entsetzen wird es in den üblichen Reden an einem offenen Grab zitiert oder besser: das Nicht-Verstehen wird angerufen. Es ist der individuelle Tod, der sich nach dem öffentlichen Sprachgebrauch dem Verstehen entzieht. Der Tod in seiner Allgemeinheit steht sehr wohl, von der Theologie bis zur Biologie, verschiedenen Verstehensversuchen offen, aber das Ritual der Verständnislosigkeit überlebt auch diese Versuche, kann man sich es doch an einem offenen Grab kaum leisten, zu sagen, man verstehe nur zu gut, wieso dort unten eine Leiche liegt. Denn der Tod ist das radikalste Phänomen, eigentlich das Paradigma dessen, was dem Menschen in der Figur der Gewalt des Natürlichen oder der natürlichen Gewalt zugemutet wird.

So ist also der Umgang mit Zumutungen thematisiert, und eine Zumutung der Philosophie wäre es, wenn sie sich verpflichtet fühlte, noch am offenen Grab etwas aufzuklären. Heidegger mutet ihr das zu, - meist aber antwortet Philosophie auf das offene Grab mit einem nominalistischen Vorbehalt. Nominalismus, die Skepsis gegen den Begriff, steht in diesem Sinne für die Schweigeminute, wie sie etwa bei Staatstrauer öfters zelebriert wird. In dieser stummen Minute erkennt der Staat offiziell ein anderes Gewaltmonopol an: nämlich das Monopol der Gewalt des Natürlichen. Gleichzeitig konstituiert er sich selbst in dieser Anerkennung, denn nur das Individuum ist dieser Gewalt ausgeliefert; der Staat hingegen überlebt das Individuum, und die Vergänglichkeit des einzelnen verweist auf die Notwendigkeit einer Ordnung, in der Personen austauschbar sind.

Der Zusammenhang zwischen Staat und Nominalismus ist ja auch schon bei Hobbes explizit formuliert: der Staat ist die Notlösung gegenüber einer Gewalt, an die der Begriff nicht heranreicht. Im Gegenzug steht die Hegelsche Utopie eines Individuums, das seine Existenz in der Welt völlig fassen und begreifen kann, und damit aufhört, Individuum zu sein. Solcher Mensch würde als reine Persönlichkeit dahinblühen, und der Staat als Schutz gegen die entzieht, hätte seine Daseinsberechtigung verloren. Damit aber ein Individuum so weit kommen kann, muß es gebildet, aufgeklärt werden.

Aufklärung ist vorerst eine Anstrengung des Begriffes hin zu einem universellen Verständnis: prinzipiell ist ein Individuum erst dann vollständig aufgeklärt, wenn es in der Lage ist, alles, was es umgibt, in einem adäquaten Begriff wiederzufinden; d.h. wenn die Welt in allen ihren relevanten Erscheinungsformen für das Individuum sinnvoll wird. Das Schwierige daran liegt in der Idee der Adäquanz: das Individuum soll nicht nur irgendeinen sondern den richtigen Begriff von der Welt haben. Denn es ist ein Leichtes, die Welt mit allerlei Sinn auszustatten: ein paar Geister, Götter oder sonstige autonome Instanzen genügen hierfür. Aufklärung hingegen zielt auf einen wahren Sinn und wird damit in gewisser Weise bodenlos.

Das zeigt sich auch an dem bis dato faktischen Scheitern der Aufklärung, das wohl auch ein prinzipielles sein dürfte: eine bessere Welt wäre konkret vorstellbar; die Mittel der Vernunft und der durch sie angeeigneten Natur reichen schon seit längerer Zeit aus, zumindest den Frieden und die Subsistenz der Menschheit zu sichern. Beides ist indes nicht erreicht worden. Der Veröffentlichung und Realisation, also gewissermaßen der effektiven Kommunikation einer historischen oder ontologischen Wahrheit, stand die historische oder ontologische Verfassung der rezipierenden Individuen gegenüber. Diese machten fortwährend die Erfahrung, daß sich das Leben dem Begriff entzieht, und in dieser Erfahrung näherten sie sich der Position des Nominalismus, was sich vorrangig in einer bestimmten Skepsis ausdrückt.

Skepsis ist aber auch konstitutiv für das Individuum; nicht die begrifflich hergeleitete Skepsis, sondern Skepsis als Verteidigung eines immanenten Selbstverständnisses. In diesem Sinne reagiert Skepsis auf eine Zumutung, auf das, was das Individuum nicht mehr integrieren kann. Aufklärung müßte also, um dem gerecht zu werden, nur prinzipiell Verständliches anbieten, - also etwa auf Zumutungen wie die Reduktion des Menschen auf seine bloße Fleischlichkeit, welche Lehre beispielsweise Diderot seinen Zeitgenossen nahebringen wollte, zu verzichten. In einem Haufen Fleisch kann sich das menschliche Individuum nicht begreifen. So darf also auch das Begriffene nicht die Immanenz oder prinzipielle Integrität der Individuen gefährden, - kann also nur innerhalb bestimmter Grenzen der Zumutbarkeit seinen Ort haben.

Wenn Aufklärung sich auf solche prinzipiell zumutbaren Wahrheiten beschränkt, so ist sie eigentlich schon nominalistisch geworden, denn für den Nominalisten taugt der Begriff nur als Funktion einer Immanenz. Der Begriff hat an sich selbst keine Wahrheit mehr, sondern ist bloß Instrument des sozialen Austausches. Auf dieser nominalistisch motivierten Basis überlebt also die Aufklärung und wird zum Humanismus. Dem Menschen wird in einer klugen Rücksicht ein Menschenrecht zugestanden, das eben diese Zumutbarkeit betrifft. Verstehe ein jeder eben, was er kann, und innerhalb eines solchen Verstehens wird dann vielleicht auch Glück sein.

Aufklärung hat nunmehr eine Zusatzaufgabe: sie soll vorhandenes Wissen integrierbar machen, denn erst wenn das Individuum einen Sinn sieht, das Wissen also seinen Ansprüchen gerecht wird, kann es gebildet werden. Das würde aber in einer radikalen Konsequenz die Wahrheit der Welt auf die Bequemlichkeit der Individuen reduzieren; der Sinn wäre abhängig vom Wollen der einzelnen, von dem jeweiligen Horizont des individuell möglichen Verstehens. Damit wäre die Wahrheit weitgehend preisgegeben, - ein Zustand, den die Aufklärung auf keinen Fall wollen kann. Ein Lösungsansatz liegt nun darin, den Individuen innerhalb der Grenzen ihrer Immanenz ein Mißverstehen, ein falsches Verstehen zuzubilligen. Verstehen wird mithin zu einer Kunst, die man lernen kann.

An diesem Punkt nun setzt die Hermeneutik an, und es ist kein Zufall, daß die Hermeneutik, von Schleiermacher bis Gadamer, mit dem Begriff der Bildung operiert. Die Didaktik (im weiteren Sinn auch die Rhetorik) nimmt zur Kenntnis, daß der individuelle Sinnhorizont spezifisch, oder, um die Didaktik auf ihren ursprünglichen Bereich der Unterrichtslehre anzusprechen, noch ungeformt ist. In solchen ideosynkratischen oder nicht gereiften Verfassungen des Geistes muß aber die Potenz zur universalen Partizipation am Sinn, in seinen humanistischen Grenzen liegen, denn wenn dem nicht so wäre, würde die Bildung umsonst sein. Die Überführung eines fehlenden oder spezifischen Vorverständnisses in ein allgemeines Verständnis ist der didaktische Akt. Es soll eingeholt werden, was die Individuen an entwicklungsbedingten oder soziokulturellen Faktoren trennt. Didaktik ist so eigentlich die Lehre von der richtigen Abstraktion von den eigenen Lebensbedingungen. In diesem Zuge wird auf die spezifischen Voraussetzungen Rücksicht genommen: das, was verstanden werden soll, wird zuerst im konkreten Lebenszusammenhang der Individuen anschaulich gemacht, um dann in einen globalen Zusammenhang integriert zu werden. Der Immanenz des Sinns wird hier das Recht gegeben, freilich nur vorläufig und unter der Bedingung, daß diese Immanenz zu einer Allgemeinheit hin erweiterungsfähig ist. Bildung ist Sinnentfaltung, und Sinnentfaltung geht mit einer notwendigen Abstraktion des Individuums von sich selbst einher. Diese Abstraktion ist eine Anpassungsleistung.

Die Entfaltung des Sinn-Verständnisses als Anpassungsleistung ist dann Thema der Entwicklungspsychologie: das Verstehen, die Verstehensleistung muß solchermaßen nicht mehr eine hermeneutische Universalie sein, sondern kann ganz einfach einem Mechanismus folgen, der das unreife Individuum einer Allgemeinheit kommensurabel macht. Die Entwicklungspsychologie beschreibt wesentlich denselben Prozeß, der in der hermeneutischen Bildungsidee niedergelegt ist. So entspricht etwa Piagets Modell von Assimilation und Akkomodation dem Verhältnis von Vorverständnis und Fremdhorizont. Bei Piaget besteht Entwicklung in einer 'Dezentrierung' des Individuums, wiewohl das Individuum immer Zentrum der Entwicklung bleibt. Erst eine assimilierte Struktur kann in das Stadium der Akkomodation treten, was den Vorrang der Immanenz meint. In der Entwicklungspsychologie figuriert dies als 'Gleichgewicht', - ein Zustand, der das Ziel jeder Anpassungsleistung vorstellt. Das Ganze sieht so aus, als ob die Kinder konvertieren würden: reuige Einsicht in den Sinn, denn hätten sie diese Einsicht nicht, wären sie aus dem Gleichgewicht, dem Äquilibrum gebracht. Bei der Konvertierung ist es ja auch so, daß die Allgewalt Gottes, die gütig ist, jedem Menschen die Fähigkeit zum richtigen Glauben gleichsam einpflanzt. Der Mensch irrt dann eben, solange er strebt, aber wenn er sich zu viel irrt, wird er aus dem Gleichgewicht gebracht, und dann offenbart sich ihm eine innere Stimme, die immer schon in ihm präsent, aber nur durch den Lärm des Lebens übertönt war.

Es gibt aber auch Zustände, fern von einem so definierten Gleichgewicht, die man nicht einer Pathologie unterordnen muß; es genügt auf ein Phänomen zu verweisen, das die Bildung im humanistischen Sinne immer wieder beim einzelnen rückgängig machen kann: die Regression. Dieser Terminus mag vorerst für all das stehen, was das Individuum hinter den Stand seiner eigenen Aufklärung zurückfallen läßt; da kommt also ein Mensch aus dem Gleichgewicht und, anstatt höhere Einsichten zu haben, wird er ganz kindisch. Gegen jede Aufklärung hält dieser Mensch an inadäquaten Sinn-Strukturen fest. Hier also scheint sich das Individuum manifest gegen die Ansprüche der Aufklärung zu schützen. Dennoch wähnt sich auch hier die Aufklärung noch nicht am Ende: sie verlängert sich in die Psychotherapie oder, um es globaler zu benennen: in Heilkunde. Regression wird dann als Effekt einer ursprünglichen Gewalt gegen das Individuum definiert, - letztlich als Trauma. Es handelt sich also um einen lebensgeschichtlich deformierten Sinnhorizont, der die Regression notwendig macht. Die Aufklärung hätte dann nur noch diese ursprüngliche Gewalt freizulegen, sie integrierbar zu machen, um hinterher desto besser verstehen zu können.

Somit wäre die humanistische Aufklärung vorerst gerettet: man müßte Lebensbedingungen schaffen, die solche 'ursprünglichen' Gewaltakte verhindern, und schon wäre wieder die Universalität des Verstehens hergestellt. Prozesse wie Verdrängung, Verleugnung oder Vergessen, - allesamt dem Verstehen entgegen, würden sich derart erübrigen. Aufklärung wäre dann eine Art psychologische Prophylaxe, ein Kampf gegen 'Entartung'; - letztlich ein heilkundliches Unterfangen. Hier aber drängt sich doch die Frage nach einer Ontologie der Gewalt auf. Diese muß aber im Kontext der Aufklärung gar nicht prinzipiell beantwortet werden, - sofern das überhaupt geht, denn sie ist in der humanistischen Aufklärung und damit auch in der Hermeneutik vorausgesetzt. Wenn Verstehen auf den Sinn zielt, und Sinn das ist, was innerhalb einer Immanenz von Zumutbarkeit stattfindet, so muß es eine ursprüngliche Gewalt geben, die gegen diese Immanenz gerichtet ist. Wenn man andererseits diese Gewalt als akzidentell situiert, so wäre der Humanismus in der Aufklärung nicht nötig. Das Phantasma einer nicht-humanistischen Aufklärung, die Allgegenwärtigkeit eines freien Menschen, der sich alles zumuten kann, weil es keine ursprüngliche Gewalt gibt, die seine Existenz in einem Bann hält; - dieses Phantasma liefert sich entweder dem Spott der Empirie aus oder es schlägt, sofern man es realisieren will, um in Barbarei.

Innewerden muß man sich dessen, daß die Frage nach der 'ursprünglichen Gewalt' eine metaphysische Frage ist; eine Konstruktion, die auf einer prinzipiellen Ebene mit dem agiert, was nur je spezifisch erfahrbar ist. Spezifische Erfahrung ist immer auch historische Erfahrung; - und so kommt man dazu, Gewalt, jenseits einer Ontologie als historisches Phänomen zu behandeln. Zumutbarkeit wäre in diesem Zuge auch etwas, was sich nur auf dem Raster der Geschichte bestimmen läßt. Mit der historischen Verfassung der jeweiligen Zumutbarkeiten beschäftigt sich die Ideologiekritik. Sie nimmt zur Kenntnis, daß die spezifische Lebensnot der Individuen deren Sinnhorizonte deformiert. Es braucht dann keine ursprüngliche Gewalt mehr, um die Deformation erklären zu können: es genügt die Analyse der historischen Verhältnisse.

Der Ansatz der Ideologiekritik ist dem der Hermeneutik entgegengesetzt. Ideologiekritik geht von einem falschen Bewußtsein als falsches Verstehen aus. Falsches Verstehen wäre weiterhin eine falsche Versöhnung mit individuellem oder kollektivem Leid. Ideologisch ist dann derjenige, der seinem Henker alles verzeihen kann, weil er ihn nur allzugut versteht. Es ist das Einverständnis, das im Verstehen liegt, welches Gegenstand der Ideologiekritik ist. Ideologie schützt eine Immanenz, - die Kritik an ihr will diese Immanenz aufbrechen, - mutet also dem Individuum mehr zu, als es für sein Glück notwendig hat. Prinzipiell übersteigt Ideologiekritik jeden aktuellen Verstehensprozeß, geht es doch um die Bedingungen des Verstehens. Wenn Hermeneutik versucht ist (- und das ist sie seit etwa dreißig Jahren), ideologiekritische Elemente in sich aufzunehmen, so betreibt sie ein Geschäft, das sie letztlich ruinieren wird. Die Ideologiekritik verlangt in ihrer radikalsten Konsequenz die Abstraktion von der Lebensnot; - das hermeneutische Verstehen hingegen nimmt diese Lebensnot als Wahrheit der Individuen und das Schutzbedürfnis als die Bedingung ihres Verstehens. Dagegen verlangt die Ideologiekritik, daß man sich der Zumutung stellen solle, da im Schutz vor ihr keine Wahrheit liegen kann.

Dieser gewaltige und gewaltsame Anspruch der Ideologiekritik kann sich aber meist nicht durchhalten, es sei denn um den Preis eines unhaltbaren Versprechens. Das Versprechen besteht darin, daß es zu einem glücklichen Ende führen wird, wenn man sich den Zumutungen stellt, daß also die Last des Nicht-Verstehens, das Heraustreten aus einer Immanenz belohnt werden würde durch ein umfassendes Glück am Ende eines bestimmten historischen Prozesses. Ideologiekritik bleibt so am Phantasma der Aufklärung hängen. Hermeneutik und Ideologiekritik laborieren am selben Phänomen: an der Abschaffung des Unglücks. Hermeneutik versucht es ziemlich zu begrenzen, während es Ideologiekritik in einem schmerzhaften Prozeß abschaffen will. Der Versuch der Abschaffung des Unglücks setzt aber eine mögliche versöhnte Welt, ein umfassendes Glück voraus und verwandelt es in ein Versprechen. Auch das entspricht einer bestimmten Ignoranz gegenüber dem konkreten Unglück des einzelnen. Andererseits ist der Verstehensanspruch der Hermeneutik immer im Verdacht, eine mögliche bessere Welt durch zu rasche Versöhnung mit dem gegenwärtigen Unglück zu verraten. Aus dieser Konstellation ergibt sich die zentrale Fragestellung unserer Arbeit, die etwa so lauten könnte: Wie ist Nicht-Verstehen möglich?

Um sich die Schwierigkeit und die Bedeutung dieser Frage klarzumachen, muß nur auf zwei zentrale Kategorien der Hermeneutik reflektiert werden: auf das 'Leben' der früheren Hermeneutik und auf das 'Sprechen' der späteren. Die Frage, wollte man innerhalb der hermeneutischen Horizonte verbleiben, könnte dann so lauten: 'Wie ist Nicht-Leben bzw. Nicht-Sprechen möglich?' Damit wird nicht nach einem Lassen, sondern nach einem Tun gefragt. Wenn man Nicht-Leben oder Nicht-Sprechen bloß als Aufhören des Lebens oder des Sprechens definiert, so operiert man mit einer bestimmten Negation, wie sie die Hegelsche Dialektik kennt. Aber im Falle des Lebens und des Sprechens kann es keinen Fortschritt des Begriffs geben, da mit dem Aufhören des Lebens oder des Sprechens das Tun selbst aufhört. Die Schwierigkeit entsteht dadurch, daß eben die Hermeneutik mit fundamentalen Begriffen operiert, die alles integrieren und nur Negationen zulassen, die in ihren Umkreis bestimmt sind. Angesichts solcher Universalien wäre, wenn Verstehen als ähnlich fundamentaler Begriff gesetzt wird, ein Nicht-Verstehen kaum möglich. Es kann aber auch sein, daß der Begriff der Negativität neu gedacht werden muß, um ein Nicht-Verstehen zu ermöglichen. Die vorliegende Arbeit wird diese Spur verfolgen, indem sie so etwas wie eine substanzielle Negativität zu bestimmen versucht.

Man kann sich der Problemstellung auch von einer anderen Seite her nähern: wenn es das Nicht-Verstehen gibt, so betrifft das ja nicht nur das Tun eines Subjekts, sondern auch die Struktur der Welt. Die könnte man, in einer simplen Konsequenz, in zwei Bereiche einteilen: in den Bereich des Verstehbaren und in den Bereich des Nicht-Verstehbaren. Das erinnert an die neukantianische Unterscheidung von Erklären und Verstehen, welche ihren Widerpart auf der Objektseite in der anwesenden oder abwesenden Beseeltheit hatte. Solche Quasi-Ontologie hat ihren Ausgangspunkt in einer hermeneutischen Standardsituation: ein Mensch liest einen Text, der aus einer alten oder fremden Kultur stammt. Verstehen ist dann gegeben, wenn der Hermeneutiker seine Kunst beherrscht und eine Verschmelzung der Sinnhorizonte stattfindet. Die Kunst des Verstehens kann allerdings nur dann funktionieren, wenn die kontingenten Teile des Textes von den sinnhaften säuberlich getrennt sind. Diese Trennung vollzieht aber die Erfahrung nicht nach. Die materiale Dimension des Textes dringt in die epoché , um hier einen Ausdruck Husserls zu gebrauchen, ein.

Der Anblick von vergilbten Papier modifiziert das Verständnis dessen, was als Text darauf präsentiert wird. Das Papier ist in diesem Sinne dem Sinn des Textes nicht äußerlich, denn es formt ja wesentlich das 'Verstehen'. Andererseits läßt sich die Materialität des Papiers nicht vollständig in den Text integrieren: eine Aufhebung der Körperlichkeit durch den Sinn des Textes kann nicht stattfinden, was wiederum bedeutet, daß das Papier nicht als bloße Bestimmung des Textes gefaßt werden kann. Es ist hier wieder diese Gewalt, diese Körperlichkeit, dieser Tod, der in die Bedeutungswelt hineinragt. Das tangiert, in einer Homologie, auch das Körper-Seele-Problem. Wenn der Körper Leib ist, dann fügt sich auch dieser nahtlos in die geistige Welt ein. Wenn aber die konkrete Erfahrung des Fleisches gemacht werden kann, so ist die Einheit der Welt als Geistiges gesprengt. Wir werden in vorliegender Arbeit solche Erfahrungen behandeln; - wichtig auch hier, daß das Fleisch nur je als konkretes und individuell erfahren werden kann. Sobald sich die Erfahrung einer Allgemeinheit öffnet, ist sie der Macht der Metaphysik anheimgegeben, und es ist nicht so, daß man einfach mit der Erfahrung gegen die Metaphysik Einspruch erheben könnte. Denn die Erfahrung hat von sich aus die Tendenz, metaphysisch zu sein, was auf einen weiteren Schlüsselbegriff der vorliegenden Arbeit verweist, auf die metaphysische Erfahrung.

Dieser Begriff verweist in erster Linie darauf, daß die Differenz nicht, wie etwa bei Adorno, zwischen Erfahrung und Begriff liegt, sondern daß sich die Erfahrung zum großen Teil nach dem Begriff richtet, sich also zu einer Allgemeinheit hin öffnet. Darauf reagiert etwa die Phänomenologie Husserlscher Prägung, die die Erfahrung immer schon auf ihre metaphysische Essenz, auf die Intentionalität reduziert, wobei eben die Intention das begriffliche, mithin das metaphysische Moment der Erfahrung vorstellt. Zweifellos ist diese metaphysische Essenz etwas durch und durch Reales, aber dieses Reale ist begrenzt. Die Grenze wäre dort zu lokalisieren, wo die besondere Erfahrung nicht in Intentionalität aufgehen kann. Das sind eigentlich keine trennbaren Erfahrungstypen: eher wäre von einer Dissoziation innerhalb der Erfahrung zu sprechen.

Eine Annäherung an diese Dissoziation liegt in der klassischen Situation, in der ein Mensch in den nächtlichen Sternenhimmel blickt. Die gewaltige Erfahrung hat zwei Tendenzen: einerseits wird man selbst zum bloßen Körper, zum Staubkorn in dieser kontingenten Ewigkeit; andererseits ahnt man die Schöpfung und spürt, daß ein gütiger Vater überm Sternenzelt einfach wohnen muß. Das ist der metaphysische Anteil der Erfahrung, die das Individuum gegen seine eigene Verlorenheit macht. Es ist vielleicht eine ursprüngliche Erfahrung des Sinns, aber sie ist nicht ungeteilt: begleitet wird sie von Negativität, von der Erfahrung der Verlorenheit als Verschwinden jedes Besonderen in dieser abstrakten Allgemeinheit des Alls.

Der Blick in den nächtlichen Sternenhimmel mag von keiner besonderen Evidenz sein, und der Hermeneutiker wird einwenden, daß wir vom Zwiespalt der Erfahrung ja erst dann wissen können, wenn darüber erzählt oder wie hier, darüber geschrieben wird. Natürlich läßt sich die Dissoziation in der Sprache darstellen; - zu fragen ist nur, ob sie darin aufgeht. Die Begründung eines Nicht-Verstehens hat immer auch die Aufgabe eines Nachweises der Evidenz, was in diesem Falle heißt: zu zeigen, daß die von den Hermeneutikern behauptete Universalität sprachlichen Geschehens nicht an die Evidenz bestimmter Erfahrungen heranreicht. Natürlich ist solch ein Nachweis nicht mit logisch-sprachlichen Mitteln allein zu führen.

Kinder, in einem gewissen Alter, entziehen sich der von der Hermeneutik behaupteten Universalität der Sprache, und amüsieren oder ärgern ihre erwachsene Umwelt damit. Denn ein Kind kennt noch keine Grenzen in der Frage: es stellt absurde Fragen. Der Prototyp solcher absurden Fragen ist der nach dem Grund des Namens. Diese Frage umfaßt eigentlich das ganze Nominalismusproblem. Indem das Kind die Wahrheit der Wörter will, bricht es in das strukturelle Fundament der Sprache ein, und übrig bleibt ein Verbot bzw. die Referenz an die ursprüngliche Gewalt des Benennens. Im Vergessen dieser Gewalt erscheint dann der Name als selbstevident; die Bezeichnung der Dinge als Voraussetzung des Waltens eines Sinns dringt gleichsam in die Erfahrung ein und macht sie metaphysisch. Das bedeutet nicht, daß die Abwesenheit der Metaphysik in einem vorsprachlichen Zustand anzusiedeln wäre, aber das Problem der metaphysischen Erfahrung stellt sich erst mit der Sprache. Die Dissoziation in der Erfahrung wäre auch als Brüchigkeit in der Symbolisierung zu suchen: das Symbolisieren als Tätigkeit ist zwar noch nicht Metaphysik, drängt aber zur Metaphysik, sofern im Abschluß dieser Tätigkeit, im Symbolisierten, die Ordnung geistiger Entitäten über die bloße Materialität der Erfahrung triumphiert. Die Differenz zwischen Erfahrung und Sprache, wobei diese Differenz ein Effekt der Sprache selbst ist, thematisiert auch der modernere Strukturalismus: die Ebene des Signifikanten, die reine Materialität, entzieht sich tendenziell der Erfahrung, bzw. ist nur in einer bestimmten Negativität erfahrbar. Das Signifikat, die Bedeutung oder der manifeste Sinn, ist dann in einer Immanenz einer symbolischen Ordnung gebannt, die die Bezüge zu jener ursprünglichen Materialität verloren hat. Der moderne Strukturalismus, etwa bei Foucault, versucht nun allerdings diese Negativität durch ein ausgeklügeltes szientistisches Instrumentarium einzuholen. Der Ausgangspunkt der strukturellen Analyse ist gewissermaßen ein Mißtrauen gegenüber der Erfahrung bzw. gegenüber ihrer metaphysischen Verfassung. Damit hat der Strukturalismus eine wesentliche Vorentscheidung mit der Hermeneutik geteilt: daß nämlich die Erfahrung vollständig in einer Immanenz des Sinns ist. Während dann die Hermeneutik sich innerhalb dieser Immanenz bewegt, versucht der Strukturalismus, quasi von außen, diese Immanenz zu rekonstruieren. Die Universalität wird dann lediglich vom Sinn auf die in der Sprache anwesende transzendentale Strukturalität verschoben. Das Phantasma einer vollständigen Rekonstruktion der Immanenz hat des weiteren dem Strukturalismus den Vorwurf einer Ignoranz gegenüber der Geschichte eingebracht.

Uns geht es hier nicht um die Gegenüberstellung von Sprachlichkeit und einer virtuellen Unmittelbarkeit, aber wir teilen nicht das Vorurteil, daß Erfahrung, wie oben erwähnt, vollständig in der Immanenz des Sinns sei, weil sie sich nur über Sprache realisieren könne. Es gibt sehr wohl Momente in der Erfahrung, die sich einer direkten sprachlichen Rekonstruktion verweigern; auch ein szientistischer Substitutionsversuch ist gegenüber solcher Negativität zum Scheitern verurteilt. Die Ohnmacht der Sprachlichkeit gilt aber nur, wenn man eine ihrer wesentlichen Dimensionen ignoriert: die Trennung zwischen Signifikant und Signifikat ist nicht so absolut, wie der Strukturalismus behauptet. Die signifikante Dimension bricht permanent in die signifikate Ebene ein; - am deutlichsten wird dies in der Figur des Appells. Appell ist Hinweis, keine Bestimmung. Der appellative Teil der Negativen Hermeneutik findet sich in den 'Exkursen'.

Eine philosophische Arbeit sollte aber nicht beim bloßen Appell stehen bleiben. Der Appell hat sein Recht an den Grenzen des Begriffs. Der Begriff wiederum kann den Konstitutionszusammenhang dessen beschreiben, was den Appell notwendig macht. Die Beschäftigung mit diesen Konstituenten wird das theoretische Kernstück der Negativen Hermeneutik sein. Diese Konstituenten des Nicht-Verstehens werden den Bruch innerhalb der sprachlichen Erfahrung nicht nur markieren, sondern auch zu erläutern versuchen. Bevor wir aber nun den Aufbau der Negativen Hermeneutik näher beschreiben, wollen wir nach dem möglichen Standort eines solchen Unterfangens innerhalb der Philosophie fragen.

Die Negative Hermeneutik nimmt keine methodische Originalität für sich in Anspruch. Schon das Auftauchen des Begriffs der Negativität im Titel zitiert eine bestimmte Tradition; nämlich die einer 'kritischen Theorie'. Der Gestus der kritischen Theorie ist es, sich an einem Gegenstand abzuarbeiten unter der Prämisse rückhaltsloser Kritik. Nicht trägt sie eigene Positionen an den Gegenstand heran, sondern sie entwickelt den Gegenstand in seinen Bestimmungen weiter, bis das Unrecht, das der Begriff ihm antut, getilgt ist. Die Negative Hermeneutik möchte einen Schritt weitergehen, indem sie das Unrecht, das die Erfahrung dem Gegenstand antut, thematisiert. Damit wird das Ungenügen des Begriffs transformiert in ein Ungenügen der Erfahrung, bzw. in eine Kritik der Erfahrung, die einen Teil ihrer selbst unterdrückt. Die

Unausweichlichkeit der Arbeit mit dem Begriff ist dann nicht mehr das primäre Dilemma, sofern der Begriff deswegen der Erfahrung nicht mehr gerecht werden muß, da diese sich selber nicht gerecht werden kann.

Das bedeutet aber nun nicht, daß das Werk einer bestimmten Schule zuzurechnen sei, zumal kritische Theorie, streng genommen, keine Schule sein kann, da sich eben Kritik immer wieder neu an ihrem Gegenstand bestimmen muß. Hier bestimmt sich die Kritik an der Hermeneutik und bestimmt damit auch diese; so gesehen ist die Negative Hermeneutik wesentlich ein hermeneutisches Werk. Auch der Rückgriff auf Erfahrung entspricht einem hermeneutischen Gestus, und wenn die traditionelle Hermeneutik das Walten des Begriffs in das Bett der Sinn-Erfahrung zwingt, so setzt unsere Arbeit genau an diesem Punkt an, um den Flurschaden zu sichten, denn solche Kanalisation anrichtet. Um in dieser Metaphorik zu bleiben, betreibt die Negative Hermeneutik auch das Geschäft der Renaturierung.

Der Aufbau gestaltet sich durchaus systematisch. Angefangen wird beim Begriff. Dieses Anfangen beim Begriff zehrt zwar etwas vom idealistischen Motiv, die Begriffe vor das Material zu setzen; allein, es handelt sich um eine philosophische Arbeit, und eine solche hat es immer mit vorausgesetzten Begriffen zu tun. Der erste Abschnitt versucht also einen Punkt zu markieren, an dem das Vorhaben mit der Tradition fertig wird. Der wie immer auch vergebliche Versuch, sich vor tradierten Mißverständnissen zu schützen, fordert eine Wiederholung der Geschichte der Begriffe. Das Emphatische an diesem Wiederholungszwang macht das Berufsethos des Philosophen aus.

Der Begriff der Hermeneutik wird in vier Schritten expliziert, wobei die Schritte an verschiedene Autoren gebunden sind, die in einer geschichtlichen Folge auftreten. Vorerst geht es um die Entstehung der Hermeneutik als philosophische Disziplin bei Schleiermacher und Dilthey. Der zweite Schritt betrachtet die fundamentalontologische Version der Hermeneutik, wobei natürlich zweifelhaft bleibt, ob Heidegger als Hermeneutiker zu bezeichnen ist. Im dritten Schritt schließlich wird die moderne Hermeneutik, so wie sie Gadamer präsentiert hat, vorgestellt. Die Tendenzen, die über Gadamer hinausweisen, werden weniger in diesem Abschnitt behandelt als in späteren Teilen des Werks. Betont werden muß, daß die genannten Autoren keinesfalls erschöpfend behandelt werden: eher ist es ein kritischer Durchgang, wobei beim Leser die Kenntnis der wichtigsten Positionen eben jener Philosophen vorausgesetzt werden. Der kritische Durchgang sucht bei den einzelnen hermeneutischen Ansätzen sofort ihren Umgang mit Nicht-Verstehen, Mißverständnissen etc. also ihren Umgang mit Negativität zu fassen. Das dabei die philosophischen Verdienste dieser Autoren nicht explizit gewürdigt werden, ist zwar ein Mangel, würde aber den Fortgang dieser Arbeit nur unnötig verzögern.

Der Begriff der Negativität, dessen Spur sich weniger deutlich faßbar durch die Philosophiegeschichte verfolgen läßt, soll anhand von Hegel, Adorno, Sartre, Ricœur und dem Berliner Religionsphilosophen Klaus Heinrich expliziert werden. Diese Autoren stehen in keiner gemeinsamen Tradition, aber was den Begriff der Negativität angeht, gibt es, wie gesagt, keine offizielle Tradition. Eine kurze Reflexion darauf, was die Kombination dieser beiden Begriffe bedeuten könnte, beendet den Abschnitt des Begriffs.

Der zweite Abschnitt ist den Erscheinungsformen des Nicht-Verstehens gewidmet. Der Gang durch diese Erscheinungsformen entspricht dem von Exkursionen; - die 'Ausflüge' ins Material folgen einer Ordnung, die bereits den dritten Abschnitt, der die Konstituenten behandeln wird, vorbereitet. Neun Exkursionen, die sich in Dreiergruppen anordnen, werden präsentiert. Innerhalb der Dreiergruppen werden die Konstituenten thematisiert; die drei Dreiergruppen selbst folgen einer quasi-phänomenologischen Aufteilung: ausgegangen wird vom Ich, der Eigenkonstitution; als nächstes folgt die Fremdkonstitution: das Du. Drittens erscheint die Konstitution des Wir oder der Sozeität. Die Plausibilität solcher Aufteilung wird sich innerhalb der Exkurse selbst erweisen müssen. Ihren phänomenologischen Gestus erhalten diese nicht durch einen gestischen Verzicht auf den Primat des Begriffs, sondern in dem, was wir vorhin Appell genannt haben. Die Grenzen der Faßbarkeit eines Phänomens durch den Begriff bzw. durch die Theorie, werden eben hier gleichgesetzt mit einem Ungenügen der Erfahrung: der Appell verweist dann auf das, was in der Engführung der Erfahrung ausgespart wird.

Der dritte Abschnitt schließlich begründet das Nicht-Verstehen anhand der Momente, die es konstituieren. Benannt werden diese Momente mit 'Sozialer Realität', 'Gesetz' und 'Unbewußtes'. Das Ganze endet mit einem Resumée, das die Konsequenzen der nun mehr entwickelten Negativen Hermeneutik kurz reflektiert.

II. Der Begriff 1 : Hermeneutik

Schleiermacher

Philosophiegeschichtlich ist die Definition der Hermeneutik ein hypertrophes Gebilde: fängt sie noch ganz bescheiden bei einer Ausweisung der Hermeneutik als Kunst der Auslegung an, so dehnt sich das nach und nach aus, bis hin zu einer Methodologie der Geisteswissenschaften überhaupt. Am Ende steht eine Art Ontologie des Sinns, die sowohl ihre sozialphilosophischen als auch transzendental-analytischen Dimensionen hat. Solches Wachstum im Begriff kennt nicht nur die Hermeneutik; viele philosophischen Disziplinen (etwa Ästhetik, Logik etc.) haben eine Tendenz, sich selber zu universalisieren. Die Hermeneutik zeichnet lediglich eine besondere Willfährigkeit gegenüber dieser Tendenz aus.

Halten wir aber vorerst bei der Definition der Hermeneutik als Kunst der Auslegung fest. Vor Schleiermacher war es die Bibel, das offenbarte Wort Gottes, die es vorrangig auszulegen galt.[1] Nun ist es aber eigentlich so, daß das, was offenbar ist, nicht erst ausgelegt werden muß. Die Offenbarung der Heiligen Schrift reicht nicht an das lebendige Wort Gottes heran, denn wenn Gott erst ausgelegt werden müßte, so hätte er eine Meinung und wäre gleichsam ein Individuum. Das ist er aber nicht. Die Notwendigkeit einer Offenbarung beginnt erst mit der Abwesenheit Gottes, welche nach einer Vermittlung verlangt. Die usprüngliche Gestalt dieser Vermittlung, die nach Gottes Rückzug notwendig geworden war, ist Jesus: von Gott gezeugt, auf daß er Zeugnis von ihm ablege. Jesus aber ist eine ambivalente Figur: einerseits kann er Gottes Wort verkünden, da Gott in ihm präsent ist, -andererseits versteht er als Mensch bestimmte Dinge nicht; - nämlich solche, die die Grenzen der Zumutbarkeit übersteigen. Paradigmatisch dafür ist die Situation am Kreuz. Diese Verlassenheit und Verlorenheit, in welcher kein Mensch mehr einen

---

[1] Zur Entstehungsgeschichte der Hermeneutik, auch vor Schleiermacher (vgl. Szondi 1975)

Sinn entdecken kann, führt selbst Gottes Sohn zum Nicht-Verstehen: im Moment des Todes erweist sich Jesus jedoch als göttlich, da er noch diese Zumutung versteht: er findet den Sinn, empfiehlt sich in die göttliche Immanenz und stirbt.

Es ist hier die Kategorie des Gebets; - das verlassene Individuum ruft Gott an, damit er ihm bedeute, wofür das denn alles gut sein soll. Im Gebet hat die Stimme Gottes keine Form: es ist eine Meditation des Individuums im göttlichen *logos*. Die Heilige Schrift hat aber eine Form, eine bestimmte Form, die man Grammatik nennen kann. Und erst angesichts dieser Grammatik wird die Hermeneutik notwendig, denn das göttliche Wort erscheint nunmehr in der Sprache der Menschen, der Allgemeinheit, und muß deswegen ausgelegt werden. Der Mensch ist, im Gegensatz zu Gott, an Formen gebunden, und diese menschliche Gebundenheit an Formen manifestiert sich in der Sprache. Interessant ist, daß Schleiermacher, der Begründer der philosophischen Hermeneutik, selbst das Denken der Form der Rede unterwirft. Denken ohne Rede ist immer nur vorläufig, unfertig.

"Reden ist freilich auch Vermittlung des Denkens für den einzelnen. Das Denken wird durch die innere Rede fertig und insofern ist die Rede nur der gewordene Gedanke selbst." (Schleiermacher Bd.IV, 1911: 137)

Das setzt sofort die Individualität aus, sowohl im positiven als auch im negativen Sinne. Das Individuum hat dadurch, daß es in sprachlichen Formen denkt, schon immer die Möglichkeit, seiner Verlassen- und Verlorenheit zu entkommen; andererseits kann es vor der Allgemeinheit der Sprache kaum als Individuum zu bestehen, höchstens als Abweichung. Auslegung heißt nun, die Gedanken, die in der Sprache ihre äußere Seite, also die Form haben, zu rekonstruieren, aber es gibt auch nichts anderes als diese Rekonstruktion.

"Alle Mitteilung über äußere Gegenstände ist beständiges Fortsetzen der Probe, ob alle Menschen identisch konstruieren." (Schleiermacher 1977: 460)

Es ist die Vergewisserung über eine Allgemeinheit, bei Schleiermacher noch über eine Allgemeinheit des Geistigen. Dieses Geistige findet am ehesten Niederschlag im 'klassischen Text' also im Dokument früherer Zeiten, von welchem die Rezipienten durch eine historische Kluft getrennt sind.

"Nicht alles Reden ist gleich sehr Gegenstand der Auslegekunst. Einige Reden haben für dieselbe einen Nullwert, andere einen absoluten; das meiste liegt zwischen diesen beiden Punkten." (Schleiermacher 1977: 142)

Dem Verstehen ist ein Interesse vorausgesetzt: es muß nicht alles verstanden werden, - nur solches, was einen Wert hat. Es handelt sich mithin auch um ein Verstehen-Wollen. Andererseits ist jede Schrift und jede Rede prinzipiell einer Auslegung zugänglich[2], wobei es, wie wir sehen werden, Ausnahmen gibt. Zunächst ist wichtig zu betonen, daß der Ausgangspunkt von Schleiermachers Hermeneutik die Möglichkeit des Mißverständnisses ist, - also etwas zu Vermeidendes, Negatives. Hermeneutik als Prozeß dient so der Herstellung einer Immanenz, wobei diese nicht beliebig sein kann.

"Die strengere Praxis geht davon aus, daß sich das Mißverstehen von selbst ergibt, und das Verstehen auf jedem Punkt muß gewollt und gesucht werden." (Schleiermacher 1977: 145)

Das Verstehen ist also nicht mehr das, was sich selbstverständlich ergibt: vielmehr muß es gesucht werden. Die Frage allerdings, warum es überhaupt gesucht werden muß, wird mit der etwas lapidaren Feststellung beantwortet, daß beim bloßen Nicht-Verstehen keiner stehen bleiben kann.[3] Das Interesse am Verstehen wird hier als oblique gesetzt. Schleiermacher teilt die möglichen Mißverständnisse in qualitative und quantitative ein. Quantitative Mißverständnisse ergeben sich meist aus einer falschen Gewichtung; qualitative Mißverständnisse folgen einer Verwechslung, wobei die Verwechslung einer Bedeutung gemeint ist. Da nun das qualitative Mißverständnis das wesentliche ist, so ist mithin vorausgesetzt, daß die Verwechslung der Bedeutung das Selbstverständliche ist. Der Ausleger muß also ständig damit rechnen, daß er die ursprüngliche Bedeutung verfehlt, denn er ist befangen:

"(Die Befangenheit) ist ein Fehler, der tiefer steckt. Es ist die einseitige Vorliebe für das, was dem einzelnen Ideenkreise nahe liegt, und das Abstoßen dessen, was außer demselben liegt." (Schleiermacher 1977: 146)

Diese Einsicht in die eigene Verwechslungspotenz kann nur durch eine Ent-Individualisierung korrigiert werden: der Ausleger muß von seinem eigenen Ideenkreis abstrahieren, aber nur bis zu einer bestimmten Grenze, wie wir sehen werden: er kann den Text als barbarisch oder stillos auch verwerfen.[4] Die Ent-Individualisierung ist die Kunst, die eine beliebige Aus-

---

[2] "Alles, was in einem gewissen Umfange Mitteilung durch die Rede ist, ist Gegenstand der Auslegungskunst....". (Schleiermacher 1977: 173)
[3] Jochen Hörisch verweist in seinem Anti-hermeneutischen Buch auf den 'frühen Schleiermacher', der noch die 'Wut des Verstehens' anprangerte, und sich über den Zwang zur Auslegung aller literarischen Produkte lustig machen konnte. Wir wollen diesen philologischen Befund nicht weiter kommentieren, da es uns um den Hermeneutiker Schleiermacher geht. (Vgl. Hörisch 1988)
[4] Manfred Frank versucht eine irreduzible Individualität bei Schleiermacher in dessen Begriff der Divination zu entdecken. Im innovativen 'Stil' und dessen nicht-begrifflicher Verständlichkeit wäre eine Synopsis von Allgemeinem und Besonderem, wobei Frank sogar so weit geht, in diesem Konstrukt eine Ähnlichkeit mit Derridas 'brisures` zu vermuten. Wir hingegen sehen im

tauschbarkeit ermöglichen soll, die freie Kommunikation über Jahrhunderte hinweg. Wir haben nun schon mehrmals die Ausnahme des Verstehens erwähnt; Schleiermacher erwähnt sie im Kontext der Genesis des Mißverstehens:

"Die Genesis des Mißverstandes ist zwiefach, durch (bewußtes) Nichtverstehen oder unmittelbar. An dem ersten ist eine Schuld des Verfassers eher möglich (Abweichung vom gewöhnlichen Sprachgebrauch oder Gebrauch ohne Analogie), das andere ist wahrscheinlich immer eigene Schuld des Auslegers." (Schleiermacher 1977: 150)

Uns interessiert hier das bewußte Nicht-Verstehen; hier kann also der Ausleger, weil er sich seines Nicht-Verstehens bewußt ist, die Schuld von sich weisen. Und hier hat auch die Ent-Individualisierung ihre Grenze: in einen Autor, der sich nicht an die üblichen Formen hält, muß man sich nicht hineinversetzen. Ein dermaßen unverständlicher Text ist also gleichsam eine Zumutung: bei Schleiermacher besteht diese Zumutung genauer darin, daß ein Text sich der Immanenz des christlichen Geistes entzieht, denn erst in dieser wird Verstehen überhaupt möglich. Es ist, mit anderen Worten das Barbarische, was hier aus dem Umkreis des Verstehens bzw. dem Interesse am Verstehen ausgegrenzt wird. Natürlich ist das eine starke Interpretation, aber was Schleiermacher als Geist bezeichnet, ist für ihn a priori abendländisch-christlicher Geist und Verstehen kann nur dort sein, wo Geist ist. In einem einfachen Umkehrschluß wäre also das Geistlose das Heidnische oder eben die Barbarei. Das Barbarische ist die Zumutung, und diese Zumutung erscheint, vorerst ganz einfach, als Abweichung vom gewöhnlichen Sprachgebrauch.[5] Das bewußte Nicht-Verstehen geht mit einer externen Schuldzuschreibung einher: der Auslegende hat dann kein Interesse mehr an diesem Text. Was hier als Trivialität erscheint, zeichnet genau den hermenutischen Mechanismus der Ausschließung vor: anstatt sich die Frage zu stellen, was eine Abweichung vom üblichen Sprachgebrauch ist, und wie sie überhaupt möglich sein kann, geht es Schleiermacher um Schuldzuweisungen.

Stil bei Schleiermacher wesentlich kontingente Negativität, die erst in dem Moment substanziell wird, wo sie aus dem hermeneutischen Verfahren ausgeschlossen wird. Die Stilloskeit, durchaus ein Synonym für Barbarei, ist jener qualitativ negative Stil, der sich als Stil in Form der Negation der Negation entweder aufhebt, oder verdrängt wird. Es gibt keinen unverständlichen Stil bei Schleiermacher, nur Stillosigkeit. (Vgl. Frank 1980: 28f)

[5] Dies referiert der platonischen Idee, wonach Barbaren sich weniger dadurch auszeichnen, daß sie fremde Sitten haben oder unbekannnten Göttern dienen, sondern dadurch, daß sie nicht der eigenen Sprachgemeinschaft angehören. (Vgl. Platon 'Menexenos (237 a ff)' nach Platonis Opera, ed. I. Burnet, Oxford, 1906)

Was das Interesse an der Auslegung betrifft, so gibt Schleiermacher drei Stufen an. Die erste Stufe ist das Interesse an der Geschichte, - eine Art Wissen-Wollen, was geschehen ist. Es ist dies das Interesse am Faktischen, und Schleiermacher spricht von dieser Stufe als der niedrigsten.[6] Die zweite Stufe ist das künstlerische oder das Geschmacksinteresse, das den Gebildeten vorbehalten bleibt. Die dritte und höchste Stufe ist das spekulative Interesse, das Schleiermacher auch ein reines, wissenschaftliches nennt. Hier geht es darum, den Menschen selbst als Idee zu verstehen. Nun allerdings wäre auch das Interesse am Barbarischen angebracht, sofern es ja auch an dieser Idee partizipieren dürfte. Allein, hier schließt Schleiermacher die Hermeneutik mit dem Protestantismus kurz:

"...und wir werden mit Sicherheit sagen können, wenn das allgemein religiöse Interesse fallen sollte, würde auch das hermeneutische verloren gehen. Unsere Ansicht von dem Verhältnis des Christentums zum ganzen menschlichen Geschlecht, und die geistige Klarheit, womit sich dies in der evangelischen Kirche entwickelt hat, leistet Gewähr dafür." (Schleiermacher 1977: 206)

Wenn nun das religiöse Interesse Voraussetzung für das hermeneutische ist, so wird transparent, wie Schleiermacher das Problem des Negativen, eines substanziellen Nicht-Verstehens umgeht.[7] Natürlich steht für Schleiermachers Hermeneutik die Kunst der Auslegung im Dienst des großen christlichen Versöhnungswerkes, - die Rekonstruktion einer christlichen Immanenz als Gottes Reich, auf daß es wirklich werde. Versöhnung bedeutet in diesem Kontext die Vergebung der Sünde, und der hermeneutische Mensch geht davon aus, daß er durch und durch sündig ist. Dann erst kann er mit seinen Sünden ins Reine kommen, die Mißverständnisse ausräumen. Wir verwenden hier, über Schleiermacher hinausgehend, eine metaphorische Schreibweise, da auch in der späteren Hermeneutik die Figur der Sünde, der Versöhnung und der Barabarei implizit auftauchen. Der Zusammenhang

---

[6] Vgl Schleiermacher 1977: 205

[7] J. Hörisch sieht in dem, was ausgegrenzt wird, die 'Vielheit der Buchstaben'. Dieser Interpretationsansatz folgt gänzlich den Theoremen J. Derridas, der in der Entgegensetzung von lebendigen Geist und totem Buchstaben, das 'Grundübel' der abendländischen Metaphysik sieht. Die Hermeneutik-Kritik von Hörisch unterscheidet sich von der Negativen Hermeneutik in einigen wesentlichen Punkten. Hörisch verbleibt zum einen doch sehr in den Literaturwissenschaften und erfaßt kaum die Dimensionen einer philosophischen Hermeneutik; zum anderen betont er den imperialen Zugriff der Hermeneutik, während es uns eher um den Aufweis eines 'Schutzmechanismus' geht. Daß beides sich nicht ausschließt, besagt schon das Sprichwort, wonach ein Verteidiger oft gut daran tut, anzugreifen.

zwischen Sünde und Verstehen läßt sich am besten an der biblischen Legende vom Turmbau zu Babel demonstrieren.

Die mögliche Abschaffung der Sünde innerhalb der christlichen Gemeinschaft zieht auf der anderen Seite die Konsequenz nach sich, daß die Sünde nach außen verlegt werden muß. Schleiermachers 'bewußtes Nicht-Verstehen' schreibt ja die Schuld dem anderen zu, weil der die gewöhnlichen Formen nicht teilt und ansonsten ohne Analogie ist, womit er sich der Vergleichbarkeit und damit einer möglichen Versöhnung entzieht. Er ist dann eben ein verirrtes Schaf, das man mit aufgeklärter Toleranz verloren geben muß. Daß andererseits Gott selbst kein Schaf verloren geben will, ist fürderhin lediglich ein Problem Gottes und nicht mehr das des evangelischen Hermeneutikers. Gadamer formuliert es treffend:

"Schleiermachers Problem ist nicht das der dunklen Geschichte, sondern das des dunklen Du." (Gadamer 1975: 179)

Dilthey

Daß der christliche Glaube an manchen Punkten exklusiv ist, führt Schleiermacher also dazu, das Nicht-Verstehen als Schuld des anderen zu setzen. Wesentlich schwerer hat es da eine Hermeneutik, die nicht mehr die Einheit des christlichen Lebens als Grundlage für das Verstehen nehmen will. Diesen Schritt über Schleiermacher hinaus hat Dilthey gemacht, und mit ihm beginnt die Hermeneutik als philosophische Richtung mit anderen philosophischen Richtungen in Konkurrenz zu treten. Dilthey begreift die Hermeneutik als Methode der Geisteswissenschaften überhaupt, wobei der Ausdruck 'Geisteswissenschaften' hier etwas irreführend ist, denn Dilthey selbst will ja mit der Betonung des 'Lebens' sich vom metaphysischen Begriff des Geistes abgrenzen. Metaphysikkritik ist ein wesentlicher Ausgangspunkt in Diltheys Werk, wobei er aber nicht Metaphysik schlechthin kritisiert, sondern nur jene Versionen, die sich einer vorgängigen Geistigkeit verschreiben. Diltheys Kritik an der Metaphysik will die Formen des Geistes an die ursprünglicheren des Lebens anbinden. Es ist dies die Stärke seiner Polemik, daß sie in gewisser Hinsicht das betreibt, was man 'Entsublimierung' nennen könnte.

"Gleichviel mag Hegel die Weltvernunft zu dem Subjekt der Natur machen oder Schopenhauer einen blinden Willen oder Leibniz vorstellende Monaden oder Lotze ein alle Wechselwirkungen vermittelndes umfassendes Bewußtsein, oder mögen die neuesten Monisten psychisches Leben in jedem

Atom aufblitzen lassen: Bilder des eigenen Selbst, des psychischen Lebens sind es, welche den Metaphysiker geleitet haben, als er über Denkbarkeit entschied, und deren insgeheim wirkende Gewalt ihm die Welt umwandelte in eine ungeheure phantastische Spiegelung seines eigenen Selbst." (Dilthey 1984: 159)

Die Rückbindung der Metaphysik an das Leben bringt sogleich das Problem mit sich, zu erklären, wie die elementaren Formen des Lebens von sich aus die höheren geistigen Formen herausbilden können. Daß sie es tun, scheint für Dilthey klar:

"Wille, Kampf, Arbeit, Bedürfnis, Befriedigung sind die immer wiederkehrenden kernhaften Elemente, welche das Gerüst des geistigen Geschehens ausmachen. Hier ist das Leben selber. Es ist beständig sein eigener Beweis." (Dilthey Bd. V, 1968: 319)

Darin ist noch keine Kultur, geschweige denn ihre Kontinuität angelegt: wenn die Menschen aus Wille, Kampf etc. bestehen, so schlagen sie sich höchstens gegenseitig die Köpfe ein und sind so Barbaren. Man muß also weg von den elementaren Formen, hin zur Geistigkeit, um die Barbarei des Lebens in Grenzen zu halten. Andererseits darf man den Bezug zur Barbarei nicht verlieren. In dieser Doppelbewegung spiegelt sich die ungeheure Ambivalenz der Diltheyschen Philosophie wider, die gleichzeitig auch die Schwierigkeit im Umgang mit Negativität markiert.

Wollte man Dilthey Hegel gegenüberstellen, so könnte man sagen, daß Dilthey der gelingenden Aufhebung mißtraut: die Gewalt des Kreatürlichen wirkt weiter. Das Stufenmodell, wonach das Seelenleben sich dem Kreatürlichen entringt und immer neue Stufen der Kultur hervorbringt, ist bei Dilthey merkwürdig unabgeschlossen. Die Natur ist in der Kultur nicht aufgehoben, sie ist bloß gezähmt und kann jederzeit hervorbrechen. Andererseits entsteht durch diese Zähmung die Gefahr, daß sich die Kultur zu sehr vergeistigt, und somit gegenüber der elementaren Kraft des Lebens wurzellos wird. Es gibt eine merkwürdige Textstelle bei Dilthey, die diese ganze Ambivalenz offenbart. Wir zitieren einen längeren Abschnitt:

"Das ist das furchtbare Ende dieser intellektualistischen Richtung in unserem Zeitalter: Sie hat den gebildeten Klassen, welche die Gesellschaft regieren sollen, die Willenskraft, die reale machtvolle Lebendigkeit der Menschenseele (---) verneint,(---) und so allmählich ist die Verkümmerung der vollen, ganzen, menschlichen Wirklichkeit eingetreten, die den Niedergang der großen europäischen Kulturvölker zur Folge haben muß,wofern nicht aus den Tiefen der vollen menschlichen Wirklichkeit eine Rückwirkung kommt.

(---) Denn der Mensch muß an etwas glauben, das Sinn, Bedeutung oder Wert dem Leben gibt. Und zerstören wir den lebendigen Zusammenhang in unserem Volke, dann erlangt das elementar-gewaltige slawische Gefühl, das den Russen an den Bruder fesselt und an seine Erde kettet, über uns alle das Übergewicht. Wenn die Gebildeten keinen Glauben mehr haben, so hat die Sozialdemokratie recht. Und wenn sie das Recht erhalten, dann erhalten die slawischen Barbaren die Macht. Das ist der furchtbare Widerspruch auch in der sozialdemokratischen Theorie. Sie gehen aus von der Überlieferung der paar Kulturnationen. Aber in den Nihilisten der Slawenwelt glüht ein anderes Feuer. Und sie haben die zusammengefaßte Macht(---). Diese Begriffe von Bedeutung, Wert, Sinn und Zweck haben sonach dieselbe elementare und primäre Kraft, dieselbe Unvertilgbarkeit, dieselbe Universalität als die eben entwickelten Begriffe." (Dilthey 1984: 198)

Hier geht einiges durcheinander; vorerst wird ein Gegensatz zwischen dem bloßen Gefühl und dem Glauben aufgebaut. Das, was dem Leben einen Sinn gibt, entwächst zwar aus dem Leben, ist aber nicht dieses selbst, sondern dessen Begriff. Die europäischen Kulturvölker haben eben zu lange eine hybride Metaphysik betrieben, und das scheint an den Lebenskräften zu zehren. Die Barbaren hingegen, - wir wissen bereits von Schleiermacher, daß sie sich nicht an Formen halten, - diese slawischen Barbaren scheinen die reine Kraft des Lebens, ein Leben ohne Begriff, für sich gepachtet zu haben. Sie verstehen nichts, und das macht ihre Stärke aus, vor der Dilthey Angst hat. Das Feuer des Nihilismus, das Elementarische ist ohne Form und Zweck, - auch hat es keine Geschichte. Es ist Leben als Vegetieren. Die Sozialdemokratie ist dann bloß ein Irrtum der europäischen Kulturgeschichte, da sie nicht begreift, daß sie Wegbereiter des slawischen Barbarentums ist. Man kann aber bei Dilthey nicht nur die Angst vor der Barbarei sehen: ebenso kokettiert er mit dieser, denn in der Barbarei ist doch noch ursprüngliches, kraftvolles Leben. Überhaupt scheint es fraglich, ob der Begriff je dieser Gewalt des Lebens mächtig werden kann.

"Das ist inmitten aller Veranstaltungen von Denken, von Disziplin, von Langeweile und ruhiger Bemühung schließlich der elementarische Zusammenhang, der von den untersten Lebewesen aufwärts sich entwickelt und überall über das Glück und den Wert des Lebens entscheidet. (---) Wir haben uns diszipliniert. Was hülfe es uns, wenn der Sturm des Hasses hereinbricht? Armselige Disziplin und armselig der Disziplinierte, der des Hasses nicht fähig ist. Wir haben uns kleine Vorteile und Genüsse zurechtgemacht. (---) Nun aber strebt der in diesem allen enthaltene Zusammenhang, einen Ausdruck zu finden. Man kann sagen, daß so der tiefste Bezug des Lebens nach seinem Worte in einer Kategorie ringt." (Dilthey 1984: 192)

Das Leben ringt nach Ausdruck, - damit dies möglich wird, dieser Sprung vom Leben zum Wort, braucht Dilthey die Konstruktion einer 'metaphysischen Erfahrung'[8], einer Erfahrung des Allgemeinen im individuellen Erleben. Die Möglichkeit zur metaphysischen Erfahrung scheint im Leben selber angelegt zu sein.

"Das Leben selber, die Lebendigkeit, hinter die ich nicht zurückgehen kann, enthält Zusammenhänge, an welchen dann alles Erfahren und Denken expliziert." (Dilthey Bd. V, 1968: 83)

Das Verstehen bezieht sich zwar auf die Erfahrung, aber in diesem Bezug muß schon die Abstraktion von der Erfahrung angelegt sein. Die 'reine' Erfahrung ist dann schon jeweils auch ihr anderes, ihre Reflexionsgestalt. Diese Hegelsche Dialektik führt Dilthey dazu, die Erfahrung der Kommunikation zu unterwerfen, sofern das erfahrende Individuum sich nur in einem anderen Individuum entfalten kann. Dann geht es auch eher um das Nachfühlen, nicht um das Fühlen selbst. Es ist die Spaltung in der Erfahrung, die etwa auch Kommunikation ermöglicht. Diese Spaltung geht auf Kosten der individuellen Erfahrung sofern sie die Allgemeinheit der Erfahrung ermöglicht.

"..ein großer Teil menschlichen Glücks entspringt aus dem Nachfühlen fremder Seelenzustände; die ganze philologische und geschichtliche Wissenschaft ist auf dieser Voraussetzung gegründet, daß dies Nachverständnis des Singulären zur Objektivität erhoben werden könne." (Dilthey Bd. V, 1968: 317)

Erst wenn das Singuläre in die Allgemeinheit des Begriffs überführt werden kann, wenn das elementare Leben die Möglichkeit des 'Nachverstehens' ermöglicht, kann der einzelne Mensch der Verlorenheit entgehen, die Dilthey an anderer Stelle als 'ungeheures Dunkel'beschreibt:

"in dem wir unter den Menschen dahingehen, unbewußt beim Nächsten, was sie sind." (Dilthey Bd. VI, 1968: 304)

Hier bringt die Hermeneutik das Licht: im Nachvollzug der Seelenzustände kann sie das elementare individuelle Leben in die Immanenz des Begriffs bringen. Und erst in dieser Immanenz kann wiederum ein Bezug zu den elementaren Erfahrungen aufgebaut werden. In diesem Sinne vollzieht die Hermeneutik auch ihre Schutzfunktion: sie schützt davor, so zu werden, wie der slawische Barbar: nämlich dem Elementarischen ausgeliefert zu sein. Warum aber soll dieser barbarische Zustand der Unbewußtheit und des

---

[8] Vgl. Dilthey Bd. I, 1968: 154f

Nicht-Verstehens überhaupt aufgelöst werden; - warum ist der Nachvollzug der elementaren Erfahrungen durch den Begriff nötig? Diltheys Antwort beruft sich auf ein Phantasma ursprünglicher Gewalt, die diesmal im Leben selber liegt, und der man nur durch Bewußtheit entrinnt.

"Nun aber sei das Kind eingesperrt, es rüttle umsonst an der Tür: dann wird sein ganzes aufgeregtes Willensleben den Druck einer übermächtigen Außenwelt inne, welche sein Eigenleben hemmt, beschränkt und gleichsam zusammendrückt. Dem Streben, der Unlust zu entrinnen, all seinen Trieben Befriedigung zu verschaffen, folgt Bewußtsein der Hemmung, Unlust, Unbefriedigung. Was das Kind erfährt, geht durch das ganze Leben des Erwachsenen hindurch." (Dilthey Bd. V, 1968: 105)

Dilthey beschreibt hier eine ursprüngliche Erfahrung des Ausgeliefert-Seins, die auch ein Sinn-Erlebnis in der Bewußtheit der Hemmung, des notwendigen Verzichts auf Triebbefriedigung evoziert. Die Hemmung des Eigenlebens ermöglicht die Allgemeinheit und auch das Verstehen. Hier wäre wieder die Frage zu stellen, ob denn ein slawisches Kind eine andere Erfahrung macht. Wie dem auch sei: bei Dilthey ist die Kunst des Verstehens letztlich eine Anpassungsleistung: eine Anpassung der elementaren Erfahrungen an eine Tatsächlichkeit der Allgemeinheit.

Man muß sich vor Augen halten, daß es um die Immanenz geht; nur ist diese Immanenz bei Dilthey sehr labil. Es gibt die falsche Immanenz der Dekadenz, der Metaphysik, die sich dann in den Stürmen des Lebens auflösen wird. Weiterhin gibt es die Negativität, also jenen Zustand, der keine Immanenz kennt, sondern nur das Leben als Elementarisches selbst. Das ist die begriffslose Barbarei. Die richtige Immanenz wäre zu finden, und sie bestünde darin, daß sie in der Lage wäre, das Elementarische zu integrieren. Da nun setzt die Hermeneutik ein. Noch aber bleibt es bei Dilthey unklar, ob etwa der Europäer hassen können sollte, und ob dieses elementare Gefühl überhaupt zu Worten finden kann. Es bleibt auch unklar, ob die slawischen Barbaren besser hassen können, als die gebildeten Hermeneutiker, die den Haß bereits in die volle Wirklichkeit ihres Lebenszusammenhanges begrifflich integriert haben.

Die Diltheysche Ambivalenz spielt auch mitten in eine der originären Aufgaben der Hermeneutik, die Auslegung der Literatur, hinein:

"Darin liegt nun die unermeßliche Bedeutung der Literatur für unser Verständnis des geistigen Lebens und der Geschichte, daß in der Sprache allein das menschliche Innere seinen vollständigen, erschöpfenden und objektiv verständlichen Ausdruck findet. Daher hat die Kunst des Verstehens ihren Mittelpunkt in der Auslegung oder Interpretation der in der Schrift enthaltenen Reste menschlichen Daseins." (Dilthey Bd. V, 1968: 319)

Einerseits hat hier die Literatur eine unermeßliche Bedeutung, andererseits handelt es sich bei ihr bloß um die Reste des menschlichen Daseins, da hier Buchstaben das Leben in all seinen Farben ersetzen. Verstehen ist, wie bereits gesagt, ein Schutz gegen die elementaren Lebenserfahrungen, und dieser Schutz wird um den Preis der Anpassung erkauft. Nur ganz privilegierte Kulturmenschen können es sich erlauben, sich den elementaren Kräften hinzugeben:

"..der Dichter ist auch darin der wahre Mensch, daß er sich der Wirkung des Lebens auf ihn frei überläßt. In dem Dutzendmenschen ist die Besinnung über das Leben zu schwach..." (Dilthey Bd. V, 1968: 397)

Der Dichter liefert sich dem Leben aus und zwingt die elementaren Erfahrungen in Worte: der Dutzendmensch versteht nur das, was an Resten des Lebens in der Zivilisation übrig geblieben ist. Die Diltheysche Ambivalenz führt schließlich dazu, daß das Nicht-Verstehen zwei Positionen hat; da ist der Barbar, der dem Leben völlig ausgeliefert ist, und da ist der europäische Dutzendmensch, der nicht adäquat versteht, weil er sich vor der Erfahrung des Lebens verschlossen hat. Die dichterische Erfahrung ist quasi die Kontaktaufnahme mit der Barbarei, ohne ihr zu verfallen, da sie in Worte gezwungen wird. Die ursprüngliche, stumme Erfahrung ist völlig individuiert, und darin sind auch die Individuen verloren.

Erst wenn ,ein starker Dichter diese individuierte Erfahrung in Worte zwingt, kommt der Prozeß der Mitteilung zustande. Der schwache Mensch verzichtet lieber auf Individualität, und damit verzichtet er auch auf die Kontaktaufnahme mit dem elementaren Leben.

Denn die Barbarei liegt im Leben selbst. Wir sehen bei Dilthey und bei Schleiermacher eine ähnliche Bewegung: Verstehen hat eine Schutzfunktion gegenüber einem Außen, einer barbarischen Zumutung. Schleiermachers Konstruktion ist recht einfach, da sie mit dem Dogma des christlichen Glaubens agiert. Bei Dilthey ist die ganze Angelegenheit hoch-ambivalent; einerseits soll sich das Verstehen den elementaren Erfahrungen stellen, andererseits darf es sich diesen nicht ausliefern. Dilthey konnte diese Ambivalenz weder fassen noch austragen, da er zu keinem adäquaten Begriff des Nicht-Verstehens kam. Nicht-Verstehen ist bei ihm höchstens die Kontingenz der Barbarei oder das reduzierte Verstehen als Schutz vor dem Leben. Letzteres beschreibt aber keine substanzielle Position.

Wieder lassen wir Gadamer das letzte Wort: "Das Bedürfnis nach etwas Festem hat bei Dilthey den Charakter eines ausgesprochenen Schutzbedürfnisses gegenüber den furchtbaren Realitäten des Lebens." (Gadamer 1975: 226)

Heidegger

Heidegger versteht sich in der Tradition Diltheys, sofern die 'vorbereitende existenzial-zeitliche Analytik des Daseins entschlossen ist, dem Werk Diltheys zu dienen.' (Heidegger 1972: 404) Natürlich ist es fragwürdig, ob Heidegger als Hermeneutiker bezeichnet werden kann, - allein er west entscheidend im Umkreis der Hermeneutik und nicht zuletzt gilt es auch seinen Einfluß auf das Werk Gadamers zu beachten. Zunächst taucht das Verstehen bei Heidegger als 'existenziale Seinsart des Daseins als Sein-Können' (Heidegger 1972: 143) auf, und damit ist es je schon in eine Verfehlung eingebunden[9]. Das meint den Zwang zum Verstehen: der Mensch kann nicht nicht-verstehend in der Welt sein. Hermeneutik wäre darin die Rekonstruktion dieses falschen Verstehens in Hinsicht auf ein mögliches 'richtiges'. Vorerst liegt im Verstehen eher ein Bann denn eine Freiheit; ebenso verhält es sich mit dem 'Sinn' als ein 'Existenzial des Daseins'[10]:er ist immer schon da.

Das Dasein, dem ja das Verstehen wesentlich ist, kann nun 'eigentlich' rekonstruiert, also in gewisser Weise auch verstanden werden, oder es kann 'verfallen'. Der Verfall wird gleichermaßen durch das Existenzial des Verstehens nicht nur ermöglicht, sondern geradezu konstituiert.

"Im Verfallen geht es um nichts anderes als um das In-der-Welt-sein-können, wenngleich im Modus der Uneigentlichkeit. Das Dasein kann nur verfallen, weil es ihm um das verstehend-befindliche In-der-Welt-sein geht." (Heidegger 1972: 179)

Der eigentlichen Existenz geht es um das Verstehen des Verstehens, und damit wird die Aufgabe gestellt, hinter dem Sinn-Zusammenhang noch einen Seins-Zusammenhang zu entdecken. Das uneigentliche Verstehen, der Modus, in dem das Dasein verfällt, ist bei Heidegger durch 'Gerede, Neugier und Zweideutigkeit'[11] charakterisiert. Diese wiederum sind Weisen der Flucht, die durch die Angst motiviert ist, und das wovor das Dasein Angst hat, ist die

---

[9] Vgl. Heidegger 1972: 144
[10] Vgl. Heidegger 1972: 151
[11] Vgl. Heidegger 1972: 35ff

'Welt als solche'[12]. Nun ist es verständlich, wieso bei Heidegger das Verstehen eine Schutzfunktion hat:

"Das Un-zuhause muß existenzial-ontologisch als das ursprünglichere Phänomen begriffen werden." (Heidegger 1972: 189)

Wenn nun die Verhaltensweisen der Uneigentlichkeit einem 'Verschließen' gleichkommt, so kann das, wovor man sich verschließt, nur vor dem Verstehen als Daseinsmodus und vor dem Sinn liegen. Die Angst reagiert auf so auf eine mögliche Abwesenheit von Sinn, und dieser nimmt dann den Status einer notwendigen metaphysischen Konsequenz an. Denn das Dasein und der Sinn ist nur eine Seinsmöglichkeit: es gibt auch Seiendes jenseits von Sinn. Metaphysik ist so, über den Umweg des Verfalls des Daseins, die Reaktion auf die geschilderte Angst. Und wenn es einen durchgängigen Zug in Heideggers Werk gibt, so besteht dieser in der Kritik an der 'christlich-abendländischen Metaphysik', die den Verfall des Daseins vorantreibt, wobei das Ende des Verfalls in der Preisgabe der Erde als Erde liegt.

"Weil jedoch das heutige Denken immer entschiedener und ausschließlicher zum Rechnen wird, setzt es alle nur bestellbaren Kräfte und 'Interessen' daran, zu errechnen, wie sich der Mensch demnächst im weltlosen kosmischen Raum einrichten könne. Dieses Denken ist im Begriff, die Erde als Erde preiszugeben. Als Rechnen treibt es mit einer steigenden Geschwindigkeit und Besessenheit der Eroberung des kosmischen Raumes zu. Dieses Denken selber ist schon die Explosion einer Gewalt, die alles ins Nichtige jagen könnte. Der Rest, der aus solchem Denken folgt, der technische Vorgang des Funktionierens der Zerstörungsmaschinerien, wäre nur die letzte finstere Abfertigung des Wahnsinns in das Sinnlose." (Heidegger 1959: 189f)

Hier wäre das Äquivalent zu dem zu sehen, was wir bei Dilthey und Schleiermacher als das Barbarische interpretiert haben. Diese Barbarei ist bei Heidegger nicht mehr 'Außen', bei den Heiden oder bei den Slawen, sondern mitten in der europäischen Kultur. Für diese steht bei Heidegger der 'Sputnik'; - dieses 'Ding' dürfte für ihn alles Übel der seinsvergessenen, daseinsverfallenden europäischen Kultur repräsentiert haben, denn anders wäre es kaum zu begreifen, warum er in seinem berühmten Vortrag über 'Das Wesen der Sprache' immer wieder auf eben diesen Sputnik zurückkommt.

Das ist also das Barbarische, - daß die Erde als Erde preisgegeben wird. Das ist ein großer Unterschied zu Dilthey, der ja gerade in der Erdgebundenheit die Barbarei sieht. Die Bedrohung durch die Barbarei ist nach Heidegger mitten in der Tradition der europäischen Kultur anzusiedeln, mitten in der

---

[12] Vgl. Heidegger 1972: 187

christlich-abendländischen Metaphysik. Demgegenüber gilt es, ein 'Ursprüngliches' zu wahren, denn nur die Nähe zum Ursprung kann die Menschen vor der 'letzten finsteren Abfertigung' bewahren. Der Weg zu diesem 'Ursprünglicheren' muß dann zwangsläufig über die Hermeneutik hinausführen. Die Frage ist, ob das, was über die Hermeneutik hinausführt, als eine Position des Nicht-Verstehens begriffen werden kann. Wichtig ist hier noch zu bemerken, und auch das bestätigt Heideggers Position jenseits von Hermeneutik, daß das 'falsche Verstehen' bei Heidegger in den uneigentlichen Seinsmodi nicht dem Mißverständnis entspricht, sondern, radikaler noch als bei Dilthey, mitten im Verstehen selbst angelegt ist. Die Möglichkeit der Seinsverfehlung durch das Verstehen scheint sogar bei Heidegger die wahrscheinlichere Variante zu sein.

Hier nun kommen wir zur Hermeneutik, so wie sie der 'späte'[13] Heidegger versteht. In einem, von der Regie her eher komisch denn besinnlich wirkenden Gespräch 'zwischen einem Japaner und einem Fragenden'[14], in welchem Heidegger immer nur die Antworten gibt, wird auch die Frage gestellt, was denn eigentlich das 'Hermeneutische' sei. Nach der dramaturgisch anscheinend notwendigen langen beiderseitigen Besinnung, gibt dann endlich Heidegger den Hinweis:

"..daß das Hermeneutische nicht erst das Auslegen, sondern vordem schon das Bringen von Botschaft und Kunde bedeutet." (Heidegger 1959: 122)

Und nachdem klargestellt wurde, daß das Sein des Seienden, ganz unmetaphysisch, als 'Zwiefalt beider aus ihrer Einfalt' gedacht werden muß, heißt es weiter:

"Das Vorwaltende und Tragende in dem Bezug des Menschenwesens zur Zwiefalt ist demnach die Sprache. Sie bestimmt den hermeneutischen Bezug. (---) Wohl (---) möchte das Wort 'Bezug' sagen, der Mensch sei in seinem Wesen gebraucht, gehöre als der Wesende, der er ist, in einen Brauch, der ihn beansprucht." (Heidegger 1959: 122 und 125)

---

[13] Die inzwischen gebräuchliche Unterscheidung zwischem dem 'frühen' und dem 'späten' Heidegger ist problematisch; wir wollen diese Unterscheidung nur als zeitlichen Parameter verstanden wissen. Festzuhalten wäre aber, daß 'Sein und Zeit' keinesfalls als hermeneutisches Werk gelesen werden kann.

[14] Dieses 'Gespräch' wirkt fast schon grotesk, besonders die 'Regie-Anweisungen', nach welchen die Frauen den Tee servieren oder etwa. 'Der Japaner schließt die Augen, senkt den Kopf und versinkt in ein langes Nachsinnen' ; -der Text bleibt von diesem Zirkus nicht unbeschadet. Ob das nun Heideggers Naivität oder dem Abglanz einer 'Schellingschen Ironie' entspricht, soll hier nicht entschieden werden. (Vgl. Heidegger 1959)

Das Gespräch kommt dann schließlich zum 'hermeneutischen Zirkel', über den Heidegger dereinst sagte, es gelte auf die rechte Weise in ihn hinein zu gelangen. Nunmehr aber:

"Diese notwendige Anerkennung des hermeneutischen Zirkels bedeutet noch nicht, daß mit der Vorstellung des anerkannten Kreisens der hermeneutische Bezug ursprünglich erfahrbar ist." (Heidegger 1959: 150)

Und auf die Frage, wie er es denn heute mit dem hermeneutischen Zirkel halte, antwortet Heidegger:

"Ich möchte eine Darstellung (des hermeneutischen Zirkels/r.s.) ebenso entschieden vermeiden wie ein Sprechen über die Sprache." (Heidegger 1959: 151)

Wenn die Darstellung des hermeneutischen Bezugs entschieden vermieden wird, so ist Hermeneutik eigentlich nicht mehr möglich oder absolut selbstevident. In beiden Fällen würde sie sich dem Philosophieren entziehen. Andererseits stellt Heidegger auch in Aussicht, daß der hermeneutische Bezug 'ursprünglich erfahrbar' sei. Das muß dann die Erfahrung der Sprache sein, über welche sich nicht sprechen läßt. Hier nun fragt sich, ob es eine Erfahrung der Sprache gibt, die ihr nicht sogleich wieder verfällt. Im Schweigen über die Sprache visiert ja Heidegger gerade diese Erfahrung an; eine Erfahrung, die auch hier den Status des Nicht-metaphysischen hat. Und noch einen Unterschied gilt es zu notieren: Hermeneutik als Kunst des Verstehens bezieht vor Heidegger die Sprache oder die Texte auf etwas anderes; auf etwas, was sie nicht selbst waren: entweder auf den Geist des (evangelischen) Christentums oder auf die Einheit des Lebendigen. Nach Heidegger muß also die Möglichkeit des sprachlichen Verstehens auf die Sprache selbst bezogen werden, was die Figur einer Selbstbezüglichkeit vorstellt. Dieser Selbstbezüglichkeit kann man nicht durch Sprechen entgehen:

"Alles beruht darin, das Wohnen im Sprechen der Sprache zu lernen." (Heidegger 1959: 33)

Auch die Bezeichnung der Sprache als 'Haus des Seins' benutzt die Metapher des Wohnens, das selbst nicht Sprache ist. Die Sprache ist durch Sprache nicht faßbar, auch nicht durch irgendwelche Formen von Meta-Sprachen[15]: man kann ihr höchstens 'eingedenksam' werden. Der durch-

---

[15] "Das klingt wie Metaphysik, klingt nicht nur so, ist auch so; denn die Metalinguistik ist die Metaphysik der durchgängigen Technifizierung aller Sprachen zum allein funktionierenden interplanetarischen Informationsinstrument. Metasprache und Sputnik, Metalinguistik und Raketentechnik sind das Selbe." (Vgl. Heidegger 1959: 160)

schnittliche Kulturmensch ist jedoch im eigenen Haus nicht heimisch sein, und dieses Schicksal teilt er mit der ganzen abendländische Metaphysik, da sie der Sprache zumutet, Ausdruck eines anderen zu sein. Das andere wäre die dem Seienden innewohnende Idee, die Reduktion der Sprache auf ihr signifikate Ebene, und diese Konstruktion ist eben Metaphysik, die das rechte Wohnen in der Sprache verfehlt. Was Heidegger im Gegenzug will, ist eben das Eingedenken. Damit ist ein weiterer wesentlicher Unterschied zwischen 'Eigentlichkeit' und 'Uneigentlichkeit' eröffnet: Denken kann sich dem Gesprochenen, dem Sprechen anheim geben und verfällt damit der Seinsvergessenheit, oder es kann darauf hören, was sich in der Sprache ereignet.

Das Ereignis in der Sprache ist in dem Sinne unaussprechbar, und es ist genau dieses 'Unaussprechliche', das bei Heidegger den Stellenwert einer nicht-metaphysischen Erfahrung annimmt. Ambivalent bleibt, ob diese Erfahrung unmittelbar gemacht werden kann, oder einer gewissen Schulung des Denkens folgt. Einerseits vertritt Heidegger mit Emphase solche Denk-Schulung, andererseits sind die Schwarzwald-Bauern durchaus in der Lage, ohne solche 'Bildung' den nicht-metaphysischen Erfahrungen zugänglich zu sein.[16] Heidegger selbst provoziert: er versucht diese Erfahrung in seiner Rede gleichsam hervorzurufen. Wir sehen hier die Sturuktur des Appells am Werk, denn an nicht-metaphyische Erfahrungen kann man nur appellieren. Der Appell bei Heidegger ist durch und durch beschwörend.

"Die Sprache gehört in dieses Wesende, eignet dem alles Bewegenden als dessen Eigenstes. Das All-Bewegende be-wegt, indem es spricht. Allein es bleibt dunkel, wie wir das Wesende denken sollen, dunkel vollends, inwiefern das Wesende spricht, am dunkelsten, was dann sprechen heißt." (Heidegger 1959: 201)[17]

Es ist jedoch nicht nur dunkel: die Sprache selbst scheint wesentlich sich verhüllen zu wollen:

"Somit hält die Sprache nicht nur dort an sich, wo wir sie gewohnterweise sprechen, sondern dieses An-sich-halten wird von daher bestimmt, daß die Sprache mit ihrer Herkunft an sich hält und so ihr Wesen dem uns geläufigen Vorstellen versagt." (Heidegger 1959: 186)

---

[16] Hierzu die glänzende Kritik an Heideggers Sprachgestus und seiner Obsession für das Bäuerliche (Vgl. Adorno 1974)

[17] Leider kann hier aus drucktechnischen Gründen das Zitat im Original nicht präsentiert werden: Heidegger setzt dem 'e' in 'be-wegen' zwei Punkte auf, damit dies die Schwebe zwischen wägen und wegen andeuten soll.

Es ist mit anderen Worten ein Geheimnis um die Sprache, wobei in diesem Wort das 'Heim' schon mitklingt, und Geheimnisse soll man nicht ausplaudern. Es bleibt ein Schweigen, aber auch das Schweigen ist eine Kunst: "Vielleicht verlangt dann die Sprache weit weniger das überstürzte Aussprechen als vielmehr das rechte Schweigen. Doch wer von uns Heutigen möchte sich einbilden, seine Versuche zu denken seien auf dem Pfad des Schweigens heimisch?" (Heidegger 1963: 61)

Die wahre Immanenz ist das Schweigen, um das 'Geläut der Stille' vernehmen zu können. Bedroht wird diese Immanenz durch die Geschwätzigkeit der Metaphysik, welche immer versucht ist, eine Ordnung in diese Welt zu bringen, und dabei die wahre Ordnung des Seins übersieht. Die wahre Ordnung sucht Heidegger nicht im verwirrenden Netz der Signifikate, sondern im einfachen Sagen. Das einfache Sagen kann als die Ebene des Signifikanten begriffen werden, als die Ebene, auf der eine virtuell-ursprüngliche Benennung stattfindet.

" Das Denken ist auf dem Abstieg in die Armut seines vorläufigen Wesens. Das Denken sammelt die Sprache in das einfache Sagen. Die Sprache ist so die Sprache des Seins, wie die Wolken die Wolken des Himmels sind. Das Denken legt mit seinem Sagen unscheinbare Furchen in die Sprache. Sie sind noch unscheinbarer als die Furchen, die der Landmann langsamen Schrittes durch das Feld zieht." (Heidegger 1963: 76)

Das ist, ignoriert man die Funktion des Appells, ein unmögliches Unterfangen, und Heidegger versucht dieser Unmöglichkeit durch diverse Neologismen und kontradiktorische Termini gerecht zu werden. Es bleibt aber ein gewisses Unbehagen, da sich die entsprechenden Begriffe doch nicht ganz von ihrer Sozialgeschichte losmachen können. Wo die tradierten philosophischen Begriffe nicht mehr ausreichen, weil sie von der abendländischen Metaphysik durchsetzt sind, benutzt Heidegger Wörter aus dem Alltag, -meist aus dem Alltag der Landwirte. Die Frage ist hier, ob Heideggers appellative Provokationen wirklich gut gelungen sind. Wie dem auch sei: das, was die nicht-metaphysische Erfahrung sein könnte, kann nach Heidegger nur im Schweigen, in der Stille stattfinden.

"Die Sage versammelt das Be-wegende des Weltgeviertes alles in die Nähe des Gegen-einander-über und zwar lautlos, so still wie die Zeit zeitigt, der Raum räumt, so still wie der Zeit-Spiel-Raum spielt. Wir nennen das lautlos rufende Versammeln, als welches die Sage das Welt-Verhältnis be-wegt, das Geläut der Stille. Es ist: die Sprache des Wesens." (Heidegger 1959: 25)

Es ist bei Heidegger, falls der Ausdruck 'Hermeneutik' hier noch paßt, eine Hermeneutik ohne sprechendes Subjekt. Das Schweigen, die Stille soll ja 'verstanden' werden: der besinnliche Gestus dominiert hier eindeutig den kommunikativen. Der Mensch soll sich in die Selbstbezüglichkeit der Sprache einpassen, denn diese Selbstbezüglichkeit auszusprechen, über sie hinaus zu gelangen, ist unmöglich, und jeder diesgeartete Versuch führt in letzter Konsequenz zu einer Entwurzelung. Eine Hermeneutik ohne sprechende Subjekte, die erst die Kontinuität der Geschichte erzeugen können, ist aber ein Widerspruch in sich. Letztlich darf man Heidegger nicht einen Hermeneutiker nennen, - eher einen Transzendental-Hermeneutiker, da er die Bedingung von Verstehen aufzeigen will. Dabei wird auch Heidegger von einer Ambivalenz beherrscht, die einem Derivat der Diltheyschen gleichkommt. Im Verstehen liegt die Gefahr der Metaphysik: die ursprüngliche Erdgebundenheit jedoch, vor welcher Dilthey Angst hat, ist bei Heidegger zwar Ziel des Denkens, aber gleichzeitig schraubt er die Bedingungen für die Erreichung dieses Ziels so hoch, daß es kaum absehbar ist, wie Denken je noch der Seinsvergessenheit entrinnen könnte. Denn die Seinserfahrung wird bei ihm zur Opferung des Individuellen, das Untergehen des Besonderen.

"Soll aber der Mensch noch einmal in die Nähe des Seins finden, dann muß er zuvor lernen, im Namenlosen zu existieren. (---) Der Mensch muß, bevor er spricht, erst vom Sein sich wieder ansprechen lassen auf die Gefahr, daß er unter diesem Anspruch wenig oder selten etwas zu sagen hat. Nur so wird dem Wort die Kostbarkeit seines Wesens, dem Menschen aber die Behausung für das Wohnen in der Wahrheit des Seins wiedergeschenkt." (Heidegger 1963: 43)

Heidegger will hinter die Hermeneutik: das macht ihn, um mit Dilthey zu sprechen, anfällig für die Barbarei, und in der Tat gibt es einen Zusammenhang zwischen der Aussetzung der Worte und jedem Engagement für einen Führer.[18] Dahinter steht die Idee des ursprünglicheren Gerufen-Seins, ein Gerufen-Sein, was durch bloße Signifikate, durch bedeutungsvolle Reden nicht mehr vermittelbar ist. Kommen wir aber zum Nicht-Verstehen zurück. Das hat bei Heidegger zwei mögliche Positionen: zum einen gibt es eine Art Fehlentwicklung des verstehenden Daseins, die ihren Ursprung im Aufkommen der Metaphysik hat, und sich in der technologisierten Welt vollendet. Am Ende dieser Entwicklung versteht sich das Dasein selbst nicht mehr. Das Dasein als verstehendes Seins hat sich so gewissermaßen selbst ausgehebelt.

---

[18] In diesem Kontext vgl. Derrida 1992

Interessant ist, daß Heidegger auch genau hier den Universalitätsanspruch der Hermeneutik in Frage stellt:

"Die nähere Bestimmung der Hermeneutik drängt jedoch zugleich in die Frage, ob und auf welche Weise der eigentümlich universale Anspruch der Informatik als ein im äußersten Maße deficienter Modus der - Verständigung - in Hermeneutik zurückgeholt werden kann."[19]

Dieses Nicht-Verstehen nimmt dann für Heidegger den Stellenwert der Barbarei an. Die andere Position des Nicht-Verstehens, und es ist ein Nicht-Verstehen, sofern es hinter die bedeutungsvolle Sprache zurückgeht, würde im Vernehmen des Seins bestehen: hier vermuten wir, daß Heidegger das anvisiert, was wir eine nichtmetaphysische Erfahrung nennen. Nur ist das bei Heidegger nicht bloß Erfahrung, sondern Resultat von Besinnung. Außerdem ist dieses Nicht-Verstehen ein Opfergang, sofern der Mensch sich die Namenlosigkeit zumuten muß, um die Weihen dieser Erfahrung machen zu können.

Heidegger führt die Hermeneutik in die Sackgasse: über humane Verständigung läßt sich die Nähe des Seins nicht mehr erreichen. Die Nähe des Seins impliziert auch ein Umgehen der Sozialgeschichte der Menschen, die schließlich ja zur 'Moderne' geführt hat.

Eine mögliche Position des Nicht-Verstehens ist bei ihm nur als das Ritual des schweigenden, sinnenden Denkers vorgezeichnet, der zur einfachen Sage zurückkehren will, es nicht vermag, und damit letztlich das Ende von Philosophie proklamiert.[20] Wir haben Heideggers Position deswegen in dieser Radikalität hier thematisiert, um damit die Probleme deutlich herauszustellen, mit welchen Hermeneutiken nach Heidegger konfrontiert sind.

Gadamer

Gadamers Verhältnis zu Heidegger ist recht ambivalent. In Gadamers Schilderung erscheint es so, als ob sich zwei ehemalige Weggefährten irgendwann einmal trennen mußten. Vorerst siedelt Gadamer sein 'Hauptwerk' in der Folge von 'Sein und Zeit' an:

"Vor dem Hintergrund einer solchen existenzialen Analytik des Daseins mit all ihren weitreichenden und unausgemessenen Konsequenzen für das

---

[19] Heidegger: Brief an Gadamer vom 29.2. 1972, (zitiert aus Gadamer und Habermas 1979: 90)

[20] " Das neue Denken ist nicht mehr Philosophie, weil es ursprünglicher denkt als die Metaphysik, welcher Name das gleiche sagt." (Vgl. Heidegger 1963: 75.)

Anliegen der allgemeinen Metaphysik nimmt sich der Problemkreis der geisteswissenschaftlichen Hermeneutik plötzlich sehr anders aus. Der Herausarbeitung dieses neuen Aspekts des hermeneutischen Problems ist die vorliegende Arbeit gewidmet." (Gadamer 1975: 245)

Gadamer macht aber Heideggers 'Wende' nicht mit. Abgesehen von der Fraglichkeit einer solchen 'Wende' bei Heidegger, formuliert Gadamer die Divergenz so:

"Es ist wahr, daß Heidegger selber damals dem Begriff der Hermeneutik nicht länger zutraute, sein Denken von den Konsequenzen einer transzendentalen Bewußtseinstheorie freizuhalten - wie er denn auch die Sprache der Metaphysik durch eine halbpoetische Sondersprache zu überwinden trachtete. Aber mir selber schien eben diese Aufgabe zugefallen, dem Geschehen im Verstehen, der Überwindung des modernen Subjektivismus in einer Analyse der hermeneutischen Erfahrung, die sich ihrer selbstbewußt wird, das Wort zu reden." (Gadamer und Habermas1979: 45)

Das nun versucht Gadamer, indem er im Verstehen selbst die Kontinuität der menschlichen Geschichte garantiert sieht; wenn so das Verstehen als Überlieferungsgeschehen gesetzt wird, so überwindet das sehr wohl den 'modernen Subjektivismus'. Dem Heideggerschen Dilemma der Selbstbezüglichkeit von Sprache will Gadamer begegnen, indem er darauf verweist, daß Sprache gar nicht selbstbezüglich sei, sondern nur dadurch sich realisieren könne, daß zwei lebendige Menschen miteinander sprechen. Das Dialogische setzt die Selbstbezüglichkeit der Sprache aus, womit auch bei Gadamer ein Primat des Sprechens vor der Sprache intendiert ist. Das lebendige Gespräch ist dann auch Urbild alles Überlieferungsgeschehens. Damit trennt Heidegger und Gadamer wesentlich auch das unterschiedliche Ethos: schweigendes Besinnen steht hier gegen die Aufforderung zum Weiterreden. Diese ist, in Analogie auch der Unterschied zwischen dem Asket, der sich in die Einsamkeit des Schwarzwaldes zurückzieht und dem geselligen Humanisten, der auf vielen Kongressen tanzt. Nochmals Gadamer über die Differenz zwischen ihm und Heidegger:

"Heideggers Ansicht, daß wir über die Sprache der Metaphysik deshalb nicht hinauskommen, weil die Grammatik unserer Sprache unser Denken an die Metaphysik bindet, hatte ich (---) durch eine Gegenerwägung zu überwinden gesucht. Die Gleichnisrede, die Parabel und all die indirekten Redeweisen, die im Nahen und Fernen Osten entwickelt worden sind, zeigen eine narrative Struktur und vermitteln dennoch Einsichten der philosophischen Metaphysik. (---) Selbst in der Übersetzung behalten solche Reden und Sprüche eine tiefe Verständlichkeit. Umgekehrt sind Heideggers halbpoetische Redeversuche manchmal mehr Ausdruck seiner Sprachnot als deren Überwindung. So habe ich auf den Tauschweg des Dialogs und auf die dialogische Struktur der Sprache verwiesen, in der sich beständig eine ganz undogmatische Dialektik vollzieht, und habe gezeigt, wie sich da über das Bewußtsein des einzelnen Sprechers hinaus eine gemeinsame Sprache herausbildet und damit eine schrittweise Enthüllung von 'Sein' zustande kommt." (Gadamer und Habermas1979: 71f)

Das Dialogische soll also aus der Sackgasse führen, in welche die Hermeneutik nach Heidegger gekommen ist. Das Dialogische beginnt bei der Bildung, sofern die Konstitution des bewußten Ichs einer Bildung folgt. So kommt Gadamer auch zur dialektischen Einsicht, 'daß alles Verstehen am Ende ein Sichverstehen ist.'(Gadamer 1975: 245) Das zeichnet zwar eine Struktur der Immanenz vor; - diese Immanenz des Sichverstehens dient aber der Allgemeinheit, wobei Gadamers Formulierungen stark an Hegels 'reine Persönlichkeit' [21]erinnern:

"Das gebildete Bewußtsein übertrifft nur jeden der natürlichen Sinne, als diese je auf eine bestimmte Sphäre eingeschränkt sind. Es selbst betätigt sich in allen Richtungen. Es ist ein allgemeiner Sinn." (Gadamer 1975: 14)

Natürlich geht Gadamer nicht so weit wie Hegel: die Erfahrungen, die das Bewußtsein auf dem Weg seiner Bildung macht, können sich nicht abschließen. Das Subjekt der Erfahrung kann diesen allgemeinen Sinn nie vollständig umfassen. Hegels Synthesis wird korrigiert durch den Begriff der Horizontverschmelzung: das verstehende Individuum hat ein Vorverständnis, ein Vorurteil, dem er nicht entkommen kann. Es kann dies Vorurteil durch Applikation am Gegenstand relativieren, wobei die richtige Applikation die Kunst am Verstehen ausmacht. Wenn Horizonte verschmelzen, so findet der Vereinigungsprozeß nur 'am Rande' statt.

"Die hermeneutische Erfahrung (---) läßt sich nicht so weit unter das idealistische Schema der Selbsterkenntnis im Anderssein bringen, daß Sinn je voll erfaßt und tradiert würde.(---) Die Grundvoraussetzung der hermeneutischen Aufgabenstellung(---), die ich wiederherzustellen versuche, war von jeher die der Aneignung eines überlegenen Sinnes." (Gadamer 1980: 301-302)

---

[21] "Die höchste, zugeschärfteste Spitze ist die reine Persönlichkeit, die allein durch die absolute Dialektik, die ihre Natur ist, ebensosehr alles in sich befaßt und hält, weil sie sich zum Freisten macht, -zur Einfachheit, welche die erste Unmittelbarkeit und Allgemeinheit ist." (Hegel Bd. VI, 1969-1974: 570)

Dieser 'überlegene Sinn' ist das Ganze der Geschichte: ihn sich anzueignen ist die unendliche Aufgabe der Hermeneutik. Die Position, die dieser 'überlegene Sinn' bei Gadamer einnimmt, entspricht etwa der des Seins bei Heidegger. Nur entzieht sich der überlegene Sinn nicht fortwährend wie das Sein: das lebendige Gespräch nähert sich ständig diesem Sinn an. Wichtig ist hier aber, daß Gadamer mit dem Begriff der hermeneutischen Erfahrung operiert; diese Erfahrung partizipiert schon je am Sinnganzen:

"Jedes Erlebnis ist aus der Kontinuität des Lebens herausgehoben und ist zugleich auf das Ganze des eigenen Lebens bezogen. Nicht nur, daß es als Erlebnis nur so lange lebendig ist, als es in den Zusammenhang des eigenen Lebensbewußtseins noch nicht völlig eingearbeitet ist, auch die Weise, wie es durch seine Verarbeitung im Ganzen des Lebensbewußtseins 'aufgehoben' ist, geht über jede 'Bedeutung' grundsätzlich hinaus, von der einer selber zu wissen meint." (Gadamer 1975: 67)

Das bedeutet nun doch, daß die Erfahrung nicht Herr ihrer selbst ist: Gadamer konstruiert hier implizit eine Metaphysik der Erfahrung. Das Erlebnis ist, bevor es realisiert wird, je schon integriert in dieses Sinnganze. In einem Umkehrschluß würde das bedeutet, daß etwas, was nicht auf das Ganze des Lebens bezogen, gar nicht erfahren werden kann. Schließlich visiert der Ausdruck des Hinausgehens über jede 'Bedeutung' einen Ort jenseits der Signifikate an: dieser Ort scheint aber wiederum dem Bewußtsein entzogen. Andererseits verweist Gadamer emphatisch darauf, daß die hermeneutische Erfahrung keine Grenzen hat:

"Die hermeneutische Erfahrung muß sich als echte Erfahrung alles, was ihr gegenwärtig wird, zumuten. Sie hat nicht die Freiheit, vorgängig auszuwählen und zu verwerfen." (Gadamer 1975: 439)

Der reflexive Gebrauch des Begriffs der Zumutung deutet darauf hin, daß die Erfahrung doch wählt, weil sie sich etwas zumuten kann. Wenn ich mir etwas zumute, so stehe ich noch immer in der Wahl. Diese hört erst auf, wenn mir etwas zugemutet wird. Gadamer kann die Universalität der Zumutung vielleicht nur deswegen behaupten, weil er zuvor abgesichert hat, daß jede Erfahrung in einem überindividuellen Sinnganzen eingebettet ist. Die der Erfahrung inhärente Metaphysik schützt sie vor Zumutungen, die von außen kommen. Mit dem aber, was einem zugemutet wird, kann man oft wenig anfangen. Doch solche Zumutungen als Erfahrungen meint Gadamer explizit nicht:

"Wenn wir an einem Gegenstand eine Erfahrung machen, so heißt das, daß wir die Dinge bisher nicht richtig gesehen haben und nun besser wissen, wie es damit steht. Die Negativität der Erfahrung hat also einen eigentümlich produktiven Sinn." (Gadamer 1975: 336)

Abgesehen davon, daß man auch Erfahrungen machen kann, ohne hinterher etwas besser zu wissen, - ja vielleicht so, daß man hinterher weder ein noch aus weiß; - abgesehen also davon, ist es von Interesse, daß Gadamer hier den Begriff der Negativität verwendet. Dieser ist ganz hegelisch eine bestimmte Negation: er wird als Bewegung der Bestimmung verstanden, welche Gadamer als das wesenhafte Verhältnis von Erfahrung und Einsicht beschreibt.

"Daß Erfahrung vorzüglich die schmerzliche und unangenehme Erfahrung ist, bedeutet nicht etwa eine besondere Schwarzfärberei, sondern läßt sich aus ihrem Wesen unmittelbar einsehen. (---) So enthält das geschichtliche Sein des Menschen als ein Wesensmoment eine grundsätzliche Negativität, die in dem wesenhaften Bezug von Erfahrung und Einsicht zutage tritt. (---) Durch Leiden lernen(---). Diese Formel meint nicht nur, daß wir durch Schaden klug werden(---). Es ist am Ende eine religiöse Erkenntnis(---). Erfahrung ist also Erfahrung der menschlichen Endlichkeit." (Gadamer 1975: 338f)

Das ist nun eine, für unsere Zwecke, entscheidende Passage, denn hier wird, quasi im Vorfeld der hermeneutischen Erfahrung, sowohl die Funktionsweise der Hermeneutik nach Gadamer deutlich, als auch die Bedeutung der Negativität, die jene in dieser einnimmt. Zunächst aber wird nicht erläutert, was denn dieser 'wesenhafte Bezug' zwischen Erfahrung und Einsicht sein soll; anzunehmen ist aber ein Verhältnis der Aufhebung. Von der Erfahrung bleibt nur das, was in Einsicht aufgehoben werden kann. Dieser Prozeß der Aufhebung ist gleichsam auch die Weise, wie der Schmerz der Erfahrung gemildert werden kann. Die grundsätzliche Negativität der Erfahrung figuriert hier als Mißverständnis: der Mensch, da er das Sinnganze nicht erfassen kann, ist prinzipiell in ein Mißverständnis gestellt, und das Leben bedeutet die fortwährende Korrektur dieses Mißverständnisses.

Wenn aber eine Erfahrung schmerzlich sein kann, dann muß vorher schon eine bestimmte Einstellung, ein Wollen existiert haben. Die Erfahrung kann bei Gadamer nur gegenüber einem 'triebhaften' Weltzugang schmerzlich sein. Die Einsicht korrigiert also das eigene Wollen. Daraus folgt auch, daß nur das erfahrbar ist, was in Einsicht aufgehoben werden kann. Aber gerade das Beispiel der Erfahrung der eigenen Endlichkeit paßt sich in dieses wesenhafte Verhältnis von Erfahrung und Einsicht nicht ein. Streng genommen hieße jedoch, die eigene Endlichkeit zu erfahren, seinen eigenen Tod zu überleben.

Natürlich könnte man sich hier streiten, ob nicht doch in der Erfahrung der Verletzlichkeit des eigenen Körpers so etwas wie eine Todeserfahrung auftritt, - aber um solche Erfahrungsdimensionen geht es Gadamer nicht. Wenn er die Erfahrung der eigenen Endlichkeit behauptet, so hat das in erster Linie einen apologetischen Sinn: der Mensch muß sich dem übergeordneten Sinnganzen fügen, da er selber sterblich ist. Er darf nicht auf sein endliches Wollen vertrauen, er muß sich vergeistigen und einsehen.

Der Sinn von Leiden ist meistens bloß supponiert: die Vergegenwärtigung des Leidens unterliegt primär dem Impuls, keinen Sinn darin zu sehen. Erst im zweiten Schritt setzt die Figur der Strafe ein: 'Was habe ich denn getan, daß ausgerechnet mir so etwas passiert?' Erst in dieser Reflexionsgestalt beginnt die Sinnzuschreibung. Dieses nachträgliche Suchen (und Finden) von Sinn hat sowohl die Funktion eines Schutzes als auch einer Bescheidung. Wenn der Mensch seine Beschränktheit von vornherein in Rechnung stellt, so kommt er kaum auf die Idee, sich mehr als ihm zusteht, anzumaßen. Die Bescheidung führt dann Gadamer direkt zur Konstruktion der 'hermeneutischen Toleranz', welche heute noch in verschiedenen 'Diskursethiken' eine wichtige Rolle spielt:

"Das schließt ein, und ich meine, das gehört zum Begriff der Vernunft, daß man stets mit der Möglichkeit rechnen muß, daß die Gegenüberzeugung, ob das nun im individuellen oder im sozialen Bereich statthat, recht haben könnte." (Gadamer 1980: 316)

Das hört sich recht ehrenwert an, ist aber durch und durch problematisch. Man kann das vergleichen mit einer schönen psychoanalytischen Deutung der 'Identifikation' als Abwehr, wie sie von E. Jacobson[22] präsentiert wurde. Danach kann man den Akt der Identifikation im Sinne der Aussage verstehen: Ich bin Du und daher brauche ich dich nicht. Analog verhält es sich mit der prinzipiellen Einstellung, daß der Andere recht haben könnte: indem man dies in Rechnung stellt, kann man selbst eigentlich nie prinzipiell im Unrecht sein. Es ist der Verzicht auf eine unmittelbare Behauptung des Individuums zugunsten seiner Integrität in ein übergeordnetes Allgemeines. Wenn man diese Konstruktion konsequent zu Ende denkt, müßte man zu dem Schluß kommen, daß es so etwas wie 'Gewißheit' oder 'Überzeugung' nicht geben kann, oder besser: der Hermeneutiker lebt in der Antizipation der Falschheit seiner Überzeugungen. Er lebt in der Vorwegnahme des Scheiterns, eben in seiner Endlichkeit und genau das definiert die Immanenz.

---

[22] Vgl. Jacobson 1978

Die notwendige Bescheidung des Individuums die sowohl mit der vorgängigen Vergeistigung jeder Erfahrung als auch mit der Einbindung jeder Erfahrung in eine Metaphysik zusammenhängt, sowie die Reduktion von Negativität auf ihre Funktion als Bestimmung hängen letztlich mit der Gadamerschen Konzeption der Sprache zusammen. Um also zu begreifen, welchen Ort oder Nicht-Ort das Nicht-Verstehen in Gadamers Hermeneutik hat, ist es nötig, dieses Begreifen von Sprache kritisch nachzuvollziehen. Gadamer schreibt der Sprache vier wesentliche Eigenschaften zu, die man unter den Begriffen; *Vorgängigkeit, Universalität, Integrativität* und *Ganzheit* zusammenfassen kann. Auf diese vier Eigenschaften wollen wir nun näher eingehen und damit auch die Gadamersche Begründung der Hermeneutik näher betrachten.

Die Vorgängigkeit der Sprache efgibt sich aus ihrem Verhältnis zur Erfahrung, zur Welterfahrung, und zwar so, daß Erfahrung nur mit Sprachlichkeit zusammengedacht werden kann.

"Die Erfahrung ist nicht zunächst wortlos und wird dann durch die Benennung zum Reflexionsgegenstand gemacht, etwa in der Weise der Subsumtion unter die Allgemeinheit des Wortes. Vielmehr gehört es zur Erfahrung selbst, daß sie die Worte sucht und findet, die sie ausdrücken." (Gadamer 1975: 394)

Sicherlich ist es richtig, daß die Erfahrung die Worte sucht: das ist allerdings nur ein Aspekt der Erfahrung. Gadamer nennt jedoch darüber hinaus 'suchen und finden' in einem Atemzug, als ob es nicht die Erfahrung der Differenz zwischen Wort und eben der Erfahrung gäbe. Gadamer verwechselt die Erfahrung schlichtweg mit ihrer reflektierten und rechenschaftsfähigen Form, aber er will letztlich die Vorgängigkeit der Sprache aber gar nicht an der Struktur der Erfahrung, sondern an der Welt selbst festmachen:

"In der Sprache stellt sich die Welt selbst dar. Die sprachliche Welterfahrung ist 'absolut'. Sie übersteigt alle Relativitäten von Seinssetzungen, weil sie alles Ansichsein umfaßt, in welchen Beziehungen (Relativitäten) immer es sich zeigt. Die Sprachlichkeit unserer Welterfahrung ist vorgängig gegenüber allem, das als seiend erkannt und angesprochen wird. *Der Grundbezug von Sprache und Welt bedeutet daher nicht, daß die Welt Gegenstand der Sprache werde.*" (Gadamer 1975: 426; Hervorhebung von Gadamer)

Wenn die Sprache alles Ansichsein umfaßt, so kann dem Menschen nichts in der Welt fremd sein, denn sein Ansichsein wird ebenfalls durch die Sprache konstituiert. Es ist aber eine typische 'posthoc-Begründung': die vorhin angesprochene Verwechslung von Erfahrung und der Reflexion über sie entspricht der von Vorgängigkeit und Nachträglichkeit. Die Vorgängigkeit der Sprache ist schlichte ontologische Setzung, die einer nachträglichen Begründung bedarf. Man kann nur im Nachhinein behaupten, daß das, was man als seiend erkannt hat, immer schon sprachlich verfaßt war. Die Behauptung einer Vorgängigkeit ist in dem Sinne ein leeres Argument, hat aber die Funktion der Vergewisserung, daß wir in einer humanen Welt leben. Diese Vergewisserung geht bei Gadamer noch weiter, denn sie unterstellt auch, daß es im Sprechen auch einen vorgängigen Verständigungswillen gibt, - daß es der andere 'gut' meinen muß. Der ehrenwerte Optimismus dieser Einschätzung geht aber an der Realität der Sprechakte ziemlich vorbei, besonders wenn dieser Verständigungswille mit der Intention des Sprechers kurzgeschlossen wird.

"Wer den Mund auftut, möchte verstanden werden. Anderenfalls würde er weder reden noch schreiben." [23]

Das nun ist des Optimismus zuviel: in erster Linie dokumentiert der, der seinen Mund auftut, seine Anwesenheit, und der Wille, verstanden zu werden, ist, um hier Gadamers Optimismus mit einer gleich-starken Position gegenüber zu treten, eher ein peripheres Phänomen. Zurück jedoch zur behaupteten Vorgängigkeit der Sprache: die Wirklichkeit kommt auch ohne dieselbe aus: ein geschlagenes Kind schlägt selbst. Dies ist ein stummes Geschehen, das auf einer stummen Erfahrung begründet ist. Wenn das schlagende Kind Rechenschaft darüber ablegen müßte, was es tut, wenn es schlägt, so wäre es kein schlagendes sondern ein sprechendes Kind. So aber hat sich das Ansichsein dieses Kindes vor der Sprachlichkeit verdeckt. Zwar wissen dann diejenigen, die die Schläge des Kindes auslegen, warum das Kind geschlagen hat, - und das können sie, indem sie sich der Sprache bedienen; die sprachlosen Schläge werden aber dadurch nicht rückgängig gemacht.

Mit der Definition der Vorgängigkeit macht Gadamer mit der Sprache eigentlich genau das, was Hegel mit der Vernunft macht. Denn die Vernünftigkeit des Waltens des Weltgeistes ist auch immer nur nachträglich gegeben. Die Tatsache, daß man Geschichte hinterher als vernünftig auslegen kann, ist noch keine Garantie dafür, daß Geschichte wirklich auch vernünftig ist. Ga-

---

[23] Gadamer, H.-G.: 'Und dennoch: Macht des guten Willens' in: Forget 1984: 59. Das Zitat stammt aus einer Auseinandersetzung zwischen Gadamer und Derrida, die in diesem Buch abgedruckt ist. Derrida kritisiert die Gadamersche Hermeneutik unter dem Stichwort des 'guten Willens zur Macht', während Gadamer seinerseits mit der 'Macht des guten Willens' kontert; die Debatte ist nur in Ansätzen interessant und insgesamt wenig fruchtbar.

damer, der den hybriden Anspruch der Vernunft bei Hegel kritisiert, setzt dafür eben die Sprachlichkeit ein:

"Die hermeneutische Erfahrung ist das Korrektiv, durch das sich die denkende Vernunft dem Bann des Sprachlichen entzieht, und sie ist selber sprachlich verfaßt." (Gadamer 1975: 380)

Man könnte das die 'List der Sprachlichkeit' nennen: auch wenn man ihrem Bann zu entkommen trachtet, behält sie am Ende doch immer nur recht, weil das Entkommen selbst von ihr getragen wird. Was Gadamer mit Hegel verbindet ist eine Dialektik, die die Vermittlung mit dem Resultat verwechselt. So, wie bei Hegel, trotz vorgeblicher Vermittlung die Vernunft am Ende alles einkassiert, wird auch bei Gadamer alles in die Sprachlichkeit heimgeholt. Wenn man von dieser Konstruktion absieht, bleibt bei beiden ein Wunsch oder ein Wollen: daß nichts Unvernünftiges, bzw. nichts Inhumanes-Sprachfremdes sein soll. Wenn dieses Sollen mit der Faktizität verwechselt wird, so entsteht ein Prozeß der Verdrängung; verdrängt wird das, was sich der Symbolisierung entzieht. Heidegger würde hier eine Verdrängung der Seinserfahrung sehen, indem sich das Sein eben dort entzieht, wo am meisten und am lautesten gesprochen wird. Eng mit der Vorgängigkeit der Sprache hängt auch die Universalität zusammen, die Gadamer der Sprache ebenfalls zuschreibt:

"Auch von der Seite des Verstehens her zeigt sich also die Universalität der menschlichen Sprachlichkeit als ein in sich grenzenloses Element, das alles trägt, nicht nur die durch Sprache überlieferte Kultur, sondern schlechthin alles, weil alles in die Verständlichkeit hereingeholt wird, in der wir uns miteinander bewegen." (Gadamer in: Gadamer und Boehm 1978: 64)

Universalität hat einen synchronen und einen diachronen Aspekt: letzterer meint die Historie. Die Vermittlung beider Aspekte macht das Verstehen zu einer Art teleologischen aber unabschließbaren Prozeß; Geschichte ist nach Gadamer eine fortlaufende Verständigung darüber, was die synchrone Versöhnung stört. Jedem Begriff von Universalität hängt aber das leidige Problem des Ursprungs an: wie kam Sprachlichkeit in die Welt? Zwar könnte man hier wieder auf die 'Vorgängigkeit' zurückgreifen, aber dann entzieht sich der Ursprung der Verständigung. Der Ursprung der Sprache kann so nur als Sprache gedacht werden, und das scheint für Gadamer doch ein Stachel zu sein: nämlich daß die Sprachlichkeit des Denkens sich dem Denken des Ursprungs verweigert. Die Erfahrung des Scheiterns im Denken des Ursprungs kann nicht abermals als sprachimmanenter Effekt ausgegeben werden, da sonst genau das negative Moment in die Sprache geraten würde, welche zu vernehmen sich ja Heidegger zur Aufgabe gemacht hatte.

Hier hilft sich Gadamer mit einer Verlegenheitslösung, die mit dem Begriff der 'Umweltfreiheit' operiert, welcher Terminus den konstitutiven Unterschied des Menschen zum Tier ausmacht. Umweltfreiheit ist Signum des Humanen schlechthin und ist kogenial mit der Sprache, denn zum einen ist Umweltfreiheit ein Effekt der Sprache, zum anderen ist:

"...mit der Umweltfreiheit des Menschen (---) seine freie Sprachfähigkeit überhaupt gegeben..." (Gadamer 1975: 420)

Hier nun verschiebt sich der Prozeß der Verständigung auf einen der Befreiung: frei soll der Mensch von seiner Umwelt werden. Das aber führt wiederum eine Differenz von Umwelt und Sprachlichkeit ein, denn es ist nicht einzusehen, wieso der Mensch sich mit Hilfe der Sprache von seiner Umwelt befreien muß, wenn die Umwelt selbst vorgängig schon immer sprachlich verfaßt ist. Dieser Widerspruch löst sich nur durch eine ontologische Behauptung der Vorgängigkeit der menschlichen Freiheit auf. Damit wären Sprache und Freiheit kogenial und in ein Verhältnis der Identität gesetzt. Gadamer meint hier die 'natürliche Umwelt', aber es ist eine Hybris von Freiheit gegenüber dieser Umwelt zu sprechen. Vielleicht kann der Mensch einen Baum pflanzen, auf welchen der Affe nur klettern kann, aber der Mensch ist nur zu einem kleinem Teil aus dem Bann der Natur entlassen. Der anthropologische Begriff der Umweltfreiheit, der allemal nur einen relativen Sinn bekommt, nimmt bei Gadamer eben den Stellenwert der vorgängigen Vergeistigung ein. Als ob der Mensch je schon, gleichursprünglich mit seiner Sprache, aus der Natur entlassen wäre. Weiterhin ist die wesentliche Umwelt des Menschen ja der Mensch selber,[24] und hier wird der Begriff der Umweltfreiheit erst recht problematisch.Anderseits ist diese Freiheit nur prinzipiell gemeint: auch im Sprechen der Sprache ist das Individuum eigentlich nicht frei:

"Wir sagen zwar, daß wir ein Gespräch 'führen', aber je eigentlicher ein Gespräch ist, desto weniger liegt die Führung desselben in dem Willen des einen oder des anderen Partners. So ist das eigentliche Gespräch niemals das, was wir führen wollten." (Gadamer 1975: 361)

Damit sind wir bei der dritten Eigenschaft der Sprache, bei der Integrativität. Sind Universalität und Vorgängigkeit eher raumzeitliche Begriffe, so handelt es sich bei der Integrativität um den funktionellen Aspekt der Sprache. Die Integration, die im Gespräch geschieht, läuft jenseits subjektiven

---

[24] Diese Phrase stammt m.E. von Jacques Lacan; zumindest gebraucht er sie häufiger in seinen frühen Schriften. (Vgl.: Lacan 1973)

Intentionen ab: die Individuen können sich nicht einigen, aber das Gespräch einigt sie. Voraussetzung dafür ist, daß das Gespräch gelingt. Dieses Gelingen ist auch unabhängig vom Wollen des Individuums. Sehr wohl kann sich aber ein Individuum dem Gespräch entziehen, was ironischerweise seiner 'Umweltfreiheit' referiert. Damit ist aber das Gelingen des Gesprächs doch wiederum einem Wollen des Individuums ausgeliefert, es sei denn, der 'gute Wille' zum Gespräch spielt keine Rolle.

Die Integrativität kann deshalb ebenfalls nur teleologisch interpretiert werden: sie kommt der Sprache nur als künftige zu. Wenn ein Individuum böswillig ist und stirbt, bevor es in ein Gespräch eingewilligt hat, so kann zwar die Nachwelt eine prinzipiell mögliche Verständigung nachliefern: das Individuum bleibt aber aus dieser Verständigung ausgespart. Es sind dann auch nicht die einzelnen Menschen, die bei Gadamer ins Gespräch geraten, sondern es ist die Gattung, die sich im Gespräch integriert und dadurch auch geschichtlich wird. Dennoch beharrt Gadamer darauf, daß es die einzelnen Menschen sind, die sprechen. Wenn aber Sprache nicht die Individuen integrieren kann, - was integriert sie dann? Sie integriert das Konzept eines Individuums. Hier ist dann in idealisierter Weise der Wille zum Gespräch vorausgesetzt, was dann aber nicht mehr der Wille eines Einzelnen ist, sondern bloßes Weltprinzip.

"Unüberbrückbare Gegensätze zwischen gesellschaftlichen und politischen Gruppen beruhen auf dem Unterschied der Interessenslagen und der Verschiedenartigkeit der Erfahrungen. Sie stellen sich durch das Gespräch heraus, d.h. ihre Unüberbrückbarkeit steht nicht von vornherein fest, sondern ist das Resultat des Verständigungsversuchs - und als solches nie endgültig, sondern die Wiederaufnahme des Gesprächs in jener ideell unendlichen Interpretationsgemeinschaft bezogen, die zum Begriff der kommunikativen Kompetenz gehören dürfte."(Gadamer 1980: 306)

Hier sieht man deutlich, wie die Integrativität der Sprache die reale einzelne Individualität ausklammern muß: die ideell unendliche Kommunikationsgemeinschaft mag sich zwar verständigen, - die Menschen können indes sterben. Diese Idealisierung bezieht sich aber nicht nur auf die Interpretationsgemeinschaft, sondern schlägt auf die Sprache zurück. Damit sind wir beim letzten Charakteristikum der Sprache: bei ihrer Ganzheit. Diese Eigenschaft, die Gadamer der Sprache zuschreibt, ist wesentlich eine strukturelle.

"Ein jedes Wort läßt das Ganze der Sprache, der es angehört, antönen (---). Ein jedes Wort läßt daher auch, als das Geschehen seines Augenblicks, das Ungesagte mit da sein, auf das es sich antwortend und winkend bezieht. Die

Okkasionalität der menschlichen Rede ist nicht eine gelegentliche Unvollkommenheit ihrer Aussagekraft - sie ist vielmehr der logische Ausdruck der lebendigen Virtualität des Redens, das ein Ganzes von Sinn, ohne es ganz sagen zu können, ins Spiel bringt."(Gadamer 1975: 434)

Gadamer behauptet hier einen Zusammenhang, der wie eine Hoffnung dünkt: noch das aberwitzigste und partikularste Wort soll die Ganzheit der Sprache antönen lassen. Daß es überhaupt Sprache als Ganzheit gibt, bleibt anzuzweifeln: ihr fragmentarischer Charakter, das anscheinend notwendig Unvollständige jeder empirischen Rede drängt sich zu sehr auf. Auch wenn es ein dialektisches Argument nach der Art sein sollte, daß Auffallen des Fragments von sich aus schon auf die Ganzheit verweist, so läßt sich erwidern, daß die fragmentarische Rede sich in den seltesten Fällen ihrer selbst bewußt ist. Wir wollen aber hier das Problem der Ganzheit der Sprache nicht weiter verfolgen, - vielmehr interessiert uns die theologische Figur, die da aufleuchtet.

Das Ganze als Sprache und Sinn scheint überall durch: es ist die universelle Emanation des *logos*. Es gibt dadurch eigentlich keine eigenständige, authentische Rede des Individuums, sondern nur die Okkasionalität. Jenes Ganze, das der einzelne Mensch doch nie sagen kann, verweist wiederum auf seine Endlichkeit, auf seine Begrenzung. Daß Sprache ein Ganzes ist, bewirkt, daß alles Reden an einem universellen Sinn partizipieren muß; - die ideelle Interpretationsgemeinschaft ist so a priori durch die Ganzheit der Sprache gesetzt. In dieser Gemeinschaft löst das Individuelle sich auf; - Bestand hat es nur in seiner Unvollkommenheit und erkennt ganz bescheiden, daß:

"...die Überlegenheit dessen, was verstanden werden soll, durch keine Auslegung je ganz einholbar ist."(Gadamer 1980: 302)

Das Individuum macht aber in der Hermeneutik einen 'Vorgriff' auf seine eigene Vollkommenheit und damit auch auf seine eigene Auflösung. Es erkennt sich eingebettet in eine Teleologie, deren Struktur die der Sprache ist. Es ist eine metaphysische Struktur. Gadamer akzeptiert diese Metaphysik, mit Hegel:

"Am Ende dürfte Hegel recht behalten. Wir würden es freilich von der Menschheit im Ganzen sagen, was Hegel über ein - gebildetes Volk - gesagt hat, daß es ohne Metaphysik - wie ein Tempel ohne Allerheiligstes - wäre."(Gadamer 1979: 61)

Das ist nun eher eine verschmitzte Metaphysik nach dem Vorbild der Kantschen Vernunft, die so das Handeln leiten soll, als ob das Reich Gottes

vor der Tür stünde.[25] Solche Metaphysik entspricht der menschlichen Unvollkommenheit, die auch Gadamer als Angelpunkt einer möglichen Metaphysik thematisiert.

"Was Selbsterkenntnis wirklich ist, ist jedenfalls nicht die vollendete
Durchsichtigkeit des Wissens, sondern die Einsicht, die Grenzen annehmen
zu müssen, die endlichen Wesen gesetzt sind."(Gadamer 1979: 62)

Es ist wieder die angebliche Erfahrung der eigenen Endlichkeit, die hier,
in der Gestalt der Begrenztheit des Wissens, vor diversen Zumutungen
schützt. Wenn ich nicht alles wissen kann, kann ich auch beruhigt sterben.
Metaphysik ist diese Behauptung deswegen, weil sie ein Prinzip beschwört,
das keiner Erfahrung gerecht werden kann. Es ist unmöglich, die Grenze des
Wissens zu erfahren. Nach Gadamer sollen die Grenzen nicht eine Stagnation
der Menschheit bewirken; eher ist es das Modell eines unbegrenzten Fort-
schreitens, das um seinen eigenen illusionären Charakter Bescheid wissen
soll. Das sieht nach einer Don Quijoterie aus: man tut so, als ob es um die
Vollkommenheit ginge und weiß doch, daß es diese nicht geben kann.

Insgesamt steht die Sprachlichkeit, so wie sie bei Gadamer konzipiert ist,
im Dienste der Verdrängung, bzw. einer Ausklammerung: eine Hermeneutik,
die den Menschen als fleischliches und triebhaftes Wesen ausklammert,
braucht sich freilich nicht mit Negativität herumzuschlagen, oder sie kennt
Negativität nur im Hegelschen Sinne eines Aufzuhebenden. Dagegen ist zu
sagen, daß Sprachlichkeit selber noch den Zusammenhang mit Natur hält,
indem sie eben nicht die Vergeistigung garantiert: ihr Klangmoment etwa ist
hermeneutisch nicht faßbar. Weiterhin ist das Argument, daß alles vergeistigt
werden kann noch kein Beleg dafür, daß alles je schon prinzipiell in 'vergei-
stigter Fassung' sei. Das Argument, daß man sich über Triebe und Fleisch ja
verständigen könne, ist noch kein Argument dafür, daß Triebe und Fleisch
nicht jenseits der geistigen Verständigung weiterwirken können.

Gadamers Hermeneutik ist im Prinzip eine Rekonstruktion der Hegelschen Philosophie, ohne jedoch deren Konsequenzen teilen zu wollen: das
etwas gewundene 'religiöse' Korrektiv bei Gadamer, das immer wieder die
Endlichkeit des Menschen beschwört, ist der hilflose anmutende Versuch, im
fortlaufenden Verständigungsprozeß das Konstrukt eines Endes der Geschichte, die universelle Verständigung zu vermeiden. So gibt es bei Gadamer auch keine Barbarei, keine Instanz, die sich dem Verstehen entzieht. Das

---

[25] Vgl. Kant, I.: 'Die Religion innerhalb der Grenzen der bloßen Vernunft' (Kant Bd. VIII, 1977:
785ff)

Nicht-Verstehen ist in Gadamers Hermeneutik völlig verdrängt, so, wie es vielleicht auch heute keine Barbaren mehr gibt, da sie ausgerottet wurden.

Zusammenfassung

Damit wollen wir die kritische Betrachtung des Begriffs der Hermeneutik beenden. Dies erscheint deswegen gerechtfertigt, da seit 'Wahrheit und Methode' die Grundidee der Hermeneutik keine substantielle Veränderung oder Weiterentwicklung erfahren hat. Die aktuellen Debatten über die Hermeneutik, soweit sie existieren,[26] werden wir gelegentlich in jenem Teil der vorliegenden Arbeit erwähnen, in welchem es um die 'Konstituenten' geht.

Was ist also Hermeneutik? Wir haben diese Frage zu beantworten versucht, indem wir die Konsequenzen analysiert haben, die sich bezüglich eines möglichen Nicht-Verstehens ergeben. Die Kunst des Verstehens muß immer einen Rahmen definieren, innerhalb dessen ein Verstehen möglich ist. Das ist die Definition einer Immanenz, sozusagen ein geschützter Raum, der eine Entfaltung der Verständigung, ja der Versöhnung ermöglichen soll. Schleiermacher setzt diesen Raum als die Einheit des christlichen (protestantischen) Geistes. Das ist im Prinzip eine kanonische Setzung und bedarf daher auch keiner weiteren Rechtfertigung. Der Ausschluß, -also das, was in den Bereich der Negativität fällt, sind die böswilligen Subjekte, die sich ungewöhnlicher Formen bedienen. Bei Dilthey ist die Immanenz nicht mehr dogmatisch gesetzt: ihm geht es darum, die 'geistige Lebendigkeit' zu verteidigen, die den Prozeß der Kultur ausmacht. Diese geistige Lebendigkeit wird von zwei Seiten bedroht: einmal von dem barbarischen (slawischen) Nihilismus, der bloße Lebendigkeit als Kreatürlichkeit bedeutet; auf der anderen Seite wird jene geistige Lebendigkeit von der Metaphysik bedroht, die ob ihrer Tendenz zur reinen 'Geistigkeit' die Besinnung auf das Leben vergißt.

Heidegger nun, indem er das Verstehen als Existential faßt, kommt auf das Unzureichende der Sprache, die im Dienste dieses Verstehens immer in eine Sprache der Metaphysik umzuschlagen droht. Die Barabarei ist bei ihm innerhalb der Sprache angesiedelt, deren eine Möglichkeit es ist, zur abendländischen Metaphysik zu werden. Die Realität der zeitgenössischen Barbarei findet Heidegger im weitesten Sinne in der Technik und dem entsprechenden Denken: hätte Heidegger länger gelebt, so wäre wohl der Computer, die

---

[26] Ich möchte hier nur auf die umfangreiche Bibliographie in Gadamer und Boehm 1980 verweisen.

Künstliche Intelligenz ihm zur reinen Gestalt der Barbarei geworden. Denn in der Informatik verliert die Sprache jede Nähe zum Sein und hat die Informatik eine Teleologie, so ist es die vollständige Simulation des Seins. Bei Heidegger hat das Nicht-Verstehen seinen Ort jenseits der Hermeneutik, und diese Konsequenz führt ihn letztlich weg vom Appell und hin zur leeren Empfehlung des Schweigens. Auch hat Heidegger keinen Begriff davon, wie sich das Nicht-Verstehen, ohne Nähe zum Sein, im Alltag der Menschen artikuliert.

Anders Gadamer, der an dem Konzept einer Immanenz festhält, indem er sie universaliert. Begriffslogisch ist das dann keine Immanenz mehr, da hier kein Außen, keine Barbarei ist. Diese Immanenz macht Gadamer an der Sprache fest, wobei er sich allerdings recht zweifelhafter Theoreme über die Sprache bedient. Wichtig aber ist, daß auch bei Gadamer die Funktion des Schutzes deutlich wird: der Mensch soll sich vor sich selber als 'Triebwesen' schützen, und deswegen wird das Konzept der Vorgängigkeit der Sprache nötig, das eigentlich die Vorgängigkeit der Vergeistigung ist. Daraus folgt der Schutz des Menschen vor seiner eigenen Unbescheidenheit: indem er sich als endlich erfährt und erkennt, wird er bescheiden und fügt sich der Allgegenwärtigkeit des versöhnenden Gesprächs.

Wie sicherlich bemerkt wurde, konnten wir die Betrachtung der genannten Versionen von Hermeneutik in Hinblick auf ein mögliches Nicht-Verstehen nicht vollziehen, ohne auf den Begriff der Negativität vorzugreifen. Das liegt daran, daß Nicht-Verstehen durchaus unterschiedlich gefaßt werden kann, je nach dem Konzept von Negativität, das es impliziert. Nun wollen wir uns der Explikation dieses Begriffs zuwenden.

III. Der Begriff 2: Negativität

Hegel

Es ist schwierig, den Begriff der Negativität philosophiegeschichtlich aufzuarbeiten, da er so gut wie nie als eigenständige Kategorie auftritt: vielmehr ist
er eher die Summe dessen, was zu ihm assoziiert werden kann. Wir beginnen
bei Hegel, weil bei ihm dem Begriff der Negativität erstmalig ein systemati-
scher Stellenwert zukommt. Zwar taucht der Begriff selbst in der frühesten
Philosophie auf, und Aristoteles teilt schon die Negation in bestimmte Formen ein,[27] aber diese Erscheinungsformen bleiben unwesentlich. Das Anfangen bei Hegel überspringt auch die Spätscholastik, die sich mehr oder minder
redlich mit dem Begriff des Nicht-Seins herumgeschlagen hat. Übersprungen
wird auch Kant, der in seinen frühen Jahren eine Abhandlung vorgelegt hat
mit dem Titel: "Versuch, den Begriff der Negativen Grössen in die Welt-
weisheit einzuführen" (Kant Bd. II, 1961: 167ff). Diese Abhandlung will
wesentlich zeigen, daß "negative Größen nicht nur Negationen von Größen
sind, sondern an sich selbst wahrhaftig Positives, nur was dem anderen entgegengesetzt ist." (Kant Bd. II, 1961: 171) Diese Art der Negation wäre die
'Beraubung' (privatio) im Gegensatz zum bloßen Mangel. (Kant Bd. II, 1961:
180) Das Ganze ist recht mathematisch aufgebaut, und bisweilen werden
auch krude Parallelen gezogen, etwa derart, daß ein Mensch mit zwölf guten
und zehn schlechten Eigenschaften in summa ein Mensch ist, der zwei gute
Eigenschaften hat, sofern gute und schlechte Eigenschaften sich in der Wirkung aufheben können. (Kant Bd. II, 1961: 203) Kant geht es in der 'Welt-
weisheit' darum, Aufhebung durch Entgegensetzung erklären zu können, und
damit die Kategorie des Realgrundes zu bestimmen. Für den Begriff der
Negativität ist damit wenig gewonnen, denn Kant setzt ihn als bloße Beziehung zweier positiver Größen. In dem Resultat ist das Negative verschwun-

---

[27] Zumindest haben sie keinen systematischen und konstitutiven Stellenwert für seine Metaphysik. (Vgl. Aristoteles 1966: 221ff)

den bzw. aufgehoben. Das Problem der Negativität ist damit eigentlich umgangen welches darin besteht, Negativität nicht nur als Bestimmung oder Beziehung, sondern für sich, quasi substantiell zu denken.

Ein schönes Beispiel dafür, wie Negativität als bloße Bestimmung funktioniert, liefert Freud in einem Aufsatz, der den Titel 'Die Verneinung' (Freud Bd. III, 1969) trägt. Es geht hier eigentlich ums Abstreiten, ums Verleugnen, was aber Freud an die logische Gestalt der einfachen Negation anbindet. Kurz gesagt wird in diesem Aufsatz die These aufgestellt, daß ein in psychischer Hinsicht problematischer Inhalt nur in Form seiner Verneinung das Licht des Tages erblicken bzw. das Ohr des Analytikers finden kann. Eine Traumfigur etwa, von der spontan behauptet wird, es sei nicht die Oma, ist dann eben doch die Oma. Die Negation ist hier bloße Erscheinungsform der Substanz, -ein Umweg sozusagen. Und indem der Analytiker diese Verneinung nicht gelten läßt, -sie seinerseits negiert, kommt er wieder auf die Substanz zurück. Wir stellen anheim, wieviel diese Freudsche These mit den tatsächlichen psychischen Vorgängen zu tun hat;[28] -wichtig ist, daß diese Konstruktion sich in typischer Weise in der vor-Hegelischen Philosophie wiederfinden läßt. Bei Hegel selbst wird das Negative problematisch. Ein erster Zugang sei in folgender Beschreibung gegeben:

"Das Negative, dieser abstrakte Ausdruck, hat sehr viele Bestimmungen, ist Veränderung überhaupt; auch die Veränderung enthält partiellen Tod. Am Natürlichen erscheint diese Negation als Tod; so ist es noch in Natürlichkeit, noch nicht rein am Geiste, am geistigen Subjekt als solchem. Ist es am Geist, so erscheint diese Negation im Menschen selbst, im Geist selbst als diese Bestimmung, daß sein natürlicher Wille für ihn ein anderer ist, er sich seinem Wesen, seiner Geistigkeit unterscheidet von seinem natürlichen Willen. Dieser natürliche Wille ist hier die Negation... ". (Hegel Bd.XVI, 1969: 419f)

Hegels Begriff der Negation ist deshalb zwiespältig, weil er einerseits ein Abstraktum schlechthin ist; andererseits ist er nicht nur Form, sondern Inhalt in konkreter Gestalt, wie eben der Tod oder der natürliche Wille. Sicherlich verschwinden diese konkreten Gestalten des Negativen im Prozeß des Geistes, aber dieses Verschwinden macht ja gerade die Hybris des Hegelschen Werkes aus. D. Henrich, der sich mit den Formen der Negation in Hegels 'Logik' beschäftigt hat,[29] kommt zu dem Schluß, daß in der 'Logik' zwei Ge-

---

[28] Jacques Lacan Interpretation dieses Freudschen Aufsatzes geht in die Richtung, daß hier 'Verneinung' doch nicht nur als Bestimmung auftritt, sondern die substantielle Negativität des Unbewußten angedeutet wird. (Vgl. Lacan Bd. III, 1986)

[29] Vgl. Henrich, D.: 'Formen der Negation in Hegels Logik' (Horstmann 1978: 213ff)

stalten der Negation konfundiert sind. Diese zwei Gestalten sieht Henrich in der selbstbezüglichen Negation einerseits und andererseits in der Negation als Andersheit; im Prinzip läuft das auf eine logisch-begriffliche und onto-logische Fassung von Negativität hinaus. Henrichs Interpretation deutet an, daß im Hegelschen Werk, neben der Negation als bloße Bestimmung auch eine Gestalt von Negativität gibt, die für sich bestehen kann, also substantiell ist. Die reine, bestimmte Negation kann eigentlich nur in der Seinslogik selbst auftreten; im weiteren Verlauf der 'Logik' kann Negativität nicht nur das Anderssein seiner selbst, sondern muß Andersheit sein, die sich eigen-ständig konstituiert, bevor sie in den Prozeß der Bestimmung eingespannt wird und dann auch verschwinden kann. Wenn Hegel konkrete Gestalten des Negativen einführt, so sind sie immer vorerst an sich selber bestimmt, was sich allein schon dadurch ausdrückt, daß diese Gestalten einen Namen haben. Hegel kommt um die Benennung der konkreten Formen des Negativen nicht herum.

Sieht man sich also zum Beispiel die Hegelsche Logik daraufhin durch, wo und unter welchem Namen das Negative erscheint, so findet man etwa die 'Repulsion', die 'Zersplitterung', die 'Indifferenz', den 'Schein', den 'Unter-schied' und schließlich die 'Materie' und die 'Wirklichkeit'. Man könnte bei jeder einzelnen dieser Bezeichnungen verweilen und versucht sein, sie als Metaphern des Unglücks, des Leidens auszugeben. Es genügt aber, auf der Ebene der Logik zu konstatieren, daß Negativität genuin sich am Unmittelba-ren abzuarbeiten scheint. Es ist die Arbeit der Bestimmung des Unmittelba-ren, ein Vernichtungswerk gegen alle Setzungen. Damit der Prozeß kein Verschwinden wird, muß Negativität selbst verschwinden können, was aber nur geht, wenn sie keine Substanz hat. Das Unglück wäre eine Form, genau so, wie in der Hegelschen Logik eben Materie, Wirklichkeit, Repulsion, Zersplitterung auch nur Formen des Geistes sind. Ist also Negativität bloß bestimmend, so kann sie auch verschwinden. Dies ist der Akt der Negation der Negation. Um in unserer Metaphorik zu bleiben: das Unglück ist eine Bestimmung von Glück; die erste Reflexion auf das Glück konstituiert das Unglück. Die zweite Reflexion betrachtet das Verhältnis beider als notwen-dig. Was herauskommen soll ist ein freies Subjekt, das Glück und Unglück als bloße Formen erkannt und damit in sich aufgehoben hat.

Hegels Begriff der Negativität besteht wesentlich in der Negierbarkeit seiner selbst, welche durch die Definition der Negation als Bestimmung bzw. als Reflexion möglich wird.

"Die betrachtete Negativität (---) ist (---)der innerste Quell aller Tätigkeit, lebendiger und geistiger Selbstbewegung, die dialektische Seele, die alles Wahre an ihm selbst hat, durch die es allein Wahres ist; (---). Das zweite Negative, das Negative des Negativen (---) ist jenes Aufheben des Widerspruches, aber ist sowenig als der Widerspruch ein Tun einer äußerlichen Reflexion, sondern das innerste, objektivste Moment des Lebens und des Geistes, wodurch ein Subjekt, Person, Freies ist." (Hegel Bd. XVI, 1969: 563)

Es geht um Auseinandersetzung und Versöhnung: ähnlich wie bei Gadamer kann letztere nur funktionieren, wenn eine bestimmte Vorgängigkeit vorausgesetzt ist. Bei Hegel ist es die Vorgängigkeit des Begriffs, der nur den formellen Unterschied an sich selbst kennt: nicht aber sein substantiell anderes. Was dabei zunächst ausgespart wird ist freilich das Individuelle, denn das Andere des Begriffs kann nur als Individualität erscheinen. Dieses Individuum ist bei Hegel immer schon in den Begriff eingebunden.

Die Erfahrungen des Individuums können immer nur am vorausgesetzten Begriff sich halten, und so ist selbst der Tod eine Form des Begriffs:

"Der Tod, wenn wir jene Unwirklichkeit so nennen wollen, ist das Furchtbarste, und das Tote festzuhalten das, was die größte Kraft erfordert. Die kraftlose Schönheit haßt den Verstand, weil er ihr dies zumutet, was sie nicht vermag. Aber nicht das Leben, das sich vor dem Tode scheut und von der Verwüstung rein bewahrt, sondern das ihn erträgt und in ihm sich erhält, ist das Leben des Geistes. Er gewinnt seine Wahrheit nur, indem er in der absoluten Zerrissenheit sich selbst findet. Diese Macht ist er (---) nur, indem er dem Negativen ins Angesicht schaut, bei ihm verweilt. Dieses Verweilen ist die Zauberkraft, die es in das Sein umkehrt." (Hegel Bd. III, 1969: 36)

Das Leben des Geistes besteht darin, alle Zumutungen zu ertragen, selbst den Tod. Natürlich kann man darin eine säkulare Theologie vermuten, wie Kojeve[30] ausführt, aber auch eine säkulare Theologie kennt den absoluten Unterschied von Gott und Mensch. Bei Hegel hingegen kennt der Begriff nur sich selbst, und so kann er alle Zumutungen ertragen, weil alle Zumutungen hausgemacht sind. Im Geist sind Gott, die Natur und die Menschen, sogar der Teufel noch vereint. Deswegen kennt Hegel den Teufel nicht, bzw. sieht in ihm eine unbrauchbare Figur:

"Der Teufel ist deshalb eine schlechte, ästhetisch unbrauchbare Figur; denn er ist nichts als die Lüge in sich selbst(---). Ebenso sind die Furien des Hasses (---)wohl Mächte, aber ohne affirmative Selbständigkeit und Halt(---).

---

[30] Vgl. Kojeve 1975: 265 ff

Das Böse jedoch ist (---)in sich kahl und gehaltlos, weil aus demselben nichts als selber nur Negatives, Zerstörung und Unglück herauskommt(---)." (Hegel Bd. XIII, 1969: 288f)

Dem Negativen wird die Substanz abgesprochen, das Böse gibt es nicht, weil es nur böse sein kann. Hegel nennt solches an anderen Stellen eine 'leere Bewegung'. Es ist aber ein merkwürdiger Widerspruch im obigen Zitat, denn eigentlich müßte das Böse ja die Bestimmung des Guten sein. Wenn aber Negatives nur Negatives erzeugen kann, es also eine Selbstreproduktion von Negativität gäbe, wodurch ein 'Für sich' derselben enstünde, dann wäre diese Negativität substantiell. Die Lösung, die Hegel bleibt, ist die, Zerstörung und Unglück, ja selbst den Tod als 'gehaltlos' zu bestimmen. Wie nun führt Hegel die 'Unwirklichkeit des Todes' aus?

Den Tod erzeugt das Individuum aus sich selbst, wie es in der Enzyklopädie heißt. Das setzt voraus, daß das Individuum eine bloße Form der Allgemeinheit ist. Gerade aber das Individuum kann den Tod nicht aus sich selbst hervorbringen, es sei denn, es hat an sich selbst keine Realität. Und so ist es auch bei Hegel: er kennt nur das 'geistige Individuum' als negative Gestalt des Geistes im Sinne einer Besonderung und unmittelbarer Bestimmung. Der Preis, den Hegel für diese Konstruktion zahlen muß, ist die Konfusion von physis und logos. Individualität wird erst durch die physis konstituiert, denn erst wenn der Leib vorhanden ist, läßt sich von einem Individuum sprechen. Für Hegel gibt es aber nur geistige Individualität, was eine radikale Setzung nach sich zieht: daß nämlich die physis selbst keine Substanz hat. Da aber die physis zumindest erscheint, muß Hegel, um nicht einer absurden Metaphysik zu verfallen, das andere des Individuums nicht als das Geistige schlechthin sondern als Gattung setzen. Das physische Individuum wird bei Hegel auf Geburt, Zeugung, Krankheit und Tod reduziert. Die Zeugung ist nun der eigentlich geistige Akt im Leben eines Individuums, da es dadurch die Begrenzung durch die eigene physis aufhebt. Sicherlich ist die Zeugung der Normalfall, aber ein Individuum kann auch sterben, ohne gezeugt zu haben; damit hätte es seinen Platz in der Gattung und damit seine Rückkehr in Geistigkeit verwirkt. Tatsächlich ist es auch für Hegel ein Problem, daß der Mensch nach der Begattung nicht, nach dem Vorbild der Einzeller, stirbt. Das Leben der Menschen ist so bloße 'Subjektivität'.

"Aber diese erreichte Identität mit dem Allgemeinen ist(---)die abstrakte Seite, der Tod des Natürlichen. Die Subjektivität ist aber in der Idee des Lebens der Begriffe,(---). Die Natur ist damit in ihre Wahrheit übergegangen, in die Subjektivität des Begriffs, deren Objektivität selbst die aufgehobene

Unmittelbarkeit der Einzelheit, die konkrete Allgemeinheit ist." (Hegel Bd. IX, 1969: 537)

Die Sterblichkeit, der Tod ist kein Mißgeschick, denn die Idee braucht dieses Moment der Vergänglichkeit, um sich selbst als Allgemeines zu bestimmen.

"Das Denken, als dieses für sich selbst seiende Allgemeine, ist das Unsterbliche; das Sterbliche ist, daß die Idee, das Allgemeine sich nicht angemessen ist." (Hegel Bd. IX, 1969: 538)

Der Mensch, sofern er sterblich ist, ist die Ursache dafür, daß das Allgemeine sich nicht angemessen ist. Damit wird der konkrete Mensch, sofern er als leibliche Individualität auftritt, selbst zum Negativen, -eine Bestimmung gegen die Idee, wobei die Persistenz der leiblichen Individualität die Frage aufwirft, ob jene wirklich bloß eine Bestimmung der Idee ist. Der 'frühe Hegel', der vielleicht dem Begriff noch nicht alles zutraute, führt dies in der Jenaer Realphilosophie expressis verbis aus:

"Der Mensch ist diese Nacht, dies leere Nichts(---). In phantasmagorischen Vorstellungen ist es ringsum Nacht; hier schießt dann ein blutiger Kopf, dort eine andere weiße Gestalt plötzlich hervor und verschwinden ebenso. Diese Nacht erblickt man, wenn man dem Menschen ins Auge blickt -in eine Nacht hinein, die furchtbar wird; es hängt die Nacht der Welt hier einem entgegen." [31]

Das hört sich nun schauerlich an, und es fragt sich, woher denn nun das Licht kommen soll. In der 'Phänomenologie' gibt Hegel die Antwort:

"Das reine Licht wirft seine Einfachheit als Unendlichkeit von Formen auseinander und gibt sich dem Fürsichsein zum Opfer dar, daß das Einzelne sich das Bestehen an seiner Substanz nehme." (Hegel Bd. III, 1969: 507)

Das Einzelne lebt von der Opferung des Lichts: hier ist nun wirklich das theologische Moment in Hegels Werk, das eigentlich kaum begründen kann, warum es den Menschen gibt, warum es das Einzelne gibt. Es ist auch nicht klar, warum sich das reine Licht opfert. Wie dem auch sei: Hegels Begriff der Negativität hat sich als der Mensch selbst, genauer als das leibliche Individuum erwiesen. Die Formen der Negativität sind vorübergehende Bestimmungen, die ihre Notwendigkeit im Zusich-Kommen des Geistes haben. Die Aufhebung des Individuums ist das eigentliche Kunststück, das Hegel vollbringt. Und dieses Kunststück wollen wir uns genauer ansehen, denn Hegel führt es ausgiebig in seiner 'Phänomenologie des Geistes' vor. Dieses Kunst-

---

[31] Hegel, G.W.F.: 'Jenaer Realphilosophie. Vorlesungen von 1805/1806. Philsophie des Geistes' (Göhler 1974: 204)

stück kann nur gelingen, wenn das Individuum in der Lage ist, die Erfahrung seiner selbst als Individuum zu überwinden. Wir merken hier eine Parallele zu Gadamer: erst wenn die Erfahrung über-individuell, -wir sagen: metaphysisch wird, also an der Allgemeinheit des Geistes und dessen Formen partizipiert, kann die Aufhebung des Individuellen selbst gelingen.

Der Mensch, so läßt sich bisher sagen, ist die Gestalt des Negativen, das Unglück des Geistes. Dieses Unglück muß im Geiste zu sich selbst kommen, und die Bühne, auf der sich das abspielt, kann abermals nur der Mensch sein. Diese Aufhebung ist das Problem des unglücklichen Unglücks, -des 'unglücklichen Bewußtseins'.

Das 'unglückliche Bewußtsein' ist das letzte Stadium des Bewußtseins, bevor es vernünftig wird, bzw. die Vernunft ist. Es ist das Stadium der Nicht-Identität, der Zerissenheit und der Hoffnungslosigkeit: insofern eine klassische Krisis mit anschließender Katharsis, -eben der Übergang zur Vernunft. Diese Krisis ist die Gegenwart der Negativität: das individuelle Bewußtsein bestimmt sich an sich selbst und verharrt, wobei in diesem Stillstand die Drohung einer substanziellen Negativität liegt. Solchen Zustand könnte man moderner als 'Psychose' fassen: nicht im klinischen sondern in einem strukturellen Sinn. Genauer wäre es die Melancholie, die man auch 'Involutions-Psychose' genannt hat: eine auswegslose Verstrickung. Von einem Psychotiker wünscht man sich auch, daß er endlich vernünftig werde, -den Mechanismus der Krankheit durchschaue. Das Unvermögen der Vernunft gegenüber diesem Zustand verweist aber auf die Möglichkeit einer substanziellen Negativität oder, um mit Hegel zu sprechen, eine Fortdauer der Nacht. Hegel zeichnet aber den Ausweg vor, und uns sollte interessieren, welcher Preis für die Aufhebung der Individualität in Vernunft zu zahlen ist.

Das 'unglückliche Bewußtsein' bei Hegel ist keine Setzung, sondern Resultat, -Resultat einer vorerst mißlingenden Aufhebung zweier negativer Formen des Bewußtseins, die mit 'Stoizismus' und 'Skeptizismus' benannt werden. Im Stoizismus wird das Außen und auch die Allgemeinheit als nichtig gesetzt. Das Bewußtsein traut sich zu, kraft seiner Innerlichkeit gegen die Allgemeinheit sich behaupten zu können, was dann ataraxie genannt wurde. Der Skeptizismus ist die eigentliche Euphorie: er lebt im Bewußtsein der Nichtigkeit seiner selbst, und dieses Bewußtseins ist das einzige, was vor dem Allgemeinen Bestand hat. In beiden Fällen wird das individuelle Bewußtsein auf sich selbst zurückgeworfen indem es sich nicht auf das Allgemeine einläßt. Es ist genau dieses Beharren. Beide Formen sind indes nach Hegel unglücklich, da sie eine Versöhnung, eine Vermittlung nicht zulassen.

Es ist das Schicksal der Vereinzelung, der Schmerz der Einsamkeit als Konstitution des Individuums als Negativität.

"Das Bewußtsein des Lebens, seines Daseins und Tuns ist nur der Schmerz über dieses Dasein und Tun, denn es hat darin nur das Bewußtsein seines Gegenteils, als des Wesens, und der eigenen Nichtigkeit. Es geht in die Erhebung hieraus zum Unwandelbaren über. Aber diese Erhebung ist selbst dies Bewußtsein; sie ist also unmittelbar das Bewußtsein des Gegenteils, nämlich seiner selbst als der Einzelheit. Das Unwandelbare, das in das Bewußtsein tritt, ist eben dadurch zugleich von der Einzelheit berührt und nur mit dieser gegenwärtig; statt diese im Bewußtsein des Unwandelbaren vertilgt zu haben, geht sie darin immer nur hervor." (Hegel Bd. III, 1969: 164f)

Das Bewußtsein erfährt sich also in seiner Partikularität, die ihm selbst in der Ohnmacht, am Allgemeinen wesenhaft teilnehmen zu können, als unwandelbar erscheint. Es ist fortdauernde Negativität geworden. Das ist nun der Punkt, an dem etwa Kierkegaard zu philosophieren anfängt:[32] das Individuelle hat sich als jener Knoten gezeigt, der nicht mehr aufzulösen ist. Eine Verstrickung, die das Einzelne immer nur auf es selbst zurückwirft. Halten wir diese Figur fest als das, worin substantielle Negativität bestehen könnte: nämlich im Unvermögen des Individuums, seiner Existenz als Einzelwesen zu entkommen oder umgekehrt: im Vermögen des Individuums, sich in seinen Erfahrungen dem Begriff entziehen zu können. Darin ist freilich noch nichts über die Konstitution dieser Negativität etwas ausgesagt. Für Hegel ist die Erscheinungsform dieser Negativität, der Träger dieses Bewußtseins:

"...eine auf sich und ihr kleines Tun beschränkte und sich bebrütende, ebenso unglückliche als ärmliche Persönlichkeit." (Hegel Bd. III, 1969: 174)

Nun könnte man auf die Idee kommen, dieses Negative würde sich durch eine soziale Realität reflektieren und dadurch sich selbst negieren können. Die ärmliche Persönlichkeit will eben an den anderen Menschen nicht diese Wirklichkeit haben, und hebt sich durch dieses reflektierende Wollen auf. Bei Hegel aber ist das 'unglückliche Bewußtsein' eigentlich eine bloße Einbildung des Geistes, und so muß der Geist nur zu sich selbst kommen, um dieses Unglück hinter sich zu lassen. Das tut er über den Umweg der natürlichen Erscheinungsformen des Lebens, die als Arbeit und Genuß auftreten.

---

[32] Weil jedoch Kierkegaard bei diesem Punkt anfängt und diese Konstellation eben nicht entwickelt, bleibt er hinter Hegel zurück. Überhaupt ist dieses Anfangen bei der Negativität der Individualität ein Charakteristikum des sogenannten Existenzialismus. (Vgl. Kierekegaard 1976)

Und genau diese Arbeit und der Genuß sind das Allgemeine, das das Bewußtsein des Einzelnen immer schon umfängt.

"Im Kampf des Gemüts ist das einzelne Bewußtsein nur als musikalisches, abstraktes Moment; in der Arbeit und dem Genusse, als der Realisierung dieses wesenlosen Seins, kann es unmittelbar sich vergessen, und die bewußte Eigenheit in dieser Wirklichkeit wird durch das dankende Anerkennen niedergeschlagen. Dieses Niederschlagen ist aber in Wahrheit eine Rückkehr des Bewußtseins in sich selbst, und zwar in sich als die ihm wahrhafte Wirklichkeit." (Hegel Bd. III, 1969: 173)

Das hört sich ähnlich an wie die Freudsche Bestimmung der 'Heilung': das neurotische Individuum ist dann genesen, wenn es 'arbeits- und genußfähig' ist. Das ist ja die Teilnahme am Allgemeinen, und das Unglück, vielleicht auch die Krankheit wären wesentlich, auch bei Freud, die in sich verharrende Individualität. Wichtig ist hier, daß selbst der 'Genuß' bei Hegel als Allgemeines erscheint, was impliziert, daß besondere Formen des Genusses als pathologisch gelten, was Hegel abermals mit Freud verbindet. Nur weiß Freud vom Unglück der Menschen, wenn sie sich im Genuß der Allgemeinheit entziehen, während Hegel dieses Unglück 'unwirklich' machen will.

Vorerst hat aber das Individuum die Selbstvergessenheit und die dankende Anerkennung gelernt, womit es seine bewußte Eigenheit niedergeschlagen hat. Es ist der Verzicht auf den eigenen Glücksanspruch und das Vergessen des Impulses der Selbständigkeit. Es opfert sich der Allgemeinheit, ohne zu wissen, wofür das gut sein soll, denn wenn es diese Opferung verstehen würde, so wäre es sein Zweck, und damit wäre auch in diesem Akt das Zurückfallen des Individuums auf es selbst gesetzt. Bei Hegel ist es aber der wirkliche Opfergang:

" Durch dieses Moment des Aufgebens des eigenen Entschlusses, dann des Eigentums und des Genusses und endlich durch das positive Moment des Treibens eines unverstandenen Geschäfts, nimmt es sich in Wahrheit und vollständig das Bewußtsein der inneren und äußeren Freiheit,(---).Die Verzichtleistung auf sich konnte es allein durch diese wirkliche Aufopferung bewähren;(---)..in der wirklichen Aufopferung hat an sich, wie das Bewußtsein das Tun als das seinige aufgehoben hat, auch sein Unglück von ihm abgelassen. (---)Aber in diesem Gegenstande, worin ihm sein Tun und Sein als dieses einzelne Bewußtsein, Sein und Tun an sich ist, ist ihm die Vorstellung der Vernunft geworden, der Gewißheit des Bewußtseins, in seiner Einzelheit absolut an sich oder alle Realität zu sein." (Hegel Bd. III, 1969: 175f)

Der Verzicht ist die Aufgabe des Individuums durch das Individuum: auf dieser paradoxen Konstruktion ruht die Hegelsche Vernunft. Das Paradoxon äußert sich bei Hegel dort, wo er vom 'positiven Moment des Treibens eines unverstandenen Geschäfts' spricht. Hier funktioniert die Negation der Negation nicht mehr: die Aufhebung des negativen Einzelnen ist nicht mehr unmittelbar, sondern nur durch den Akt des Vergessens gewährleistet. Die Erinnerung, die ja ein wesentliches Moment der Hegelschen Figur der Aufhebung ist, wird hier ausgesetzt. Übrig bleibt der bloße Appell ans Individuum, sich selbst zu vergessen, um 'alle Realität' zu sein. Daß aber dieser Appell an die Vergessensleistung notwendig ist, verweist darauf, daß die Negativität des Individuellen doch eine Substanz an sich zu haben scheint;-ob diese Substanz einer Struktur der Erfahrung oder der 'physis' folgt, sei noch dahingestellt.

Das Recht des Hegelschen Begriffs der Negativität liegt darin, daß das Individuelle als Negatives nicht nur die Macht der Bestimmung ist, sondern seinerseits bestimmt ist, da es ohne den Prozeß der Gattung oder des Geistes nicht denkbar ist. Nun aber versucht Hegel die Individualität, die einzig das Unglück kennt, durch die Figur der Negation der Negation in die Gattung zurückholt. Das Gewaltsame dieser Konstruktion, die die Rückholung ermöglicht, hat schon frühere Kritiken Hegels Werk motiviert; diese Kritik führt aber, wenn man sie konsequent fortführt, immer auch zu einer Kritik am Hegelschen Begriff der Negativität.

Adorno

Es war insbesondere Theodor W. Adorno, der sich in der Nachfolge Hegels mit dessen Konzept der Negativität kritisch auseinandergesetzt hat. Diese Auseinandersetzung durchzieht das gesamte Adornosche Werk[33], kann man dieses doch als Manifest gegen erzwungene Versöhnungen begreifen. Adornos Begriff der Negativität verzichtet auf das Moment der Bestimmung: als Resultat entwickelt sich etwas, was man 'unbestimmte Negativität' nennen könnte, wobei diese gleichzeitig einen substantiellen Status erhält. Wir wollen versuchen, den wesentlichen Teil des Gedankengangs, der zu dieser Form von Negativität führt, hier nachzuvollziehen.

Vorerst kann der Einspruch gegen Bestehendes nicht nur als Bestimmung sondern auch als 'in Frage stellen' gedacht werden. Das ist die Unzufrieden-

---

[33] Vgl. Schurz 1985

heit, die noch nicht die Strategie ihrer Abschaffung kennt. Ein unspezifischer Impuls, der durch ein unspezifisches Leiden motiviert wird, äußert sich als unbestimmter Widerspruch; -dem folgt Dialektik:

"Dialektik als Verfahren heißt, um des einmal an der Sache erfahrenen Widerspruchs willen und gegen ihn in Widersprüchen zu denken. Widerspruch in der Realität ist sie Widerspruch gegen diese. Mit Hegel aber läßt solche Dialektik nicht mehr sich vereinen. Ihre Bewegung tendiert nicht auf die Identität in der Differenz jeglichen Gegenstandes von seinem Begriff; eher beargwöhnt sie Identisches." (Adorno 1975 II: 148)

Widerspruch ist hier in die Nähe des Affekts gerückt, der selbst nicht geistige Bestimmung sondern eher Ablehnung geistiger Bestimmtheit vorstellt. Der Affekt ist gegenüber der Sache nicht kontingent, partikular oder willkürlich: umgekehrt verweist der Affekt auf die Partikularität und Willkürlichkeit der Sache, da er ihre konkrete und besondere Gestalt betrifft. Der Hungernde beklagt nicht die falsche Ernährungspolitik sondern den Zustand seines Magens, der ihm Leid verursacht. Vielleicht könnte er sich mit dem Zustand seines Magens versöhnen, wenn er die Unmittelbarkeit seines Leidens auf die falsche Ernährungspolitik ab-bzw.aufschieben könnte. Das kann er aber nicht. Hier nun bekommt die 'physis', die bei Hegel eine Art von Unwirklichkeit ist, ihr Recht. Der Affekt als Protest besteht vorderhand in der Weigerung, Verständnis für etwas aufzubringen, was nicht (so) sein soll. Solcher Affekt ist keine allgemeine Bestimmung der Sache und hat auch darum keine Allgemeinheit an sich selbst. Er ist der konkrete Bezug: das Besondere, das sich der Allgemeinheit verweigert. Das führt zum Kernpunkt der Adornoschen Kritik an Hegel:

"Weil Hegel vor der Dialektik des Besonderen zurückschreckt(---), wird er unablässig zur Spiegelfechterei getrieben.(---). Der allgemeine Begriff von Besonderheit hat keine Macht über das Besondere, das er abstrahierend meint." (Adorno 1975 II: 175)

Dieser Vorwurf betrifft insbesondere die Figur der Negation der Negation, also den Vorgang, welcher das Besondere als Gestalt der Negativität aufhebt. Natürlich gibt es die Negation der Negation, aber sie endet für Adorno nicht in Positivität. Das hat weitreichende Konsequenzen: eine davon ist die, daß Geschichte nicht einfach mehr als Fortschritt gedacht werden kann, sondern eher als Gestaltenwandel eines persistierenden Verhängnis.

"Das Negierte ist negativ, bis es verging. Das trennt entscheidend von Hegel. Den dialektischen Widerspruch, Ausdruck des unauflöslichen Nichtidentischen, wiederum durch Identität zu glätten heißt soviel wie ignorieren, was er besagt(---). Daß die Negation der Negation die Positivität sei, kann nur verfechten, wer Positivität, als Allbegrifflichkeit, schon im Ausgang präsupponiert." (Adorno 1975 II, 162)

Nur das begriffliche Leid kann an der Einsicht, im Begriff verschwinden: der Hunger allerdings hebt sich nicht an seiner Selbstreflexion auf. Daß also das Negative nicht nur abermalige Negation in Positivität zu überführen ist, liegt wesentlich an der Persistenz der physis. Die Anbindung des Negativen an das Nicht-Begriffliche macht es unbestimmt: es ist also für weitere Bestimmungen offen, ohne daß es in einer Bestimmungen verschwindet, aufgehoben wird. Das ist auch der Motor dessen, was man 'Kritische Theorie' nennt: eine Kritik, die sich nicht den Vorgaben der Vernunft unterordnet, sondern solange unversöhnlich bleibt, bis das Negative, das Leid 'verging'. Der Kernsatz einer solchen Vorgehensweise wäre, daß jede mögliche Einsicht in Notwendigkeit von Leid verweigert wird. Denn Leid ist vorerst das Individuelle: jedes Glücks-Modell, das das individuelle Leid nicht bis zum Letzten austrägt, ist Metaphysik.

"Die vermeintlichen Grundtatsachen des Bewußtseins sind ein anderes als bloß solche. In der Dimension von Lust und Unlust ragt Körperliches in sie hinein. Aller Schmerz und alle Negativität, Motor des dialektischen Gedankens, sind die vielfach vermittelte, manchmal unkenntlich gewordene Gestalt von Physischem, so wie alles Glück auf sinnliche Erfüllung abzielt und an ihr seine Objektivität gewinnt. Ist dem Glück jeglicher Aspekt darauf verstellt, so ist es keines." (Adorno 1975 II, 202)

Hegel dachte die bestimmte Negation als Reflexion auf eine Unmittelbarkeit: die so gebrochene Unmittelbarkeit ist das Werden des Begriffs. Negativität bei Adorno ist keine Reflexion auf Unmittelbarkeit, sondern selbst Unmittelbares und damit substantiell. Hat Negation ihre Bestimmung nur am Gegenstand, so kann sie sich freilich an ihm abarbeiten. Es ist dann immer noch der Gegenstand, der in einer negativen Gestalt erscheint, eben sein eigenes Nicht-So-Sein vorstellt. Die Adornosche Negativität als unbestimmte wäre eher die Gestalt des Nicht-So-Sein-Sollens.

"Das leibhafte Moment meldet der Erkenntnis an, daß Leiden nicht sein, daß es anders werden solle." (Adorno 1975 II, 203)

Solchermaßen ist die 'ungeheure Macht des Negativen' nicht mehr im erkennenden Subjekt lokalisierbar sondern in dem, was sich der begrifflichen Erkenntnis entzieht. Es ist bei Adorno die Möglichkeit der Erfahrung, die das Subjekt als Macht des Negativen konstituiert:

"Die kleinste Spur sinnlosen Leidens in der erfahrenen Welt straft die gesamte Identitätsphilosophie Lügen, die es der Erfahrung ausreden möchte." (Adorno 1975 II, 203)

Das Leiden geht im Begriff nicht auf: sein Ausdruck verweigert sich einer Identifizierung. (Vielleicht hat sich Wittgenstein deshalb so sehr mit der Identifikation des Schmerzes herumgeplagt[34].)

"Leiden, auf den Begriff gebracht, bleibt stumm und konsequenzlos." (Adorno 1973, 35)

Das meint, daß etwa der Begriff des Brüllens nicht das Brüllen selbst aufheben kann. Hegel kann es selbstverständlich schon, aber nur, indem er das Gebrüll von vorne-herein als Idee in negativer Gestalt setzt. Der Begriff des Brüllens kommt der Gattung zu: das Gebrüll selbst ist individuell.

Allerdings wäre es falsch, würde man bei Adorno das Negative schlichtweg mit dem Individuellen identifizieren. Es ist ja der Gattungsprozeß, die Geschichte der sozialen Realität, die das Individuelle hervorgebracht hat, ohne daß jener es zurücknehmen könnte. Damit wird, nach Adorno, die Gattungsgeschichte oder die soziale Realität ebenfalls zu einer Gestalt von Negativität: ein persistierendes Verhängnis. Im Zitat weiter oben spricht Adorno vom 'unauflöslichen Nichtidentischen'; -solcher Ausdruck könnte dazu verleiten, die Negativität gleichsam zur Konstruktionsbasis einer Ontologie zu machen.

"Wenn irgend wäre Ontologie ironisch möglich, als Inbegriff von Negativität. Was sich selbst gleich bleibt, die reine Identität, ist das Schlechte; zeitlos das mythische Verhängnis.(---) Wollte man eine Ontologie entwerfen und dabei dem Grundsachverhalt folgen, dessen Widerholung ihn zur Invarianten macht, so wäre es das Grauen. Vollends eine Ontologie der Kultur hätte aufzunehmen, worin Kultur überhaupt mißlang. Ort philosophisch legitimer Ontologie wäre mehr die Konstruktion der Kulturindustrie als die des Seins; gut erst das der Ontologie Entronnene." (Adorno 1975 II, 128)

Adorno spricht hier im Konjunktiv, da die Möglichkeit einer Ontologie der Negativität etwas festschreiben würde, wogegen die Anstrengung der kritischen Philosophie überhaupt geht. Wäre das Grauen invariant, wäre die Verzweiflung die Substanz, so wäre Philosophie schlecht anders denn als

---

[34] Das Beispiel des Schmerzes taucht bei Wittgenstein mit auffallender Aufdringlichkeit auf. Es geht darum, die Authentizität einer Erfahrung im Begriff haben und halten zu wollen. Im Prinzip ist es aber ein Lehrstück darüber, worum es bei den Anstrengungen des Begriffs ursprünglich geht: um das Habhaft-Werden schmerzvoller Erfahrung. Daß der Begriff genau daran auch scheitert, ist Thema Adornos. (Vgl. Wittgenstein 1975)

Affirmation des Leidens zu denken. Der Begriff, welcher durch die Möglichkeit einer Ontologie vorausgesetzt wird, reicht aber auch nicht an das Grauen, an das mythische Verhängnis heran. Bei solcher (ironisch) möglichen Ontologie käme es nur darauf an, ihr zu entrinnen. Da Negativität bei Adorno unbestimmt wiewohl auch quasi-substanziell ist, kann es zu einer negativen Dialektik kommen. Das ist die Austragung des Widerspruchs zwischen dem Begriff und dem Besonderen, das als individuell-erfahrenes Leid gegen den Begriff, gegen die Allgemeinheit protestiert. Die Austragung selbst antizipiert nicht ihr glückliches Ende: ihre aktuellen Gestalten sind immer die des Unterliegens des Besonderen.

Was Adornos Begriff der Negativität noch an den Hegelschen bindet, ist eine gewisse Zwanghaftigkeit in der Austragung. Stilisiert Hegel die reine Persönlichkeit als Gestalt des absoluten Geistes, die das Glück nicht kennt, weil sie das Glück ist, so stilisiert Adorno das Leid, das im konsequenten Nachvollzug des Scheiterns der Begriffe erst authentisch erfahrbar ist. Natürlich verbirgt sich dahinter die Hoffnung, daß das Leid dort erträglich wird, wo sich der Begriff, der mit sich selber nicht identisch ist, sich diesem stellt. Adornos Vorgabe ist die dialektische: daß nämlich ein Widerspruch nicht als solcher bestehen bleiben kann, sondern eine Bewegung in Gang setzt. Dennoch läßt Adornos Konzeption einer Negativität, die ihre Bestimmung nicht am Gegenstand hat sondern an das heranreicht, was wir substanzielle Negativität nennen, auch andere Möglichkeiten als die des verzweifelten Philosophierens zu. Es gibt eine schöne Passage in den 'Minima Moralia', die das Primat der Verzweiflung gewissermaßen aussetzt:

"Seit ich denken kann, bin ich glücklich gewesen mit dem Lied: - Zwischen Berg und tiefem, tiefem Tal-: von den zwei Hasen, die sich am Gras gütlich taten, vom Jäger niedergeschossen wurden, und als sie sich besonnen hatten, daß sie noch am Leben waren, von dannen liefen. Aber spät erst habe ich die Lehre darin verstanden: Vernunft kann es nur in Verzweiflung und Überschwang aushalten; es bedarf des Absurden, um dem objektiven Wahnsinn nicht zu erliegen. Man sollte es den beiden Hasen gleichtun; wenn der Schuß fällt, närrisch für tot hinfallen, sich sammeln und besinnen, und wenn man noch Atem hat, von dannen laufen. Die Kraft zur Angst und die zum Glück sind das gleiche, das schrankenlose, bis zur Selbstpreisgabe gesteigerte Aufgeschlossensein für Erfahrungen, in der der Erliegende sich wiederfindet. Was wäre Glück, das sich nicht mäße an der unermesslichen Trauer dessen was ist? Denn verstört ist der Weltlauf. Wer ihm vorsichtig sich annähert, macht eben damit sich zum Teilhaber des Wahnsinns, während erst der Exzentrische standhielte und dem Aberwitz Einhalt geböte. Nur er dürfte auf den Schein des Unheils, die -Unwirklichkeit der Verzweiflung- sich besinnen und dessen innewerden, nicht bloß, daß er noch lebt, sondern daß noch Leben ist. Die List der ohnmächtigen Hasen erlöst mit ihnen selbst den Jäger, dem sie seine Schuld stibitzt." (Adorno 1975 I, 266)

Diese Hasen könnten als Modell für den Umgang mit substantiell Negati- vem dienen: es ist eine andere Version zu Hegels Lösung des Problems des 'unglücklichen Bewußtseins', freilich nicht ohne Parallelen. Die Hasen, in- dem sie 'närrisch für tot hinfallen', betreiben gleichsam ein unverstandenes Geschäft, wie es bei Hegel heißt. Sie verzichten auf die Reflexion dessen, was ist, und agieren quasi als Triebwesen. Solch triebhaftes Verhalten scheint nach Adorno im 'Exzentrischen' zu sein, der sich aber nicht auf die triebhaf- ten Komponenten reduzieren läßt. Wichtig aber ist, daß der Exzentrische den Widerspruch so erträgt, ihn szenisch erlebt und ihn damit erträgt: er ist außer sich, und kann damit umgehen.Auch weigert er sich, in seiner Niederlage das Dauernde zu sehen, welcher Umstand ihn auch zum pessimistischen Narren machen könnte. Der Exzentrische darf sich über das Substantielle in der Negativität erheben, denn seine dialektische Bewegung ist nicht mehr bloß vergeistigt sondern lebendig. Adorno selbst freilich war kein Exzentriker: eher war er ängstlich. Seine Philosophie spielt mit der Möglichkeit einer substantiellen Negativität: auf die Möglichkeit der Versöhnung wollte er allerdings nicht verzichten, und sei sie auch noch so undenkbar und noch weniger formulierbar.

Für die Negative Hermeneutik ist der Begriff der Negativität, so wie er bei Adorno formuliert ist, wegweisend. Geht es aber in einer Negativen Dia- lektik um das Nicht-Begreifen, so geht es uns um das Nicht-Verstehen, das über die Kritik des Begriffs hinaus zu einer Kritik der Erfahrung leitet. Dafür reicht der Adornosche Begriff der Negativität nicht völlig aus, da in ihm nur das Andere des Begriffs thematisiert ist. Daß die Erfahrung 'deformiert' sein kann, -um hier einen adornitischen Ausdruck zu gebrauchen, sofern sie sich am Begriff orientiert, wußte Adorno sehr wohl: nur hat er in der Kritik des Begriffs die Kritik der Erfahrung gleich mitgeliefert. Dabei wird die Erfah- rung jenseits des Begriffs quasi mit Authentizität identifiziert, welchen Ge- stus wir bei der Konzeption unseres Begriffs der Negativität vermeiden wol- len.

Sartre / Ricœur

Sartre hat sich, etwas früher als Adorno, mit der Hegelschen Dialektik auseinandergesetzt, um seine 'Ontologie des Nichts' zu begründen, was natürlich insbesondere den Begriff der Negativität berührt. Adorno und Sartre werden, einem on-dit zufolge, verschiedenen 'Schulen' bzw. philosophischen Richtungen zugeordnet; trotzdem sind sie sich in vielen Punkten recht nahe, was nicht zuletzt von einer gemeinsamen Tradition herrührt, die bei Husserl bzw. in der Phänomenologie anzusiedeln ist. Von dort begründet sich die Sartre und Adorno gemeinsame Aversion gegen jene Art von Metaphysik, die die konkreten Erfahrungen der Individuen mißachtet. Auch der Rekurs auf die Leiblichkeit hat bei beiden einen hervorragenden Stellenwert. Der Unterschied, der in unserem Zusammenhang relevant ist, bezieht sich auf Adornos Ablehnung einer Ontologie der Negativität, die Sartre gerade zu formulieren versucht.

Was nun Hegel betrifft, so sind es im wesentlichen zwei Punkte, die Sartre an ihm zu kritisieren hat, und die beide zu einer 'Anklage wegen Optimismus'[35] zusammengefaßt werden können. Der erste Punkt betrifft die Aufhebbarkeit der Einzelheit des Bewußtseins; -bei Hegel erreicht ja das Bewußtsein die Wahrheit seiner selbst erst dann, nachdem es sich im Anderen verloren hat. Erst dann entwickelt sich das Selbstbewußtsein, das sich im weiteren Verlauf zur Vernunft mausert. Sartres Einwand sieht so aus:

"Kurz, das Bewußtsein ist ein konkretes Sein sui generis und nicht ein abstraktes Identitätsverhältnis ohne Rechtfertigung, es ist Selbstheit (---), und es gibt eine Wahrheit des Bewußtseins, die nicht von Anderen abhängt, sondern das Sein des Bewußtseins, das unabhängig von der Erkenntnis ist, existiert früher als seine Wahrheit; (---). Wenn also das Bewußtsein gegenüber Anderen auf sich besteht, so deshalb, weil es die Anerkennung seines Seins und nicht die einer abstrakten Wahrheit verlangt." (Sartre 1952: 321f)

Der zweite Optimismusvorwurf an Hegel betrifft dessen Definition der Wahrheit als das Ganze; -auch hier führt Sartre die Vorgängigkeit des einzelnen ins Feld. Die Bewußtseinsindividuen bleiben für sich partikular und können sich nicht verschmelzen. Sartre verweigert die Synthesis: was vorgängig getrennt ist, kann kein Weltgeist mehr zusammenflicken:

"Keine allgemeine Erkenntnis kann aus dem Verhältnis der Bewußtseinsindividuen hergeleitet werden. Wir nennen das ihre ontologische Getrenntheit." (Sartre 1952: 326)

---

[35] Vgl. Sartre, 1952: 322

Solche Ontologie zielt auf Negativität: wenn der Geist durch seine Träger, die Bewußtseinsindividuen, vorgängig sich partikularisiert,so gibt es
kein substantielles Allgemeines mehr. Alle Formulierungen einer Allgemeinheit werden jeweils durch die besonderen Individuen negiert. Auch zueinander verhalten sich die Bewußtseinsindividuen negativ, indem sie sich, quasi
gegeneinander als Einzelne konstituieren. Um dies zu demonstrieren, untersucht Sartre die 'konkreten Verbindungen mit Anderen', deren Schlüssel die
Begierde ist. Die Begierde zeichnet die Bewegung der Negativität vor: in der
Suche nach Vereinigung und nach der Aufhebung der Partikularität wird die
Begierde eben immer wieder auf sich selbst als Partikulares zurückgeworfen.

"Von nun an entgeht mir der Andere: ich möchte auf seine Freiheit ein-
wirken, sie mir aneignen oder mich wenigstens von ihr als Freiheit anerkennen lassen. Aber jene Freiheit ist tot, sie ist absolut nicht mehr in der Welt, in
der ich dem Objekt-Anderen begegne, denn ihre Eigenart ist es, transzendent
zur Welt zu sein. Wohl kann ich den anderen anfassen, packen, schütteln; ich
kann, wenn ich die Macht besitze, ihn zu diesen oder jenen Handlungen, zu
diesen oder jenen Worten zwingen; aber alles geht so vor sich, als wollte ich
mich eines Menschen bemächtigen, der vor mir flieht, und mir seinen Mantel
in den Händen läßt." (Sartre 1952, 503)

Aus einem fortgesetzten Scheitern eine Ontologie zu machen hat Ähn-
lichkeit mit dem Gestus des Fuchses, dem die Trauben zu sauer sind, obwohl
er sie noch gar nicht gekostet hat. Wir werden sehen, daß eine Ontologie der
Negativität jene gleichsam kontingent macht, denn das Festschreiben des
Scheiterns macht jede Anstrengung belanglos. Vorerst aber wollen wir mit
Sartre jenes 'Nichts' betrachten, das man durchaus als Form substanzieller
Negativität begreifen kann.

"...; wenn Nichts gegeben sein kann, so weder vor noch nach dem Sein
und ganz allgemein auch nicht außerhalb des Seins, sondern mitten im Sein
selbst, in seinem Herzen, wie ein Wurm." (Sartre 1952, 61)

Der Wurm im Herzen hat auch sein Gutes: zumindest leitet Sartre aus
dieser Konstellation die menschliche Freiheit ab, die wesentlich in der Negation, im Nein-Sagen-Können fundiert ist.

"...vom Sein wird man niemals die Verneinung ableiten. Die notwendige
Bedingung dafür, daß es möglich ist, nein zu sagen, ist, daß das Nicht-Sein
ununterbrochen anwesend ist, in uns und außer uns, das heißt, daß das Nichts
das Sein heimsucht." (Sartre 1952: 49)

Dieses Nichts nun ist die unendliche Freiheit, die sich mit keiner Notwendigkeit zusammenschließen kann: es ist ein fortdauerndes In Frage-

Stellen, die Demonstration der Grundlosigkeit jeder Ordnung. 'Nichts ist im Sein verankert' -die Doppeldeutigkeit dieser Phrase ist das Zentrum der Sartreschen Philosopie. Diese Konstellation gilt grundsätzlich für den Menschen, der sich an Nichts halten kann, eben weil er frei ist. Sartre setzt seinen Begriff der absoluten Freiheit mit dem des Menschen identisch:

"Der Mensch ist keineswegs zunächst, um dann frei zu sein, sondern es gibt keinen Unterschied zwischen dem Sein des Menschen und seinem - Freisein-." (Sartre 1952: 66)

Solche Freiheit bedeutet die Sprengung jeder Immanenz: es ist eine Ungebundenheit, die weder ein 'Sinn' noch die 'Sprache' auffangen kann. Mit der Kraft der Verneinung, die der Mensch selbst ist, wird er absolut schutzlos, haltlos und orientierungslos. Das wäre nun wirklich substantielle Negativität. Nur, -und damit wird der Gedankengang von Sartre problematisch, findet diese Ontologie nicht sich wieder in der Erfahrung. Die vorgängige Freiheit wird nicht als Freiheit sondern als Angst erfahren, was kein Wunder ist. Der Begriff der Angst referiert gewissermaßen der substantiellen Negativität; -schon Kierkegaard rechnete dem absoluten Individuum die Angst zu, die es nur im Glauben überwinden kann. Auch Sartre situiert den Begriff der Angst in diesem Sinne:

"In der Angst wird dem Menschen seine Freiheit bewußt, oder, wenn man lieber will, die Angst ist die Seinsweise der Freiheit als Seinsbewußtsein..". (Sartre 1952: 70)

Auf diese Angst reagiert der Mensch mit den verschiedensten Veranstaltungen, welche aber an sich nur eben die Flucht vor dieser Angst bedeuten. Da der Mensch gleichsam diese Angst ist, ist alles, was er tut, gleichsam beliebig, denn alles ist auf dem Fundament des Nichts erbaut, das die Freiheit ist und die als Angst erfahren wird. Die Fluchtbewegungen jedoch sind jeweils konkret: Sartre abstrahiert über die Konkretion der bestimmten Fluchten hinweg und so nimmt er sich die Chance, in den besonderen Erfahrungen die konkreten Formen von Negativität zu entdecken. Bei Sartre wird im Prinzip der Mensch die Angst nur los, wenn er sich selber los werden kann, und da das eben nicht geht, ist gegenüber der absoluten Freiheit alles Tun der Menschen gleichermaßen bodenlos.

Zu dieser fatalen Konsequenz wird Sartre geführt, da er die Substantialität des Negativen für den Beweis ihrer ontologischen Verfassung hält. Ontologie geht aber immer abstrahierend über die jeweiligen Besonderheiten, insbesondere über die historischen Besonderheiten hinweg. Eine ontologische Negativität macht dann jede besondere Erfahrung derselben kontingent: ein konkretes Nicht-Verstehen etwa kann so nicht relevant werden, da alles nur immer Nicht-Verstehen ist. Ist alles Tun im Grunde bedeutungslos, so wird es jede Verneinung eines Tuns auch. Das Individuum als substantielle Negativität kennt nur noch das Privatvergnügen. In einem letzten Schritt versucht Sartre dann doch, die Konsequenz seiner Ontologie der Negativität umzubiegen, und daraus eine Haltung der Weltoffenheit, der Weltzugewandtheit abzuleiten:

"Aber die Ontologie(---)(muß) dem Vertreter der Moral klarmachen, daß die Werte durch das Sein existieren. Erst dann wird seine Freiheit Bewußtsein von sich selbst gewinnen und wird sich in der Angst als die einzige Quelle des Wertes und wird das Nichts entdecken, durch das die Welt existiert." (Sartre 1952: 785)

Warum sollte sie? Der Vertreter einer Ontologie der Negativität müßte doch eigentlich um die Beliebigkeit aller Aufklärung wissen. Er weiß doch auch, daß es keinen wesentlichen Unterschied ausmacht, ob man sich im Stillen betrinkt oder die Schicksale der Völker lenkt. Eine Ontologie der Negativität überspannt die Erfahrung der Unbestimmtheit: damit geht sie an den empirischen Individuen vorbei. Die Existenzialisten hatten eine Haltung: sie mußten sich erst durch die Arbeit der Reflexion zu den wahren Individuen machen, die im Nichts den Halt finden und so begreifen, daß sie die Angst sind. Sartre ignoriert die für die Individuen konstitutive Kraft der sozialen Realität, was wiederum an seinem hybriden Begriff der Freiheit liegen mag. Freiheit ist nur als Begriff ursprünglich. Der Bann der Geschichte und die reale Lebensnot der Individuen müssen dazu führen, die Freiheit als bestimmt zu denken. Die Erfahrung des Nichts, nach Camus[36] auch die Erfahrung des Absurden, ist eigentlich Reflexion gegen die Metaphysik der Erfahrung. Das heißt nicht, daß diese Erfahrung bisweilen nicht 'ursprünglich' gemacht werden kann, aber solche Ereignisse spielen für die Verfassung der empirischen Individuen kaum eine Rolle, es sei denn, sie haben den Entschluß gefaßt, Existenzialisten zu werden. Was Kierkegaard als die 'unendliche Resignation' nennt[37], zeichnet die Bewegung der Sartreschen 'Ethik' vor: es ist eine nachträgliche Reflexion auf die Möglichkeit einer nicht-metaphysischen Erfahrung.[38]

---

[36] Vgl. Camus 1959.
[37] Vgl. Kierkegaard 1976 II
[38] Freilich kennt Sartre in seinen späteren Schriften nicht nur diese Bedeutungslosigkeit; die einzelnen Individuen können Formen entwickeln, in welchen sie eben nicht nur immer wieder auf das Nichts ihrer selbst zurückgeworfen werden. So etwa beschreibt Sartre die 'intersubjektive Totalität' als: "..die Fusion der individuellen Organismen in einem Hyperorganismus als

Die Ontologie der Negativität geht in dem Sinne weiter als eine negative Dialektik: sie dringt in die Struktur der Erfahrung ein und situiert sie wesentlich auf zwei Koordinaten; auf der Persistenz der Leiblichkeit und auf dem Mißlingen der Begierde. Sie scheitert an der sozialen Realität oder an der realen Verfassung der Individuen, da sie das Nichts, die absolute Unbestimmtheit zur synoptischen Kontingenz macht. Die Beliebigkeit des Seins ist nicht, -sie kann nur gedacht werden. Dagegen gilt es einen Begriff der Negativität zu formulieren, der sowohl das Moment der Unbestimmtheit in sich aufgenommen hat, als auch der Tatsache Rechnung trägt, daß die gedachte Beliebigkeit in dieser realen Welt nicht lebbar ist. Es wäre eine Negativität, die nicht bloß ein Achselzucken übrig läßt.

Ein Beispiel dafür, wie schwierig solche Negativität zu denken ist, bietet Paul Ricœur in seiner Kritik an Sartres Begriff des Nichts. Am Anfang dieser, man könnte sagen: humanistisch-hermeneutisch motivierten Kritik steht für Ricœur:

"...meine eigene Abneigung gegen jene Philosophie(---), die seit Hegel aus der Negation die Triebfeder der Reflexion gemacht haben oder gar die menschliche Realität mit der Negativität schlechthin gleichsetzen;" (Ricœur 1974 I: 335)

Ricœur will der Sartreschen Ontologie der Negativität eine 'Ur-Bejahung' entgegenstellen. Diese Ur-Bejahung ist der menschlichen Transzendenz eingeschrieben: alle Reflexion ist Ausdruck eines Leben-Wollens, einer ursprünglichen Affirmation. Ricœur knüpft hier an Hegels Figur der Negation der Negation an und versucht aufzuweisen, daß Sartres Nichts bereits solche Negation der Negation sei. Die einfache Negation ist ein unspezifischer Impuls; die Reflexion auf diesen Impuls ist bereits wieder Affirmation.

"Von dieser primären Negation, die ich jetzt mit Kontingenz oder Insubsistenz bezeichne, ist der Akt der Transzendenz die zweite Negation. Die Verleugnung ist Verneinung der Negation. Genauer noch: Das Denken, das den Sinn jenseits der endlichen Perspektive anstrebt, und die Stellungnahme, die Gültigkeit jenseits des Standpunkts des Wollens selbst will, stehen zur Negation der Endlichkeit in einem spezifischen Verhältnis, das sich recht gut in Formulierungen wie der folgenden umschreiben läßt: Ich denke, ich will trotz meiner Endlichkeit. *Trotz.*...Das scheint mir die konkreteste Verbindung zwischen der Negation als Transzendenz und der Negation als Endlichkeit,

---

Zukunft, die zu realisieren ist, sobald die Gruppe als solche vollständig versammelt sein wird." (Sartre 1967: 463)

zwischen der Verleugnung und der Vernichtung zu sein." (Ricœur 1974 I: 352)

Dieses *Trotz* führt nun eine neue Perspektive ein: es ist ein Ablassen der Reflexion von sich selbst; -eine Aussetzung der Negativität durch sich selbst. Es ist, um mit Hegel zu sprechen, wieder das Treiben eines unverstandenen Geschäfts. Warum aber diesem 'Trotz' eine 'Ur-Bejahung' zugrunde liegen soll, bleibt rätselhaft, es sei denn, man bedient sich lebensphilosophischer Argumente, was Ricœur durchaus tut. Dann ist es eine vitale Kraft, ähnlich wie bei Bergson oder sogar Dilthey, die der Reflexion standhält. Diese Ursprünglichkeit wird aber sofort zur abstrakten Ontologie: es ist fast gleichgültig, ob man mit der Sartresche Angst oder die Urbejahung nach Ricœur argumentiert; da beide auf derselben Abstraktionsebene angesiedelt sind, sind sie auch gleichermaßen nichtssagend in Hinblick auf mögliche Konkretionen. Ricœurs lebensphilosophisch-ontologisches Argument gegen Sartre verfällt derselben Beliebigkeit wie das kritisierte Nichts. Wenn Zweifel immer nur durch das ursprünglich Affirmative motiviert ist, wenn die Frage immer schon die Antwort antizipiert und impliziert, so fragt sich, wozu dieser Umweg nütze sei. Das Leben macht es sich dann eben schwer. Wesentlich aber ist, daß damit die Unbestimmtheit der Negativität entfällt, denn jeder Trotz ist eben durch die Ur-Bejahung bestimmt. 'Trotz' definiert Ricœur als 'Verleugnung', als Negation der Negation, die an ursprüngliche Lebenskräfte anschließt. Die 'Unwirklichkeit der Verzweiflung' wird so ins Spiel gebracht, und richtig:

"Mir scheint der Nachweis möglich, daß in jeder Auflehnung gegen das Wirkliche (---) eine Seinsbejahung enthalten ist." (Ricœur 1974 I: 357)

Das nun ist eine kühne Behauptung, die trotz Ricœurs oben zitierter Abneigung durchweg Hegelschen Musters ist: die Auflehnung hat in diesem Sinne kein Sein, ist bloße Bestimmung der Wirklichkeit. Die realen Vernichtungsorgien in der Menschheitsgeschichte erhalten so einen Status von Unwirklichkeit, was ebenfalls sehr an die Hegelsche Figur der Unwirklichkeit des Todes erinnert. Ricœur nimmt dem Konzept des 'Trotzes' die Sprengkraft, indem er es an eine Seinsbejahung zurückbindet. Ohne diese Bindung ist der 'Trotz' für eine Negative Hermeneutik durchaus interessant, ist er doch ein Tun gegen die Reflexion, ein Ablassen vom Verstehen-Wollen, sofern Verstehen auch immer Einverständnis anvisiert. Ricœur aber rechnet den 'Trotz' der Verfassung des Menschen zu und damit schreibt er die Versöhnung von vornherein fest. Übrig bleibt die Entwertung der konkreten Versöhnung, die vielleicht dann wirklich einer substantiellen Negativität abgetrotzt wäre. Was aber Ricœur vollzieht, ist letztlich eine hermeneutische Konsequenz: die Affirmation, die in der Verleugnung (der Negation) liegt, kann zwar diverses Leid akzeptieren, doch nur unter der Prämisse, daß eine ultimative Sinnstiftung immer schon stattgefunden hat. Hermeneutisch-humanistisch motiviert ist auch die Vorstellung Ricœurs von einer Ontologie: "Mir scheint, allein eine Seinsphilosophie, die sich nicht in eine Wesens-metaphysik und noch weniger in eine Phänomenologie des Dings verliert, ist fähig, das Bündnis der menschlichen Wirklichkeit mit der Negativität zu-gleich zu rechtfertigen und zu begrenzen. (---) Auf der einen Seite muß die Ur-Bejahung über die Negativität wiedergewonnen werden..". (Ricœur 1974 I: 363)

Das entspricht einer Begrenzung der Reflexion, einem Vertrauen auf eine Substanz, wobei nicht ganz klar ist, was denn nun bejaht werden soll. Ricœur will die vitalistischen Positionen, die die Bejahung auf das Leben beziehen, überbieten, indem das Sein bejaht werden soll. Die Bejahung selbst ist aber ein sehr zwiespältiges Konzept, setzt sie doch eben die Freiheit eines Subjekts voraus, und führt damit Negativität wieder ein. Der Verdacht liegt nahe, daß in der Begrenzung des menschlichen Bundes mit der Negativität die Freiheit begrenzt werden soll. Wie dem auch sei: Ricœurs Position be-schränkt sich letztlich auf Abstrakt-Programmatisches.

"Unter dem Druck des Negativen und der Negativ-Erfahrung müssen wir einen Begriff des Seins wiedergewinnen, der eher Akt denn Form ist, leben-dige Bejahung, Macht zu existieren und existieren zu lassen." (Ricœur 1974 I: 365)

Der Begriff der Negativität bei Sartre und die Kritik Ricœurs haben die Schwierigkeiten aufgezeigt, die in der Formulierung einer substantiellen Negativität liegen. Sartre schießt sozusagen übers Ziel hinaus, indem er dar-aus eine Ontologie macht, die zu einer abstrakten Beliebigkeit führt. Ricœur hingegen, der Sartre eine Ur-Bejahung entgegensetzen will, kann letztlich nur diese Beliebigkeit aussetzten, indem er vorgängig mit einem affirmativen Prinzip operiert, das ebenfalls an der Erfahrung der lebendigen Individuen vorbeigeht, und höchstens dem Umstand Rechnung trägt, daß der Mensch leben will, wobei selbst diese Behauptung in ihrer allgemeinen Form noch angezweifelt werden kann.

Heinrich

Einen anderen Zugang zum Begriff der Negativität wählt Klaus Heinrich in seinem 'Versuch über die Schwierigkeit nein zu sagen'. Dieser Zugang veranschaulicht in gewisser Hinsicht genau die Schwierigkeiten, die bei Sartre und Ricœur aufgetreten sind. Nein-Sagen ist der sprachliche Vollzug von Negativität; die Schwierigkeit besteht nach Heinrich darin, diesen Akt weder in eine Affirmation umkippen zu lassen, noch sich darin selber zu zerstören. Die Affirmation ist bei Heinrich als eine Art erpreßte Versöhnung gedacht: der Mensch hält die Einsamkeit, die im Nein-Sagen zum Bestehenden notwendig auftritt, eben nicht lange aus. Wenn er dann, aus dieser Not heraus, doch ja zu dem sagt, was ihn bedroht, so ist darin die Figur des Verrats: Verrat an der Idee des Besseren. Ebenfalls eine Form des Verrats sieht Heinrich in der Selbstzerstörung: hier verrät das Individuum seinen Lebenswillen, seinen Anspruch auf Glück. Die Tendenz zur Selbstzerstörung im substantiellen Nein-Sagen motivierte auch Ricœurs Kritik an Sartre: daß man nämlich nicht so leben kann, wie es sich die Existenzialisten ausgedacht haben. Jede Ontologie der Negativität stellt letztlich die Integrität und damit auch die Identität der Individuen in Frage.

In einer politischen Fassung läßt sich Heinrichs Position verdeutlichen: radikaler Protest, das rückhaltlose Nein-Sagen als Realisation von kompromißloser Negativität, bedeutet in unserer sozialen Realität meist auch die gleichzeitige Zerstörung des protestierenden Individuums. Man denke hier nur an das aporetische Phänomen des Terrors: der Protestierende opfert sich hier eben für eine Allgemeinheit, die lediglich sein Begriff ist. Die wirkliche Allgemeinheit hingegen wendet sich gegen ihn. Der moderatere Protest, die Auflehnung, die durch die Anpassung hindurchgehen will, ist immer in Gefahr der Korruption, bzw. des Verrats, wie Heinrich es nennt. Und tatsächlich werden Mitglieder radikalerer politischer Bewegungen, wenn sie sich den bestehenden politischen Formen anpassen, oft des Verrats bezichtigt. Diese selbst bezeichnen ihr Tun als 'Realpolitik', welcher Begriff implizit die affirmative Macht der Realität ausdrückt.

Angesichts dieser Konstellation kommt Heinrich eben nicht zu einer Ontologie des Verhängnisses; auch liefert er kein geschlossenes Modell von Nein-Sagen, bzw. Negativität. Heinrich will lediglich die Schwierigkeiten des Umgangs mit Negativität aufzeigen. Der Begriff der Schwierigkeit hat den Vorteil, relativ zu sein: er ist relativ auf Geschichte oder auch relativ auf die Position eines Individuums. Die Rede von der Schwierigkeit läßt das

Gelingen oder das Mißlingen gewissermaßen in der Schwebe. Eine erste Fassung der Schwierigkeit im Nein-Sagen bietet Heinrich in einer quasi-nominalistischen Problemstellung:

"Neinsagen ist schwierig, denn es ist der Protest gegen Sprachlosigkeit, der die Sprache der Protestierenden selbst bedroht, und die Angst, sprachlos zu sein, auch wenn der Sich-Ängstigende sich in dieses Nichts flüchtet, ist eine der großen Ängste dieser Zeit." (Heinrich 1982: 43)

Das erinnert an das hermeneutische Argument, daß jede Auflehnung gegen den Sinn, gegen die reale Gestalt des Begriffs entweder in Narretei endet oder selbst eine Variante innerhalb des Begriffs ist. Der Protest geht die Gefahr ein, daß er nicht verstanden wird, aber er richtet sich ebensosehr gegen das Nicht-Verstehen, gegen die Sprachlosigkeit, die ihn motiviert. Das Individuum, das sich selber den Protest gegen ein Allgemeines zumutet, hat nur die Wahl, seinen Protest an der Allgemeinheit zu bestimmen und eben damit den Protest zu verraten, oder sich selbst zum Narren zu machen. Der Narr konstituiert sich gegenüber einer Allgemeinheit, die ihn ihrerseits als zumutung begreift und ihn deswegen stigmatisiert, ausstößt. Die Schwierigkeit, nein zu sagen liegt also an jener Verfassung der Realität die immer eine soziale ist, und die die Hermeneutik implizit festschreibt. Dagegen steht nach Heinrich der Verrat des Begriffs an der Sache: indem jeder Protest auch auf den Begriff angewiesen ist, vollzieht sich tendenziell immer schon dieser Verrat. Das Nein-Sagen deckt eine Nicht-Identität im Begriff auf, die ihrerseits bedrohlich wird.

Heinrich sieht in der Drohnung der Nicht-Identität jedoch auch früheres als Sprache:

"Die Identität des 'Ich', erworben in jahrelangen Konflikten und ein Leben lang bedroht, führt über ein dreifaches Nein: das zur Mutter, die das Kind durch früheste Versagungen belehren muß; das zu 'sich' selbst, sofern es mit der Versagenden gemeinsame Sache machen muß, um den Schmerz der Trennung zu ertragen; das zur Situation des Zerrissenwerdens zwischen dem verneinten Selbst und dem verneinenden. (---) Die erste semantische Geste des Kindes ist die der Verneinung. Sie scheint, der Mutter abgesehen, beides zu sein: Protest gegen den Verneinenden und Identifizierung mit ihm. (---) Sie ist zugleich die älteste Suchgeste des Kindes, eine phylogenetisch uralte Bewegung: die drehende Kopfbewegung des Neugeborenen, das die Brustwarze mit dem Mund erfassen und saugen will. Bedeutsam ist, daß gerade diese Bewegung zum Träger der Verneinung wird." (Heinrich 1982: 69)

Daß die Nicht-Identität im Begriff bedrohlich wirkt, liegt daran, daß der Identität im Begriff der Kampf um die Identität des 'Selbst' vorgelagert ist. Heinrich zitiert hier eine Ebene, die wir mit dem Begriff der nicht-metaphysischen Erfahrung zu fassen versuchen. Diese Erfahrung figuriert als Schmerz der Zerrissenheit, und Metaphysik ist eine genuine Reaktion auf diesen Schmerz. Diese Konstitution des Menschen, die fortwährend bedrohte Identität des 'Selbst', führt zu einem ungeheuren Bedürfnis nach Identifizierung oder nach gänzlicher Auslöschung jeder Identifizierung. Die Kunst, die Verneinung in der Schwebe zu halten, wird von einer Sucht nach 'Sein', die immer auch umschlagen kann in eine Sucht nach 'Nichts':

"Unsere Definition: die der Sucht als des zum Nichts sich verstockenden Nicht des Nichthabens und die des Sogs als des zum Nichts sich verstockenden Nicht des Nicht-Gehabt-Werdens, sprechen beide vom Nichts als dem Nie-und-Nimmer einer Halt gebenden Verkörperung. Sie setzen einen Verkörperungsgedanken voraus. Für ein Denken, das der Enttäuschung an der Verkörperung entspringt, ist dieses Nichts nurmehr der -Schleier des Seins-. Der von allem Enttäuschte will -Nichts- haben, er will: das Sein." (Heinrich 1982: 148)

Der Sog, von dem Heinrich hier spricht, wurde von Adorno als 'ontologisches Bedürfnis' bezeichnet: darin genau ist das zentrale Problem des Umgangs mit Negativität. Das Problem oder nach Heinrich: die Schwierigkeit situiert sich an der Grenze zwischen Begriff und Erfahrung. Die Erfahrung hat die Tendenz zur Metaphysik: was sie als Negatives aufnimmt, wird entweder zum Begriff und damit einer allgemeinen Bestimmung anheim gegeben, oder es wird verdrängt, wobei das Verdrängte wiederum als kontingent erfahren wird. Der Begriff reicht an das Negative deswegen nicht heran, weil es in Erfahrung nie 'rein' sondern immer schon in gewisser Weise verarbeitet vorliegt. Darauf setzt die Hermeneutik die These, daß Erfahrenes immer schon (Vor)-Verstandenes sei und reagiert damit auf das legitime Bedürfnis, daß Leid, daß 'sprachloses Unglück' nicht sein soll.

Heinrich aber sucht nicht den hermeneutischen Ausweg aus dieser Schwierigkeit, nein zu sagen. In diesem Zuge gilt es zunächst, der 'Sucht nach Abstraktion' oder dem 'ontologischen Bedürfnis' zu entkommen:

"Unser -nein- richtet sich nicht gegen das Nichtsein als das ganz Andere des Seins, sondern gegen das Nichtsein als die unwahre, die unzureichende, die unbefriedigende Verkörperung des Seins." (Heinrich 1982: 103)

Die Grundgestalten dieser unbefriedigenden Verkörperung des Seins benennt Heinrich mit Unwahrheit, Mangel und Verrat. (Hier nun könnte man vorgreifen, und eine Parallele ziehen zwischen diesen drei Gestalten und den 'Konstituenten der Negativität', wie sie am Ende der vorliegenden Negativen Hermeneutik vorgestellt sind. Danach würde der Verrat der 'sozialen Realität' referieren, die Unwahrheit wäre dem 'Gesetz' und der Mangel dem 'Unbewußten' zuzuordnen. Wir werden diese vage Parallele später nicht mehr aufnehmen; deswegen sei sie hier kurz erwähnt.) Für Heinrich bahnt sich der Ausweg dort an, wo Nicht-Identität in der Identität als Spannung ausgehalten wird. In religionsphilosophischen Termini vollzieht dies Heinrich an den Begriffen von Vereinigung und Gnade:

"Wir kennen zwei Begriffe der Vereinigung. Der eine zielt mit der Beseitigung der Trennung zugleich auf die Beseitigung des Getrennten. Gnade ist Ausgelöschtwerden, sie ist die gelingende Entkörperung. Der andere zielt auf die Überwindung des Trennenden, die das Getrennte auch in der Vereinigung bestehen läßt. Gnade ist die in der Vereinigung des Getrennten gelingende Verkörperung. Im ersten Fall ist jeder Versuch, eine Balance zu finden, gnadenlos. Im zweiten Fall ist Gnade das Gelingen der Balance. Aber diese Balance ist keine dauernde Balance, sie muß immer wieder neu gefunden werden, ihre Schwierigkeiten sind die Schwierigkeiten der Verkörperung." (Heinrich 1982: 152f)

Das Bestehen-Lassen des Getrennten in der Vereinigung läßt sich auch als eine Metapher für Nicht-Verstehen fassen, das weder bestimmt noch kontingent ist. Die Verschmelzung findet nicht statt, und das, was vereint ist, unterliegt einer sehr zerbrechlichen Balance. Wiederum scheint hier eine Kritik an Hegels Konzept der Negativität durch, -diesmal sehr einfach: die Synthesis als Vereinigung des Getrennten ist nicht stabil, sondern höchst labil. Der Fortschritt der Geschichte ist nicht mehr garantiert: jede Synthesis kann zerbrechen oder in bloße Affirmation umkippen. Weiter wollen wir Heinrichs Ausführungen nicht betrachten: für unsere Zwecke reicht es, daß er treffend die Schwierigkeiten benennt und ausführt, die im Umgang mit der Verneinung, der Negativität liegen. Die Rede von Schwierigkeiten hält am Besonderen fest: sie kennt eben nicht die Kategorien von Möglichkeit und Unmöglichkeit. Heinrich hat in diesem Sinne keinen Begriff der Negativität: er vollzieht ihre Bewegung als eine vorläufig antinomische nach.

Bevor wir diesen Abschnitt zusammenfassen, sei noch erwähnt, daß unsere Thematisierung des Begriffs der Negativität nur einen kleinen Ausschnitt dessen erfaßt, was in der Philosophie über Negativität geschrieben wurde. Eine umfassendere Behandlung hätte für die Zwecke einer Negativen Hermeneutik aber zu weit geführt, zumal mit den dargestellten Philosophien die wesentlichen Positionen umrissen sind. So läßt sich Gaston Bachelards 'Philosophie des Nein'[39] als Versuch einer dialektischen Epistemologie Hegelschen Musters begreifen. Oder auch die Versuche der neueren Strukturalisten,[40] den Begriff der Negativität innovativ zu formulieren, ziehen wesentlich die Bewegung nach, die Adorno in seiner Kritik an Hegel vorgezeichnet hat. Natürlich gehen manche entsprechenden Texte in vielen Punkten von Adorno weg oder über ihn hinaus: was aber die grundlegenden Konzeptionen von Negativität angeht, so werden keine neuen Positionen sichtbar.

Zusammenfassung

Damit sind wir am Ende dieses Abschnitts angelangt, den wir mit 'Der Begriff' überschrieben haben. Die Wahl dieser Überschrift folgt dem Umstand, daß es sich um eine philosophische Arbeit handelt, und eine solche muß immer vom Begriff bzw. vom Aufweis eines Ungenügens des Begriffs ausgehen. Selbst eine Phänomenologie sieht sich immer mit vorausgesetzen Begriffen konfrontiert, und jede Phänomenologie tut auch gut daran, auf diese Konfrontation einzugehen, und sie nicht zu verdrängen bzw. zu verleugnen. Unser Aufweis eines Ungenügens des Begriffs vollzog sich bisher im Spannungsfeld zwischen immanenter und transzendenter Kritik. Die immanente Kritik verweist auf mögliche Inkonsistenz des Begriffs innerhalb seines Umkreises; die transzendente Kritik wurde bisher nur mit allgemeinen Verweisen auf die Empirie gestaltet. Diese Verweise auszuführen, obliegt dem nächsten Abschnitt. Bevor wir diesen eröffnen, wollen wir kurz den Stand des bisherigen reflektieren.

Wir haben im Nachvollzug der Geschichte der jeweiligen Begriffe die 'Hermeneutik' von der 'Negativität' getrennt. Diese Trennung war heuristisch angelegt, wobei diese Arbeitsvorgabe sich nicht durchhalten konnte: immer wieder verwies der Begriff der Hermeneutik auf den der Negativität, wiewohl auch die Behandlung der Negativität immer wieder ihre hermeneutischen Implikate zeitigte. Das wirft ein Licht auf den Umstand, wonach das methodische Spannungsfeld einer Negativen Hermeneutik gleichsam auch ihr inhaltliches ist. Daß Hermeneutik auf Negativität verweist scheint nach dem ersten Teil dieses Abschnitts klar: es war der Begriff der Zumutbarkeit, der die Konstitution des Verstehens geprägt und damit das Negative implizit

---

[39] Vgl. Bachelard 1978
[40] Hier sei nur exemplarisch Lyotard (1978) erwähnt.

78

definiert hat. Schwieriger ist es mit dem Verweis des Begriffs der Negativität auf Hermeneutik. Bei Hegel wurde Negativität als Bestimmung gesetzt, die letztlich an sich keine Wirklichkeit hat und auch keine Substanz. Das führte zur Subsumtion des Individuums unter den Begriff, unter eine vorausgesetzte Allgemeinheit. Adornos Kritik an Hegel versucht das Recht des Individuellen in der Erfahrung des Leids zu behaupten. Damit wird der Negativität die prinzipielle affirmatorische Kraft entzogen: sie wird unbestimmt. Da aber Adorno im Umkreis der Dialektik verbleibt, scheut er sich, der Negativität eine Substanz zuzusprechen, da dies auf eine Ontologie der Negativität hinauslaufen würde. Das Recht des Individuellen liegt hier noch im Scheitern des Begriffs. Ein Modell einer Ontologie der Negativität bot Sartre: die Konsequenz war, daß dies zu einer universellen Beliebigkeit führte. Eine Ontologie der Negativität richtet sich gegen die konkreten Erfahrungen der Individuen. Ricœurs Kritik an Sartre vollzieht diese Abstraktion nach, indem er gegen eine Ontologie der Negativität eine Anthropologie der Bejahung, die Ur-Bejahung setzt; -damit hat Ricœur die Hermeneutik als Kritik der Negativität ins Spiel gebracht. Heinrich letztlich bot uns kein abschließendes Modell; -wohl aber wurden noch einmal die Schwierigkeiten präzisiert, die beim Versuch des 'richtigen' Nein-Sagens bzw. der Konzeption eines weiterführenden Begrifffs von Negativität auftreten können.

Das Problem der Negativität spielt sich im Spannungsfeld von Begriff und Erfahrung ab, und genau dort verweist Negativität von sich aus auf Hermeneutik. Die Hermeneutik leitet das Recht des Begriffs aus dem Recht jener Erfahrung ab, die man metaphysisch nennen könnte. Damit kann sie gegen das Ansinnen einer substantiellen Negativität Einspruch erheben. Hermeneutik verweist auf die vorgängige Einbindung des Individuellen in ein Allgemeines und bietet damit der Bewegung der Negativität Einhalt. Die Bewegung der Negativität als Begriff ist die Kritik und Kritik bedeutet Isolation, wie Heinrich zeigen konnte. Das Ende der radikalen Kritik, die Schwierigkeit, nein zu sagen, findet sich dort, wo das kritisierende Individuum auf seine Einbindung ins Allgemeine zurückfällt. Das ist die Grenze des Begriffs, den sowohl eine Negative Dialektik als auch eine (positive) Hermeneutik formulieren kann.

Eine *Negative Hermeneutik* muß weitergehen: sie muß bei einer Kritik der Erfahrung ansetzen, und diese Kritik steuert unweigerlich einen Begriff der Negativität an, der weder kontingent noch bestimmt ist, sondern unbestimmt und substanziell. Unbestimmt ist solche Negativität, weil sie sich eben dem Begriff, der Macht der Bestimmung entzieht; substanziell ist sie deswegen, weil die Negativität der Erfahrung sich nicht durch eine Erfahrung der Erfahrung aufheben läßt, denn die Erfahrung der Erfahrung gibt es schlichtweg nicht, welchen Unmstand wir später näher erörtern werden. Was es gibt, läßt sich als Appell an die Erfahrung bezeichnen, und das ist auch das, was die traditionelle Hermeneutik von einer negativen trennt. Traditionelle Hermeneutik verläßt sich gewissermaßen auf die Erfahrung bzw. auf ihre Tendenz, ein Allgemeines hervorzubringen. Sie verläßt sich damit in einem bestimmten Sinne auf eine 'Schwäche' der Individualität oder auf den Druck des Allgemeinen. *Negative Hermeneutik* hingegen mißtraut der Allgemeinheit der Erfahrung, die im Verstehen liegt. Sie will jenen nicht-metaphysischen Anteil der Erfahrung zur Geltung bringen, und das kann sie nur durch den Appell. Der Appell zieht die Konsequenz aus der Unzulänglichkeit des Begriffs und erweitert den theoretischen Diskurs somit um eine Realisation nominalistischer Vorbehalte. Diese Konstruktion ist notwendig, da es um Erfahrungen geht, die gegen den Begriff gemacht werden. Solche Erfahrungen können nur bis zu einem gewissen Punkt rekonstruiert werden; - der Rest wäre Kunst: die Kunst des Nicht-Verstehens.

IV. Phänomenologische Exkurse

Vorbemerkung

Ein Exkurs ist eine Abschweifung: man verläßt die eigentliche Route, um am Rande etwas aufzunehmen. In unserem Falle ist die Route die des Begriffs. Wenn nun der Begriff von seiner Route abschweift, so befindet er sich nicht mehr auf gesichertem Gelände: vielleicht auch, daß er nicht mehr an sich halten kann und in ein Erstaunen übergeht. Das ist denn auch die Idee einer Phänomenologie Husserlscher Prägung, die allerdings nicht beim Erstaunen bleiben kann, sondern die Evidenz will. Nach ihr soll sich der Begriff so in die Phänomene versenken, daß von ihm selbst bzw. von seinen metaphysischen Anmaßungen nichts mehr übrig bleibt. So versteht sich die Husserlsche Phänomenologie nicht als Exkurs ins Material, sondern als Programm, dem eine Methode zu Grunde liegt, die die Begriffe disziplinieren will, indem sie auf einen meditativen Gestus zurückgreift. Freilich setzt solches Verfahren die Gewißheit voraus, daß eine strenge Disziplinierung der Begriffe in der Lage ist, die nominalistische Aporetik gleichsam von innen her zu sprengen. Dadurch wird die Phänomenologie zum Programm des Mißtrauens, und so spricht auch Husserl den Erlebnisevidenzen bloß den Status von Geltungsphänomen zu. Das zieht die Notwendigkeit eines transzendentalen Subjekts nach sich, das ständig auf der Hut sein muß, denn es darf seinen Erfahrungen nicht trauen. Die Gewißheit, die letztlich übrig bleibt, kann sich somit nur noch auf die eigene Transzendentalität beziehen. Die Absicht der Husserlschen Phänomenologie, eine Welt absoluter Evidenzen zu schaffen[41], zahlt den Preis der völligen Abstraktion: von den Phänomenen selbst bleibt dann nur noch ihre Phänomenalität übrig. Das Mißtrauen des Subjekts gegen seine Erfahrung gerät zum Artefakt: kein Mensch kann mit bloßen Geltungsphänomenen leben; alles würde dem Verdacht unterliegen, nicht das zu sein,

---

[41] Vgl. Husserl 1977

was es zu sein scheint. Ein solches menschliches Subjekt würde verrückt, falls es nach diesem Prinzip leben würde, und den Zusammenhang zwischen der Paranoia und der Husserlschen Philosophie haben wir an anderer Stelle schon verdeutlicht.[42]

Wenn wir die folgenden Exkurse als phänomenologisch bezeichnen, so hat das mit dem Anspruch der Husserlschen Phänomenologie wenig zu tun. Auch die Hegelsche Ironie, seine 'Phänomenologie des Geistes' ebenso zu nennen, wollen wir nicht teilen. Hegels Phänomenologie setzt ja den Geist von vorne-herein in sein Medium der Begriffe: von daher erspart er sich den Gestus der Versenkung in die Phänomene, denn der Geist kennt eben nichts anderes als die Begriffe, in welchen er erscheint. Wir hingegen wollen die Phänomene so betrachten, wie sie in der Theorie erscheinen. Diese Zugangsweise hat durchaus etwas hermeneutisches, denn es wird vorausgesetzt, daß die Phänomene nur innerhalb eines Kommunikationszusammenhanges existieren. Über die traditionelle Hermeneutik hinaus geht aber die Feststellung der Inkonsistenz dieses Kommunikationszusammenhanges als Theorie, wobei die Inkonsistenz der Theorie auf die der Erfahrung verweist. Die Inkonsistenz der Erfahrung schließlich ist es, an was unsere Phänomenologie appelliert.

Daß wir den Zugang zu den Phänomenen durch die Theorie hindurch wählen, folgt einer bestimmten Logik: die Theorien, die wir zitieren, sind Theorien konkreter Phänomene und beziehen sich ihrerseits auf Erfahrungen. Indem die Phänomene also in konkreten Theorien erscheinen, erscheint auch ein bestimmter Erfahrungstypus in seiner begrifflichen Form. Und anders erscheinen die in Rede stehenden Phänomene auch nicht; die Rede von der Neurose etwa folgt in erster Linie einer Theorie: neurotisches Verhalten erscheint nie unmittelbar, sondern muß erst vom 'theoretischen Blick' als solches konstatiert werden. Die meditative Versenkung ins Phänomen 'Neurose' wäre, als primärer Zugang gedacht, bloße Selbsttäuschung. Die Versenkung ins Phänomen ist gegenüber der Theorie immer nachträglich, was aber nicht heißt, daß sie im Wirkungskreis derselben gefangen bleibt. Und erst von der Position dieser Nachträglichkeit aus läßt sich an die Inkonsistenz der Erfahrung appellieren, -eine Inkonsistenz, die keine Theorie tilgt. Wäre dieser Appell vor der Theorie, wo wäre immer noch das Versprechen der Theorie, die Inkonsistenz zu tilgen. Diesen Prozeß nun nennen wir Phänomenologie, wobei wir die Fragwürdigkeit der philosophie-historischen Berechtigung dieses Titels durchaus anerkennen.

---

[42] Vgl. Schurz 1985: 31f

Die Exkurse sind in der Wahl und in der Reihenfolge nicht zufällig: sie folgen einer Ordnung, die aus zwei Komponenten besteht. Die erste Komponente ist nach dem Muster der traditionellen Phänomenologie gestrickt: es handelt sich um die verschiedenen Konstitutionsleistungen innerhalb der Erfahrungswelt. Obwohl die Reihenfolge zweifelhaft ist, steht am Anfang die Konstitution des Ich, dann des Du, und schließlich des 'Wir'. Man kann dies auch mit den Termini von Selbsterfahrung, Fremderfahrung und kollektiver Erfahrung benennen. Solchermaßen entstehen drei Gruppen von Exkursen. Diese werden jeweils von der anderen Ordnungskomponente strukturiert, die man eine reflexive nennen könnte und die auf die Konstituenten verweist. Es handelt sich hier um die soziale Realität, um das Gesetz und schließlich um das Unbewußte. So ergeben sich also neun Exkurse. Wir wollen nicht von einer ontologischen oder sonstigen Notwendigkeit einer solchen Ordnung sprechen; -vielmehr beruht sie auf einer Plausibilität, die sich erst im Fortgang der Geschichte verdeutlichen kann.

Neurose

Die Neurose ist eine Verwirrung des Subjekts als Subjekt, die gleichzeitig auch die Geschichte des Subjekts ist. Es handelt sich hier um eine unverstandene Geschichte. Die Neurose ist unendlich und offen, in dem Sinne, daß sie nicht auf konkrete Erscheinungsformen reduzierbar ist. Weiterhin ist das neurotische Leiden kein Teil der Person, sondern ist die gesamte Person selbst, die ihr Schicksal erfährt. Dadurch fällt die Neurose gewissermaßen aus der traditionellen medizinischen Pathologie heraus. Die klinische Fassung der Neurose, die sie partikularisiert, hat durchaus auch ihre Berechtigung: hier geht es um ein 'Mehr oder Weniger' in Hinblick auf soziale Normen der Lust und der Leistung. Solche Normen sind aber der Neurose wiederum nicht äußerlich, denn es sind letztlich diese, die die individuellen Schicksale bestimmen, und ein solches bestimmtes Schicksal wäre es, krank zu sein. Neurose wäre dann jene besondere Krankheit, in der ein Mensch an seiner Geschichte leidet und sich dieses Leiden nicht als Leiden sondern als Verwirrung, als fehlendes Selbstverständnis aktualisiert.

Man kann natürlich die Verwirrung ontologisch setzen: es wäre so die Verfassung des Daseins selbst, die solche verwirrten Subjekte produziert. Auf dem Hang des Lebens versuchen die Individuen ein Gleichgewicht zu finden und machen dabei die absonderlichsten Verrenkungen. Die Auffälligkeit der Verrenkungen aber lassen sich nur auf dem Raster einer sozialen Realität bestimmen. Diese soziale Realität ist der Ort der Verwirrung, an dem schließlich das neurotische Individuum sich selbst nicht mehr versteht. Das ist allerdings erst das Symptom; -sucht man die Ursache des Symptoms, geht man also im weitesten Sinne in die Vergangenheit, so entdeckt man zwangsläufig eine Störung in einer Ordnung, die man als biologische, soziale oder symbolische setzen kann. Darüber ist nun viel gestritten worden, -nämlich um welche Ordnung es sich handelt: wichtig aber ist, daß diese Störung nicht integriert werden konnte, und diese Nicht-Integrität macht das Leiden aus.

Natürlich hängt die Frage, ob es zur nachträglichen Integration dieser Störung, also zur 'Heilung' kommen kann davon ab, ob sich jene Ordnung aktualisieren läßt, deren Störung das Leiden bewirkt hat. Damit hat man allemal Probleme. Da ist etwa ein Elternteil, der mit seinem Kind eine paradoxe Interaktion pflegt, wodurch dieses, nebst einem massiven Depersonalisationssyndrom massive soziale Kontaktängste aufweist. Auf welche Ordnung aber bezieht sich nun diese Störung? Man kann es auf diese schlechte Welt schieben, in der Elternteile oft gar nicht anders können, als paradox mit ihren Kindern zu interagieren. So gesehen wäre das neurotische Leiden eine bestimmte Partizipation am Leiden dieser Welt. Oder man vermutet, daß da ein Irrtum vorlag, ein falsches Lernen, wie es die Verhaltenstheoretiker behaupten. Dann aber beruft man sich auf eine originäre Freiheit des Lernens, auf eine Vorgängigkeit von Kontingenz. In dieser Version erscheint die soziale Realität als ein Ensemble von zusammenhangslosen Faktoren, die mehr oder minder wahrscheinliche Kombinationen von Individuen hervorbringen. Der Verstehens-Prozeß wird, in den entsprechenden Therapieversuchen, vollständig ausgeklammert (oder fast[43]) und durch eine Rekonstruktion der Kontingenzen ersetzt. Diese Rekonstruktion soll schließlich eine Kontrolle erlauben: Kontrolle des Verhaltens durch gesteuerte Kontingenz. Die Verhaltenstherapie reagiert auf die Negativität der Neurose mit Selbstverleugnung: das Subjekt als diese Macht des Negativen und als die einzige Instanz, die eine Neurose haben kann, wird demontiert, indem es auf seine steuerbaren Funktionen reduziert wird.[44] Man kann mit dieser Manier natürlich viele Probleme meistern, was darauf hindeutet, daß sie der sozialen Realität durchaus ange-

---

[43] Man spricht dann von der kognitiven Wende in der Verhaltenstherapie.
[44] Die Verhaltenstherapie entwickelt eigentlich keine Theorie des Symptoms, sondern agiert auf der Ebene des Symptoms. Damit geht eine Verwechslung von Symptom und Theorie einher, die durch den Umstand gemildert wird, daß die Verhaltenstherapie darauf stolz war, keine Theorie zu haben. (Vgl.: Halder 1975 und auch Bachmann 1975)

paßt ist. Die Flucht in die Technik angesichts der Neurose verweist aber auch darauf, daß eine hermeneutische Annäherung an das neurotische Leiden nicht abermals dieses als kontingent setzen darf, denn so wäre die Verhaltenstherapie einfach im Recht, und es gäbe nichts mehr zu verstehen.

So muß also die Hermeneutik davon ausgehen, daß in der Neurose das Moment der bestimmten Negativität enthalten ist. Es sind dann die Schattenseiten, die dunklen Kapitel jenes Bildungsromans, dessen Lektüre die hermeneutische Variante der Psychoanalyse[45] als Voraussetzung für das Verstehen des neurotischen Verhaltens betrachtet. Neurose ist dann im engeren Sinne eine Störung einer symbolischen Ordnung, die die Immanenz des eigenen Sinns, also das Selbstverständnis, garantiert. Weiterhin garantiert diese symbolische Ordnung, daß sinnhafte Kommunikation möglich wird, also die Allgemeinheit von Sinn. Die Störung dieser Ordnung muß nun für die Hermeneutik eine immanente Deformation des Sinnhorizontes als Resultat einer besonderen Lebensgeschichte sein. Auf diesem Raster ist dann Neurose verstehbar, sofern der Neurotiker in seinem fehlenden Selbstverständnis doch von der Ordnung des Allgemeinen lebt. Heilung wäre so auch Bildung, denn die neurotische Verfehlung bekommt hier den Status des Unvollkommenen.

Nun sieht aber die analytische Situation keinesfalls nach einem 'lebendigen Gespräch' Gadamerschen Musters aus, was Habermas mit Recht anmerkt.[46] Lorenzer andererseits weiß, wie man Psychoanalyse und Hermeneutik zusammenbringen kann, was dann aber eher nach Übersetzungsarbeit des Analytikers klingt.[47] Es ist die Übersetzung der besonderen Neurose in das Selbstverständnis der Allgemeinheit des Symbolischen. Dann aber fragt sich, wozu der ganze Aufwand der Psychoanalyse notwendig ist: ein klärendes Gespräch würde es ja dann auch tun. Das ist aber nicht der Fall, da der Patient seine Neurose eben nicht vermitteln, mitteilen kann, und dementsprechend der Analytiker mit seiner Hermeneutik alleine bleibt. Er kann sich nach Maßgabe der Hermeneutik höchstens darauf verlassen, daß er und der Patient diese soziale Realität miteinander teilen, und von daher Vermittlung einfach möglich sein muß. Das führt uns zum Schlüsselbegriff der sozialen Realität. Die Hermeneutik nun reduziert diese soziale Realität auf eine 'Ge-

---

[45] Hier ist wohl an erster Stelle der Name Alfred Lorenzen zu erwähnen, aber auch P. Ricoeur versucht sich in einer hermeneutischen Rekonstruktion der Psychoanalyse.
[46] Vgl. Habermas 1980:120ff
[47] "Psychoanalyse hat stets in beiden Richtungen zu operieren; sie hat in jedem Fall eine doppelte hermeneutische Leistung zu erbringen: Neben die Einholung der -sprachlichen Besonderung- des Patienten hat immer jene Sprachvermittlung zu treten, durch die die sprachliche Besonderung des Patienten begriffen wird. " (Lorenzen 1973: 240)

sprächslandschaft'[48] und dementsprechend kann sie nur das Allgemeine der Neurose, ihre prinzipielle Möglichkeit verstehen. Neurose ist aber nicht ihre Möglichkeit, steht zu sich selbst nicht in einem reflexiven Verhältnis, denn der Neurotiker kommuniziert nicht über sondern in seiner Neurose.

Das Agens der Neurose ist der Einbruch des Geräusches in die Gesprächslandschaft, -eben das Trauma. Das sind nun zwei Metaphern die für unbestimmte Negativität stehen, und die es zu erläutern gilt. Bestimmte Negativität wäre innerhalb sinnhafter Kommunikation aufhebbar, wäre der Irrtum, der zu korrigieren ist. Das Geräusch hingegen, die Stimme, läßt sich nicht als Irrtum fassen. Wenn jemand im traurigsten Tonfall seine Fröhlichkeit behauptet, so ist das kein Irrtum, sondern eine strukturelle Differenz in der Rede, die sich dem Verstehen entzieht. Diese Differenz erscheint deswegen als unbestimmt, weil sich die 'traurige Stimme' jeder sinnhaften Bestimmung entzieht: sie ist, wie Hegel sagen würde, Musikalität. Es nützt denn auch wenig, die vorhin zitierte Person aufzufordern, ihrer Stimme doch einen traurigen Klang zu geben. Diese unbestimmte Negativität wäre in einer Theorie des Traumas zu fassen, wobei das Trauma tautologisch definiert ist: es ist das, was sich der Symbolisierung entzieht, und was wir als Philosophen die nicht-metaphysische Erfahrung nannten. Das Trauma ist ein Ereignis oder die Struktur einer Umwelt-Konstellation (meist ist es letzteres), welches über das Symbolisierungsvermögen des werdenden Individuums hinausgeht. Die Spur dieses Ereignisses bleibt in dem Teil der Erfahrung bzw. des 'Gedächtnisses' bestehen, welchen Freud das Unbewußte nannte. Gegenüber der Sinn-Immanenz bleib dieses Unbewußte meist unauffällig, bis ein aktuelles Ereignis an die Spur im Unbewußten anknüpft. Das aktuelle Ereignis kann selber belastenden bzw. traumatischen Charakter haben, kann aber auch in einer bloßen Ähnlichkeitsbeziehung zu irgendwelchen verdrängten Vorfällen bestehen. Wir wollen hier nicht die Freudsche Neurosen-Lehre nachvollziehen[49] sondern nur festhalten, daß das Fehlen einer Symbolisierung für die Unbestimmtheit der Negativität steht, und daß diese Unbestimmtheit nicht kontingent ist, da sie, unter geeigneten Umständen, das Schicksal eines Individuums vollständig zu prägen in der Lage ist.

---

[48] "Man unterschätzt die Weite der sprachlichen Selbst -und Weltkonstitution, wenn man den Neurotiker qua Neurotiker außerhalb dieser Mitte unseres In-der-Welt-Seins stellt, ist doch das menschliche Sozialleben, an dem er krankt, in -letzter Formalisierung-, wie Gadamer sagt, eine -Gesprächslandschaft'." (Lang 1978: 268f)

[49] Vgl. Freud Bd. X, 1974

Auf diese negative Struktur reagiert das, was Freud die 'gleichschweben-de Aufmerksamkeit' nannte und worin er die adäquate 'Hörweise' zur neuroti-schen 'Sprechweise' sah. Der klassische Analytiker als Idealtypus hört dem-nach dem neurotischen Sprechen eben nicht zu sondern hört auf es: dadurch entsteht eine Differenz im Hören, die das Pendant zu der vorhin erwähnten ist, in welcher sich das neurotische Subjekt konstituiert. Der ideelle Psycho-analytiker verweigert damit die gemeinsame soziale Realität, und verstößt damit gegen alle guten und billigen Regeln der Kommunikationsgemein-schaft. Gleichzeitig ist diese Technik eine Absage an die Bestimmung: wenn man nicht zuhört, sondern auf das Sprechen hört, werden die bestimmten Bedeutungen in eine Unbestimmheit verlagert. Für diese Konsellation wurde auch die Phrase gebraucht, daß der Analytiker quasi mit seinem Unbewußten höre. Diese 'technisch generierte' Unbestimmtheit trifft auf die Unbestimmt-heit des neurotischen Subjekts, das meistens auch nicht weiß, warum es dies oder jenes tut; zwar hat es wohl ein Selbstverständnis, aber dieses schneidet sich mit der Realität seines Leidens.[50]

Der Neurotiker versteht also in einem ersten Zugang recht gut, warum er Angst vor Sozialkontakten hat, zum Beispiel, weil er Ohnmachtsanfälle fürchtet oder imaginiert, daß er öffentliche Aufmerksamkeit errege. Solche Begründungen aber reichen an die Angst des Neurotikers nicht heran. Dieses neurotische Selbstverständnis hat zwar eine immanente Wahrheit, aber diese Wahrheit ist individuell und damit negativ gegenüber sozialen Realität. Man könnte für jede Neurose eine soziale Realität modellieren, in der das Leiden nicht notwendig wäre. Aber die soziale Realität läßt sich nicht modellieren: sie stößt das neurotische Individuum zurück und bindet es gleichzeitig.

Im Grunde leidet der Neurotiker also daran, daß er sich nicht von der so-zialen Realität zurückziehen kann. Da nun aber sein Leiden selbst eine sozia-le Realität ist, läßt sich sagen, daß in der Neurose die soziale Realität an sich selber leidet. In psychoanalytischer Terminologie bedeutet dies, daß es nicht die Instanz des 'Ichs' ist, von der das Leiden abgeleitet werden kann; Das 'Ich', welches sehr wohl verstehen und sich etwa dem Analytiker mitteilen kann, kommt in seinen Sinnstiftungen nicht an sein Leiden heran. Dennoch sind die Verstehensversuche des Neurotikers verzweifelt, weil sie gegenüber der sozialen Realität deren Geschichte die Gattungsgeschichte ist, nachträg-lich sind. Das Trauma kann in der Erfahrung nicht eingeholt werden. Letzt-lich müßte das neurotische Individuum die Gattungsgeschichte in sich inte-grieren, um völlig 'geheilt' zu sein: in dieser Konstellation zeigt sich schon

---

[50] Dies alles wurde näher ausgeführt in: Schurz 1991

etwas die Absurdität der Verwendung des Begriffs der Heilung im Kontext der Neurose.[51] In der Aufforderung, die ganze Gattungsgeschichte zu integrieren, läge eine Zumutung, gegen die sich das Individuum sträubt, und darin liegt auch das Moment des Nicht-Verstehens in der Neurose.

Man hat versucht, dieser substanziellen Negativität, die in der Neurose sichtbar wird, einen Namen zu geben. Jacques Lacan etwa spricht von der 'Seinsverfehlung'[52], welcher Terminus durchaus an Sartre und dessen Versuch einer negativen Ontologie erinnert. Das ältere Modell, an das sich das Lacansche anlehnt, stammt von Freud selbst, und ist unter dem Titel des 'Todestriebes' in die entsprechende Literatur eingegangen. Der 'Todestrieb' bezeichnet vorerst das Streben eines Organismus nach Stillstand, der durch die Abwehr aller Außenreize erreicht wird.[53] Rechnet man diese Tendenz auch dem Menschen zu, so kommt das für die Hermeneutik, einer Provokation gleich. Die Verweigerung des lebendigen Austausches, auch die Verweigerung von Kommunikation steht dem hermeneutischen Verständnis von Leben, auch von Sprache direkt entgegen. Wieder ist es Paul Ricœur [54], der diese Herausforderung der Negativität annimmt, und das Freudsche Konzept des Todestriebs als eine Weise der Realitätsprüfung interpretiert. Dem liegt folgender Gedanke zu Grunde: wenn der Todestrieb ein ontogenetisches Archaikum ist, also an sich völlig unbestimmt, so kann es seine Bestimmung nur am konkreten Leben haben. Das Leben reflektiert sich so bloß immer in seinem Gegenteil, um wieder zu sich selbst zu kommen. Damit bekommt der Todestrieb die Form der bestimmten Negation. Die Faktizität des Todes bleibt hier, ähnlich wie bei Hegel, kontingent: wesentlich wird dann nur die symbolische Version des Todes, und die Aktualisierungen des Todestriebs sind für Ricœur schon jeweils in einer symbolischen Fassung. Der Tod ist damit eine Figur der Sprache, des reflektierenden Sprechens und damit am Leben, das spricht, bestimmt, oder reine Zufälligkeit.

Die Negativität der Neurose ist aber kein Problem, das sich lediglich innerhalb des Symbolischen formulieren läßt. In der Neurose, bzw. im neurotischen Leiden geht es darum, nicht eines zu frühen Todes sterben zu müssen. Dieser Tod ist weder intelligibel noch symbolisch verfaßt, denn es handelt sich um den sozialen Tod. Die Realität des Todes existiert als soziale Reali-

---

[51] Diese Absurdität taucht auch schon als Skepsis in Freuds Spätwerk auf. Vgl. 'Die endliche und die unendliche Analyse'; (Freud Ergänzungsband, 1974)
[52] Vgl. Lacan Bd. I, 1975.
[53] Vgl. Freud Bd. III, 1974
[54] Vgl. Ricœur 1974 II: 301ff und S318ff

tät. Man stirbt nicht einfach für sich, denn so wäre es nach Hegelschem Muster lediglich der Tod des Individuums aus sich selbst. Wenn man für sich stürbe, könnte man nie sagen, ob man zu früh oder auch zu spät stirbt. Das zu frühe Sterben, um das es geht, muß sich immer auf das soziale Umfeld, auf das Leben der Gattung beziehen. Im Todestrieb versucht nun das Individuum seine konstitutionelle Verbindung mit der Gattung auszusetzen, die soziale Realität zu verleugnen: da es aber damit seine eigene Realität verfehlt, die gerade durch den Bezug zur Gattung konstituiert ist, vernichtet es sich in dieser Verleugnung selber.

Dieser etwas dramatische Ausdruck folgt einem recht einfachen Gedankengang: wenn der Todestrieb der Schutz vor Außen- bzw. Umweltreizen ist, und die Umwelt des Menschen, nach einem Wort von Lacan, der Mensch ist, so schützt sich das Individuum im Todestrieb schlichtweg vor der sozialen Welt. Da aber dieser Schutz nicht funktionieren kann, weil das Leben des Individuums auf diese soziale Welt, auf die Allgemeinheit bezogen ist, entsteht die Bewegung der Negation, die sich nicht aufheben kann, und deren Konkretion im neurotischen Leiden besteht. Eine stringente Sichtung diverser Neurosen würde genau dies erweisen: daß in den Variationen des neurotischen Leidens immer im Grunde der unmögliche Wunsch nach Abschaffung der sozialen Realität sichtbar wird. Vorderhand sind es Kommunikationsverweigerungen, Isolationen und sozialer Rückzug, die diesem Wunsch Ausdruck verschaffen. Aber noch in der subalternsten Phobie wird ein Soziales thematisiert, sofern das Objekt der Phobie, etwa die berühmten Pferde[55], nur in seiner sozialen Dimension relevant wird. Indem die Phobie ihr Objekt abschaffen will, begehrt es gegen die soziale Realität auf, und der Wunsch nach Abschaffung von Pferden etwa ist solch ein Aufbegehren.

Fassen wir zusammen: in der Neurose artikuliert sich eine unüberbrückbare Differenz zwischen Individuum und Allgemeinheit. Diese Differenz kann auch als die zwischen Lust und Realität verstanden werden. Das Prinzip der Realität ist die soziale Umwelt, das Prinzip der Lust ist die Behauptung des Individuums. Für diese Differenz steht als wesenlich negative Figur das Unbewußte. Dieses Unbewußte hebt sich weder an der soziale Realität noch am Individuum selbst auf. Würde es sich an der sozialen Realität aufheben, würde man, in Hegelscher Manier das Individuelle leugnen; wäre das Unbewußte am Individuum selbst aufhebbar, so verleugnet man die gattungsgeschichtliche Verankerung jeder Individualität. Das Unbewußte äußert sich auf der Gattungsebene oder in der Allgemeinheit als Todestrieb, der nichts

---

[55] Vgl. Freud Bd. VIII, 1974

anderes als der Ausdruck des Antagonismus zwischen sozialer Realität und Individuum ist. Auf der Ebene des Individuums erscheint das Unbewußte als neurotisches Leiden, das, wenn es eine bestimmte Dichte erreicht hat, zum klinischen Fall wird. Im neurotischen Leiden schafft sich ein Nicht-Verstehen Ausdruck: die analytische Therapie versucht, dieses Nicht-Verstehen beim Patienten in eine Anerkennung des eigenen Unbewußten zu verwandeln und dadurch das neurotische Leiden zu integrieren. Die Individualität qua Lustprinzip ist in der Psychoanalyse gegen die soziale Realität konzipiert; andererseits bringt diese Realität erst die konkreten Individuen hervor. Das Nicht-Verstehen in der Neurose wäre dann letztlich ein Effekt der Verfassung der sozialen Realität selber.

Neuronen

Neben der unbestimmten Verwirrung des Individuums in der Neurose gibt es vielfältige Formen bestimmter Verwirrung: Verwirrungen, die auf ein bestimmtes Naturverhältnis zurückgeführt werden können. So der Komplex jener absurden Erfahrungen, die sich in der Ohnmacht des menschlichen Individuums gegenüber seinen leiblichen Äußerungen zeigen. Wenn man lügt, so paßt sich dieser Akt durchaus in den hermeneutischen Zirkel ein; sowohl im Fremdverstehen als auch im Selbstverständnis kann man die Lüge in ihrer Bedeutung auf dem Raster eines adäquaten Vorverständnisses verstehen. Die Lüge macht vorerst nur Sinn innerhalb eines symbolischen Raums. Nun gibt es aber Lügendedektoren, wobei wir dahingestellt lassen wollen, ob es diese Geräte wirklich gibt, d.h. ob sie auch nur annähernd das leisten, was ihr Name verspricht. Uns interessiert hier nur, daß die Lüge auch einen Effekt auf neuronaler Ebene produziert. Dieser Umstand beruht auf einem bestimmten Naturverhältnis, auf einem Gesetz. Im konkreten Fall ist das Gesetz höchst vage und bezieht sich darauf, daß mit dem Lügen immer eine gewisse Aufregung, eine Erhöhung sympathischer Aktivität einhergeht. Wenn nun beispielsweise ein Verbrecher an einem Lügendedektor hängt, ist er nicht mehr Subjekt seines Sprechens: vielmehr ist es sein Körper, der die Bedeutung seines Sagens ausspricht, und diese Bedeutung ist am entsprechenden Meßinstrument ablesbar. Das ist zunächst nichts besonderes, denn viele Sprechakte gehen mit einer Reaktion der physis einher. Die Röte im Gesicht dessen, der gerade ein Liebesgeständnis vorbringen will, der Blick des Sprechenden, der die schlimme Botschaft schon verrät, bevor sie ausgesprochen wurde: das alles paßt noch gut in eine etwas erweiterte Konstellation von Symbol und Auslegung.

Im Falle der Lüge aber spricht der Körper gegen das Gesagte; das Subjekt des Sprechens erfährt seinen Körper hier nicht mehr als Eigenes, als vertrauten Leib, sondern als negative Instanz. Das nun stellt die Grundfesten jeder Hermeneutik radikal in Frage. Man stelle sich ein lebendiges Gespräch in Anwesenheit eines solchen (idealisierten) Lügendedektors vor: die sprechenden Individuen würden sich nicht mehr in der Sprache verständigen, sondern nur noch in Rücksicht auf den Ausschlag des Geräts, in Rücksicht auf ein der Sprache vorgängiges Gesetz kommunizieren. Hier bleibt der Hermeneutik nur noch jene ultimo ratio, deren Abstraktionsniveau keine Entgegnung mehr zuläßt: daß es Sprache sei, innerhalb derer der physikalische Zustand des Geräts eine Bedeutung gewänne. Aber solche hermeneutische Einsicht nützt im konkreten Fall wenig: die Vorgängigkeit der Sprache wird durch die Neuronen allemal in Frage gestellt.

Man kann sich das verdeutlichen, indem man einen Ausflug in den Zaubergarten der Neuropathologie macht: dieser gestaltet sich als Ensemble pervertierter Verstehensleistungen und ist eigentlich eine Zumutung. Da ist etwa die motorische Aphasie, bei welcher das kranke Individuum alles zu verstehen scheint, aber dieses Verstehen nicht sprechend aktivieren will oder kann. Es fehlt die Sprache, obwohl die Sprechwerkzeuge durchaus intakt sind.[56] Hier ist das Verstehen von der Sprache getrennt. Zu diesem Phänomen gibt es zahlreiche Varianten: etwa kann das Sprechen strikt an das Lesen gebunden sein: ohne Text können dann solche Patienten nicht sinnvoll reden. Umgekehrt kann der Defekt darin liegen, daß der Mensch das Verstandene nicht aufschreiben kann, wohl aber einen diktierten Text niederschreiben kann.[57] Die sensorischen Aphasien[58] wiederum, deren Formenreichtum auch keine Grenzen zu kennen scheint, zeichnen sich durch ein Sprechen ohne Sinn aus; es ist wie das reine Sprechen der Neurone, ein bloßes und im star-

---

[56] Eigentlich ist die motorische Aphasie eine Störung der Umsetzung eines Sinns in lautliche Gestalt. Das erscheint wie das Tun einer Zensur, und es muß hier angemerkt werden, daß Freud sich in seinen frühen Jahren ausgiebig mit Aphasien beschäftigt hat. (Vgl. Laubenthal 1976: 179f)

[57] Es überrascht immer wieder, wie partikular solche Störungen sein können. Auf der anderen Seite ist eine Zuordnung von spezifischen und partikularen Funktionen zu bestimmten kortikalen Arealen nie gelungen und wird auch wahrscheinlich nie gelingen. Es ist der Widerspruch zwischen funktioneller Flexibilität und partikularen Dysfunktionen, mit der sich die Neurophysiologie herumschlagen muß. (Vgl. Changeux 1984)

[58] Sensorische Aphasien sind für die hermeneutische Problematik höchst interessant, weil es bei diesen direkt um eine Störung der Verstehensleistungen geht. (Vgl. Suchenwirth 1975: 36f)

ken Sinne des Wortes inhumanes Funktionieren. Im vorhergehenden Exkurs haben wir dies als 'Einbruch des Geräusches' bezeichnet: in der Neurose ist dieser Einbruch lediglich eine Markierung unbewußter Themen, während in der Aphasie das Geräusch den Sinn der Rede völlig dominiert. Auch gibt es hier Variationen wie die, daß wohl Geschriebenes, nicht aber Gesprochenes verstanden werden kann. Um noch einige Wunderdinge zu erwähnen: die Paraphasie,[59] bei der, innerhalb eines relativ intakten Sprachverständnisses, die Worte, bisweilen auch Silben verwechselt werden oder die Asymbolie,[60] bei welcher es zum Ausfall der Gebärdensprache bzw. der Mimik kommt. Daneben gibt es sehr spezielle Störungen, die etwa das Rechnen oder Noten-Lesen betreffen. Immer aber ist es eine partielle oder globale Trennung von Sprechen und Bedeutung, die diese Dysfunktionen charakterisiert. Der Sinn des Sprechens wird durch die Eigendynamik der Neurone gestört: die Immanenz der Sprache und des Sinns ist gebrochen.

Besonders deutlich wird dies in Fällen des sogenannten 'split brain': hier hängt die Verstehensleistung von der Aktivierung der Hemisphären ab. Ist die rechte Gehirnhälfte aktiviert, so kann man zwar sinnvoll handeln, aber die Worte fehlen. Wenn die linke Hälfte am Zuge ist, kann man sprechen, aber man versteht nichts mehr, sofern jede Fähigkeit zur Empathie verloren gegangen zu sein scheint. Die Gehirnanatomie verweist auch im Falle des 'split brain'[61] anscheinend darauf, daß es einen Unterschied zwischen Sprache und Verstehen gibt. Allerdings kann sie diesen Unterschied nur an der Evidenz der Pathologie behaupten, und nur in der Pathologie wird das Gesetz der Neuronen evident. Es wäre aber höchst problematisch, etwa die Lüge als pathologisch zu bezeichnen, und folgerichtig kann diese Evidenz nicht nur innerhalb der Pathologie verbleiben, sondern beansprucht auch, auf dem Feld der 'Normalität' die jeweiligen Gesetze zu statuieren. Damit ist freilich ein Konflikt mit der Hermeneutik vorgezeichnet. Neurolinguistik und Hermeneutik stehen in einem merkwürdigen Verhältnis abstrakter Duldung zueinander, obwohl es hier keine Versöhnung geben kann: -nur faule Kompromisse.

Die Hermeneutik begnügt sich mit der Erklärung der Neurolinguistik, daß sie noch weit von der vollständigen Erklärung der menschlichen Sinnpro-

---

[59] Vgl. Laubenthal 1976:181
[60] Vgl. Laubenthal 1976:182
[61] Bei 'split brain' handelt es sich um eine pathologische oder operative Durchtrennung der Commissuren, also der Verbindung zwischen den Gehirnhälften. Dieses Phänomen ist berühmt geworden, weil es lokale Spezialisierungen des Gehirns zu beweisen scheint. (Vgl. Schmidt 1979: 304ff)

duktion entfernt sei. Im Übrigen zieht sie sich auf ihre schon oft genannte 'letzte Position' zurück: auch die Neurolinguisten müßten einander verstehen. Die Neurolinguistik umgekehrt weiß um die vorläufige Kontingenz ihres Kuriositätenkabinetts, und von daher wird auch Hermeneutik vorläufig toleriert, bis eben eines Tages das Tun des Humanen vollständig auf ein neuronales Äquivalent abbildbar sein wird. Und das heißt nach dem gewaltigen Hoffen der Wissenschaft wiederum, daß dann das Verstehen einem Gesetz unterworfen sein wird, das nicht das Gesetz des Verstehens sondern das der Neuronen ist.

Fragen wir uns also, was es mit dem Gesetz der Neuronen auf sich hat. Das ist vorerst recht wenig: Ladung und Entladung, die Transmission bestimmter chemischer Stoffe und die scheinbar unbegrenzte Kombinierbarkeit, die scheinbar unbegrenzte Komplexität erzeugen kann. Daneben gibt es Verhaltenskorrelate, also statistische Inferenzen zwischen einem neuronalen Zustand und menschlichem Verhalten. Wird also beispielsweise ein Alt-Philologe unter Streß gesetzt und damit seine Neuronen mit einer erhöhten Adrenalinumsetzung konfrontiert, so wird er einen auszulegenden Text zwar schneller aber weniger nachhaltig verstehen.[62] Das kann man mit einer bestimmten Wahrscheinlichkeit behaupten. Auf der Ebene der konkreten Individuen verschwinden solche Korrelate: je nach gelernter Coping-Strategie[63] wird der vorhin erwähnte Alt-Philologe sich eben nicht ins Gesetz einpassen.

Das Gesetz der Neuronen ist auf einer äußerst abstrakten Ebene situiert: seine Wirklichkeit liegt darin, konkrete Formen nicht zu haben. Die konkreten Formen sind für das Gesetz die Kontingenz: die Individualität wird als Einzelfall und dieser als Modell einer bestimmten Verwirklichung des Gesetzes gedacht. So versucht sich also das Gesetz in einer Simulation konkreter Modelle als eine bestimmte Wirklichkeit zu realisieren. Damit sind wir beim Thema der Künstlichen Intelligenz, das unmittelbar an das der Neuronen anknüpft, denn die conditio sine qua non der Künstlichen Intelligenz ist das Theorem, daß der Geist letztlich auf der Basis von Neuronen funktioniert, und daß Bedeutung sich letztlich auf Information reduzieren läßt.

Ironischerweise ist das Gütekriterium, das sich die Theoretiker der Künstlichen Intelligenz für ihre Modelle ausgedacht haben, gerade die hermeneutische Grundsituation: das lebendige Gespräch. Im sogenannten Tu-

---

[62] Es gilt als relativ gesichert, daß unter Streßeinwirkung die Leistungen des Kurzzeitgedächtnisses steigen, die des Langzeitgedächtnisses aber sinken. (Vgl. Eysenck 1980)
[63] 'Coping' bezeichnet lediglich den Modus, wie man mit Streß umgeht.

ring-Test[64] soll ein lebendiger Mensch in einem Gespräch, sowohl mit einer Maschine als auch mit einem anderen lebendigen Menschen herausfinden, ob er es jeweils mit einem Artgenossen oder mit einer Maschine zu tun hat. Kann er das nicht, so die These, dann entspricht das Modell dem, was es modelliert; -die Simulation der Wirklichkeit wäre so die Wirklichkeit selbst geworden. Das heißt genauer, daß sich das Gesetz gegenüber dem Individuellen als mächtig erwiesen hat: zumindest was die Konstitution des Individuums im kommunikativen Akt betrifft. Freilich sind die Ingenieure vom Bau einer solchen Maschine meilenweit entfernt, aber es geht in diesem Sinne nicht um die Realität sondern um mögliche Modelle. Die Modelle der Künstlichen Intelligenz sind hierarchisch aufgebaut[65] wobei durchweg Individualität und Komplexität verwechselt wird. Komplexität erscheint vorerst als eine Art Unbestimmtheit: die Überlagerung von operativen Ebenen macht es ab einem gewissen Grad unmöglich, das Ergebnis eines Prozesses auf die zugrundeliegenden Algorithmen zurückzuführen, obwohl es nichts anderes gibt, als jene Algorithmen. Man darf aber nicht vergessen, daß es solche Komplexität nur gibt auf dem Raster des Gesetzes: wäre im Algorithmus nichts gesetzt, so wäre das konkrete komplexe Gebilde nur Individualität. Der Turing-Test zielt genau auf die mögliche Verwechslung von Individualität und Komplexität: das Individuum wäre dann nur noch die äußerst komplexe Realisation eines Einzelfalls, wobei die Individualität zwar dem Gesetz unterliegt, nicht aber in seinen konkreten Erscheinungsformen von diesem abgeleitet werden kann. Diese Konstellation verschiebt die konkrete Herleitung des Individuums aus dem Gesetz notwendig in die Zukunft: immer nur wird die prinzipielle Gesetzlichkeit betont. Die Kluft zwischen dem Besonderen und Gesetz bleibt: die Abstraktion, die dahinter steht, setzt sich allemal dem Verdacht der Ideologie aus. Im konkreten Falle der Theorien zur Künstlichen Intelligenz wurde der ideologische Gehalt solcher Auffassungen schon beschrieben[66]; -wir wollen uns nun damit nicht näher beschäftigen, sondern weiter nach der Wirkungsweise des Gesetzes der Neuronen auf das Selbstverständnis ihrer 'Eigentümer' fragen.

Wenn nun ein Mensch die Funktionsweise seiner Neuronen verstehen würde, so wäre er eine völlig integere Person: dieses Phantasma teilt übrigens

---

[64] Dieser Test ist nach nach einem Pionier der 'KI', Alain Turing benannt worden. Das 'Gespräch' über ein vorgegebenes und eingegrenztes Thema soll über einen Schreiber ausgeführt werden.

[65] Hierzu der Bestseller, der als Bote einer künftigen Ideologie 1985 in Deutschland in bestimmten Kreisen zum Kult-Buch wurde: Hofstadter 1985

[66] Vgl. Schurz und Pflüger 1986

die Neurochemie mit der Hermeneutik. Wenn der Mensch aus seinen Neuronen rekonstruierbar ist, so hat er seine eigene Natur quasi humanisiert und so die wahre Immanenz erreicht; auch wäre das die Realisation einer 'idealen Kommunikationsgemeinschaft'.[67] Der Preis, der dafür zu zahlen wäre ist der der Indifferenz von Lebendigem und Totem, sofern es egal ist, ob das simulierte Leben oder das Leben selbst kommuniziert. Diese Indifferenz nun kann eine Hermeneutik wiederum nicht akzeptieren, und deswegen muß sie die Erfahrung des Gesetzes am eigenen Körper als kontingent begreifen oder eben als Pathologie, die dann die Position der Barbarei in der älteren Hermeneutik einnimmt.

Das Ich kann sich in seinen Neuronen nicht selbst verstehen, und wenn es versucht, ein anderes Individuum auf der Ebene seiner neuronalen Effekte zu verstehen, so ist hier Sprache und Verstehen entkoppelt worden. Zwischen dem Ich und seinen Neuronen herrscht das Verhältnis von Nicht-Verstehen vor. Solange die Beziehung des Ichs zu seinen Neuronen unauffällig ist, wäre das Gesetz für das Individuum kontingent: es ist belanglos, welche neuronalen Mechanismen in den jeweiligen Erfahrungs- und Handlungstypen ablaufen. Die Erfahrung seiner selbst ist in einem überzogen Sinne hier ebenfalls metaphysisch zu nennen: die 'normale' Selbsterfahrung spart die physis aus.[68] Erst im pathologischen Fall markiert das Wirken der Neuronen einen Bruch in dieser Erfahrung. Das Ich kann diesen Bruch nicht kitten, indem er sich nun auf seinen Körper, auf seine physis bezieht: es kann sich lediglich auf das Gesetz beziehen, das für die Funktionsweise der physis steht. In diesem Bezug hat es aber als Individuum keine Bestimmung mehr: das Gesetz formuliert lediglich das Allgemeine. Das Gesetz der Neuronen ist für das Individuum nun unbestimmte Negativität, aber substantiell: unbestimmt deswegen, weil es am Gesetz seiner physis kein Selbstverständnis hat, substantiell, weil die physis, im Falle der Krankheit, sein Schicksal ist.

Die Konstellation von Unbestimmtheit und Individualität im Kontext des Gesetzes der Neuronen findet in den Veranstaltungen der Gehirnchirurgie[69]

---

[67] Wie sie etwa Apel und andere vorschlagen. Denn der Rekurs auf Neuronen kennt nur eine eindeutige Semantik und das Problem der Begründung einer Meinung (Bedeutung) wäre mithin umgangen.

[68] Mit einer Art 'Hermeneutik der physis' versucht sich in jüngerer Zeit M. Feldenkrais; allerdings erhebt auch er nicht den Anspruch, das Verstehen der physis bis auf die Ebene der Neuronen auszudehnen. Hier sind es Muskelreaktion, Skelettfunktionen, die in das Selbstverständnis des Menschen integriert werden sollen. (Vgl. Feldenkrais 1986)

[69] Es sei erwähnt, daß die Gehirnchirurgie größtenteils aus der Mode gekommen ist, zum einen wegen der Mortalitätsrate, zum anderen wegen mangelnder Effektivität. (Vgl. Koch 1978)

eine schöne Allegorie: da will man Individuen verändern und greift in deren physis ein. Der Eingriff ist, trotz aller gegenteiligen Behauptungen, völlig unbestimmt: das zeigt sich an den Resultaten der Anwendung des neurologischen Gesetzes, das alles Besondere unter ein Allgemeines subsumiert. Diese Veränderung neuronaler Strukturen bringt einen Effekt hervor, den man Ent-Individualisierung nennen kann. (Das Gleiche erreicht man auch, wenn man der betreffenden Person mit einem Knüppel auf den Kopf schlägt.) Der Effekt ist eine signifikante Wesensveränderung, die Person wird apathisch, stuporös, depersonalisiert. Die praktische Wirkung des Gesetzes qua Eingriff auf neuronaler Ebene ist die Negation des Individuellen: es ist zugleich eine substanzielle Negation, sofern man solche Wesensveränderungen nicht als kontingent bezeichnen kann. Die Wirklichkeit des Gesetzes verschafft sich hier ganz plastisch Geltung gegen das Besondere. Um das abzuschließen: wenn die Ingenieure der Künstlichen Intelligenz eines Tages den Menschen simuliert haben werden, dann wird dieser Mensch höchstwahrscheinlich einer Person, nach 'erfolgreicher' Leukotomie gleichen.[70]

Die Neuronen markieren also einen Bruch im Selbstverständnis, in der Identität, -bis in die Integrität der Sprache hinein. Dieser Bruch ist gleichsam die Erfahrung von Negativität. Das Interesse an der Realisation solcher Erfahrung, das 'Interesse an der Wirklichkeit', kommt nur bis zu dem Gesetz, das das Allgemeine schlechthin ist, und die konkrete Individualität um ihre Erfahrung betrügt.

Das Psychische Soma

Jeder geistige Akt ist von einer physischen Äußerung begleitet, -selbst das Nachdenken und das Träumen haben ihre Korrelate im EEG.[71] Es gibt keinen Ort, wo der Mensch sich vollständig von seiner Leiblichkeit befreien könnte. Daß die physis Einfluß auf die geistigen Akte haben kann, haben wir im vorhergehenden Exkurs aufgezeigt; umgekehrt weiß man aber auch, daß beispielsweise Meditationstechniken etc. Einfluß auf körperliche Vorgänge

---

[70] Leukotomie ist die Durchtrennung der weißen Gehirnmasse des Stirnhirns. Der wahrscheinlichste Effekt ist, neben einer Antriebsverminderung, eine gewisse Verblödung. Was die Simulation betrifft: in den U.S.A. wurden Versuche mit Psychiatern gemacht, die Computer diagnostizierten, ohne es zu wissen. Die Computer sollten Menschen mit psychischen Störungen simulieren. Die Experten-Diagnose lautete jedoch meistens: 'brain-damage'.

[71] Es sind meist unspezifische Korrelate: man kann lediglich grobe Klassifikationen wie Aufmerksamkeit, Entspannung etc. treffen. (Vgl. Birbaumer 1975)

haben. Wenn etwa ein Yoga-Meister den Rhythmus seines Herzens kontrollieren oder seine Schmerzschwelle um ein Vielfaches erhöhen kann, dann scheint hier die Kraft des Geistes[72] auf die Organe zu wirken. Es muß aber kein Yoga-Meister sein: bei jedem durchschnittlichen Menschen findet dieser Vorgang statt. Deutlich wird das beim sogenannten 'Placebo-Effekt'[73]: hier glaubt die Person etwas, und das Organ richtet sich danach. Das nun könnte zu einer Annahme einer Metaphysik des Leibes führen, so, als ob die Organe selbst in den Prozeß des Verstehens integriert wären.

Auf der neuronalen Ebene, auf der Ebene des Gesetzes läßt sich hier wenig erklären, denn diese Effekte sind eben kein Allgemeines, sondern individuell: d.h. an die Personen und ihr Selbstverständnis gebunden. Das führt zu einer Idee der Ganzheitsmedizin, zu deren Pioniere auch Georg Groddek[74] gehörte. Groddek formulierte eine Theorie, die man als Hermeneutik der Organe bezeichnen könnte. Da spricht dann der ganze Körper, und der sensible Arzt, wenn er zuhören kann, weiß dieses Sprechen auszulegen. Der gebrochene Arm ist Ausdruck eines Wunsches nach einer bösen Tat und dessen Verhinderung. Oder eine Gastritis verweist darauf, daß einem etwas im Magen liegt, etwas nicht verdaut wurde. Viele Deutungen können auf den Umstand zurückgreifen, daß die Alltagssprache metaphorische Organbezüge aufweist. Groddek versucht nun, dieser Metaphorik den ursprünglichen organischen Sinn zurückzugeben. Das geht nur in Rücksicht auf ein Unbewußtes.

In der Alltagssprache bedeutet 'sich die Finger verbrennen', daß man ein Verbot übertreten oder seine eigenen Fähigkeiten überschätzt hat. Verbrennt man sich aber wirklich die Finger, so ist das nach Groddek der Ausdruck eines verbotenen Wunsches, der sich nicht in der Sprache des Geistigen, wohl aber in der Körpersprache realisieren konnte. Das Unbewußte ist in dieser Konstellation dort, wo ein nicht-reflektiertes Geistiges oder Sprachliches sich Ausdruck verschafft. Natürlich funktioniert das nicht immer so glatt wie bei Groddek: meist erscheint die Wahl des Organs, das dann spricht, recht unspezifisch: die Deutung des Ausdrucks muß Rücksicht auf das kon-

---

[72] Die kognitive Kontrolle vegetativer Vorgänge ist ein uraltes Thema der Medizin: unter anderem war es die Hypnose, die diese Effekte nutzen wollte. Heutzutage laufen solche Veranstaltungen unter dem Titel des 'bio-feedback'.
[73] Kritische Mediziner rechnen mit einem 25%-igen Anteil von Placebo-Effekten bei allen somatischen Kuren.
[74] Vgl. Groddek 1979

krete Individuum nehmen. Einige psychosomatische Lehren[75] versuchen zwar, die Organwahl auf die Ebene des Gesetzes zu heben, aber solche Zuordnungen von Organwahl und psychischer Disposition bleiben meist vage. So etwa soll der aspiratorische Apparat und eine phobische Disposition oder auch der Zwangscharakter mit Rheumatismus im Zusammenhang stehen. Diese Zuordnungen sind durchaus vermittelt (etwa: der Zwangscharakter spannt seine Muskel immer an, und deswegen gibt es einen höheren Verschleiß der Gelenke),-aber die individuelle Krankheit kann damit nicht vorhergesagt werden.

Problematisch ist die Idee der Organsprache auch, weil das Organ sich nur im pathologischem Modus äußert. Was die gesunden Organe sagen, bleibt irrelevant, und es muß hier auch keine Rücksicht auf ein Unbewußtes genommen werden. Die Metaphysik der Organe vollzieht sich als Reaktion auf die Negativität des Leidens; die Psychosomatik versucht dem Leiden einen sinnhaften Ausdruck zu geben, um es an die Erfahrungswelt des Leidenden anbinden zu können. Die Krankheit wäre dann vorderhand dies, daß die Sprache des Organs mit der Sprache bzw. der Reflexion des Individuums nicht identisch ist. Groddek formulierte mit seiner Theorie noch einen Universalitätsanspruch; -die moderne Psychosomatik ist da weitaus bescheidener geworden, und grenzt ihren Wirkungskreis stark ein: da gibt es eben funktionelle und 'echt' organische Erkrankungen. Der Verzicht auf diese Universalität führt andererseits zu einer bestimmten Erklärungsnot: warum spricht das Organ nur manchmal und warum ist es in anderen Fällen nur 'krank'?

Die Organsprache hat in der gegenwärtigen medizinischen Praxis von vornherein einen negativen Status: funktionell ist eine Krankheit nur, wenn alle möglichen 'organischen Ursachen' ausgeschlossen sind, -also nichts Allgemeines gefunden werden kann. Diese Negativität psychosomatischer Phänomene impliziert schon ein Unbewußtes im Sinne eines Nicht-Wissens; -der Arzt versteht das Symptom auf dem Raster seines Wissens nicht, und also rechnet er es dem Individuum zu. Die Organsprache ist so zu einer Besonderung geworden, unter der das Individuum leidet, da es sie selbst nicht fassen kann. Die Organsprache reagiert mithin auf eine Sprachnot des Individuums. Die 'Heilung' solcher Sprachnot geschieht durch die Abschaffung des besonderen Unbewußten durch ein Wissen, dem eine Übersetzung vorausgeht. Das Verstehen der Organsprache wäre eine ganz besondere Hermeneutik: anders

---

[75] Es gibt verschiede 'psychosomatische Schulen', die sich wesentlich auch in der Frage nach der strengen Korrelation von psychischer Disposition und bestimmter Organwahl unterscheiden. (Vgl. Cremerius 1978)

als im Falle der Neuronen, darf hier ja ein Sinn unterstellt werden. Praktiziert wird diese besondere Hermeneutik vorzugsweise in den sogenannten körperorientierten Psychotherapien,[76] freilich nicht im Anspruch einer Hermeneutik. In solchen Therapien werden drei Sprecher gesetzt: der Patient, der Therapeut und der Körper des Patienten. Der Therapeut hat nun die Aufgabe, eine Verständigung zwischen dem Patienten und seinem Körper herbeizuführen. Das tut er, indem er übersetzt: wenn einer arg gekrümmt geht, dann kann das heißen, daß ihn etwas bedrückt. Den Patienten bedrückt aber vorerst, daß er nicht aufrecht gehen kann und so etwa an diversen Knochenerosionen leidet. Der Therapeut stellt klar, daß der Patient nicht an diesen Knochenerosionen sondern an dem leiden soll, was ihn bedrückt. Um ihn dorthin zu führen, wird etwa eine Therapie des aufrechten Gangs indiziert sein. Durch diesen aufrechten Gang kann nun der Patient die wahre Belastung erfahren: die Erosionen verschwinden,und durch die Aussetzung der Organsprache werden Energien freigesetzt, die dem Patienten die Bearbeitung des ursprünglichen Konflikts ermöglichen. So sieht es im Idealfall aus: es handelt sich durchaus um eine Sprachverschiebung und deren therapeutische Rekonstruktion. Das Mißverständnis ist im Individuum angesiedelt, denn dieses könnte sich ja sagen, daß es lieber an Knochenerosionen leidet, als ursprüngliche Belastungen aufzuarbeiten. Die Voraussetzung für eine solche Entscheidung ist aber, daß das Individuum die Sprache seines Körpers verstanden hat. Das tut es aber nicht, denn es spricht von anderen Dingen: von Knochenerosionen etc.

Die Frage ist nun, ob solche Therapie, solche Hermeneutik glücken kann in dem Sinne, daß sich ein Einverständnis zwischen Körper und Individuum erzielen läßt. Die Einheit wäre nach dem Muster der Negation der Negation gestrickt; die unverständliche Sprache der Organe als Leiden wäre die erste Negation. Diese erfährt nun eine Bestimmung durch den Therapeuten als Negatives und hebt sich in der Sprache auf. Die Organsprache selbst wäre also das bestimmte Negative, eben weil sie aufhebbar ist. Letztlich bedeutet dies, daß die Leiblichkeit, weil sie in einer Metaphysik verankert ist, gleichsam verschwinden kann. Ebenso verhält es sich beim schon erwähnten 'Placebo-Effekt': auch hier herrscht am Ende Einigkeit, aber diese Einigkeit basiert auf einer Täuschung. Das Organ wird gleichsam überlistet, da seine Funktion durch ein Höheres außer Kraft gesetzt wird. Aber nicht nur das Organ wird überlistet: auch das Individuum täuscht sich im Placebo, und

---

[76] Gemeint sind etwa 'Gestalt-Therapie', 'Bio-Energetik' oder auch die 'Feldenkrais-Methode' etc.

diese individuelle Täuschung ist Voraussetzung für die Täuschung des Organs. Damit relativiert sich auch die Heilung in den psychosomatischen Therapien: das Moment der Täuschung ist überhaupt die Voraussetzung dafür, daß Organsprache existiert. Der Erfolg der Therapie zeitigt sich nur auf dem Raster von Funktionalität; wo aber das Subjekt dieser 'Einigung' zu situieren ist, bleibt unklar.

Im Kontext des psychischen Somas ergibt sich die Struktur einer prinzipiellen Inkommensurabilität zwischen einer Organsprache und einer geistigen Sprache: Organsprache kann nie explizit oder reflexiv sein, oder sie ist je nur Projektion. Daß das Organ überhaupt auffällig werden kann, macht seinen negativen Status aus: die Penetranz des Leidens, die es möglicherweise erzeugt, macht diesen Status substantiell. Dennoch darf man nicht übersehen, daß die Leib-Erfahrung wesentlich erst durch Metaphysik ermöglicht wird. Eine nicht-metaphysische Erfahrung des Leibes wäre bloße Verwirrung, Panik und Entsetzen vor dem Anderen, das einem zustößt. Man beobachte nur ein verwundetes Tier, um zumindest ein Bild der Annäherung zu dieser nicht-metaphysischen Leiberfahrung zu haben, die dann doch eher Körpererfahrung ist. Schon im Begriff des Leibes ist die Metaphysik nämlich präsent: das Organ wird in seinen Äußerungen von vorneherein als prinzipiell sinnfähig gesetzt. Die positive Medizin hingegen, die anti-hermeneutisch agiert, ist Ausdruck verdrängter Angst vor der nicht-metaphysischen Erfahrung des Körpers.

Die Metaphysik der Organe, die eine Projektion metaphysischer Erfahrung ist, reagiert bloß auf die unbestimmte Negativität des psychischen Somas. In diesem Kontext verdient Viktor von Weizsäcker[77] Erwähnung, der mit mutiger Unbeirrbarkeit dessen Struktur und Funktion erfassen wollte. Sein Mut besteht genauer in der maximalistischen Verfassung seiner Axiome, etwa dem, daß jede Zelle 'unbewußt beseelt' sei.[78] Dieser Ausdruck verdeutlicht auch, daß die Seele nicht zu einem Reflexionsverhältnis kommt. Vielmehr ist es ein bloßes Darstellungsverhältnis, das wesentlich als ver-

---

[77] Viktor von Weizsäcker ist in der Medizin und Psychologie noch immer nicht so bekannt, wie er es sein sollte. Er gilt als Begründer einer 'Medizinischen Anthropologie', die eigentlich eine konsistente Zusammenfassung diverser psychosomatischer Theoreme vorstellt. Eigentümlich an ihm ist der durchaus philosophische Duktus, der der Spekulation volle Geltung verschafft. Im übrigen war er psychoanalytisch orientiert und hatte auch Kontakt zu Freud.

[78] "Wir verstehen unter Leib etwas unbewußt beseeltes Körperliches. Wir haben gute Gründe, uns alle Zellen des Leibes als beseelt zu denken. Wir wollen uns jede Leberzelle, jede Ganglienzelle, jede Blutzelle als unbewußt beseelt vorstellen." (Weizsäcker 1950: 120)

stümmelte Repräsentanz erscheint.[79] Damit wäre der Diskurs der Organe die verstümmelte Kommunikation schlechthin, sofern es um die Reproduktion von Deformationen geht. Das nun verweist auf den Begriff des Unbewußten, so, wie er bei Freud verwendet wird. Wir wollen hier noch nicht mit den Freudschen Implikaten bezüglich des Unbewußten arbeiten, sondern diesen vorerst lediglich als deskriptive Kategorie gebrauchen. Das Verstümmelte, die Reproduktion der Deformation hat nur eine negative Bestimmung, denn im Zustand des Nicht-Leidens erscheint sie höchstens in der Figur der abstrakten Sterblichkeit.[80] Weizsäcker ist wesentlich ein Pathologe: der logos liegt im krisenhaften Zustand, im Leiden.

Wie schwierig solche Position, gerade in der Medizin durchzuhalten ist, zeigen Weizsäckers Abweichungen von seinen maximalistischen Axiomen. Zum einen gibt er dem Gesetz das Recht, indem er die absoluten Ansprüche der Ganzheitsmedizin abschwächt,[81]-zum anderen ist er in Versuchung, die Negativität der Organsprache einer positiven Metaphysik des Lebens unterzuordnen, wie die Rede von der 'Heimkehr zum Ursprung' anzeigt.[82] In dieser Heimkehr, im Tod wäre allerdings die Täuschung im Diskurs des psychischen Somas aufgehoben, denn im Tod sprechen Psyche und Soma absolut die gleiche Sprache. Die Verbundenheit der Psyche mit der physis ist im Tod, aber der Tod hat keine Gegenwart der Erfahrung, -bleibt das Negative schlechthin.

---

[79] "Das Leib-Seele-Verhältnis (---) müssen wir als Darstellungsfunktion betrachten; der Leib stellt seine Seele dar, die Seele stellt ihren Leib dar. Aber beide Male sind es unfertige Leistungen: Körperfunktionen sind Darstellungen von Gedanken, aber von verstümmelten; Seelenvorgänge sind Darstellung von Körpertätigkeiten, aber von verstümmelten....". (Weizsäcker 1950: 122)

[80] "Das bedeutet, daß auch ein sowohl bewußtloser, wie ein gerade nichts bestimmtes Psychisches erfahrender Organismus sich als Subjekt zu einer Umwelt verhalte, und dies ist wiederum eine physikalisch oder physiologisch nicht darstellbare Beziehung eigener Art. In der Krise nun ist das Subjekt nicht nur ein Ausdruck für dieses Nichts, es ist vielmehr der Inbegriff der bedrohten (--) Einheit des Organismus. Man kann sagen: Wir merken das Subjekt erst richtig, wenn es in der Krise zu verschwinden droht." (Weizsäcker 1973: 254)

[81] "...die körperlichen Vorgänge (sind) nicht wie ein Schatten, welcher die psychischen Vorstellungen abbildet, sondern das Körperliche ist auch ein solider Kahn, auf dem die Psyche ihre Fahrt in eine wirkliche Welt unternimmt." (Weizsäcker 1977: 163)

[82] "Die Folge der Gestalten ordnet sich zuletzt also doch, aber nicht in der Ordnung eines zeitlichen Nacheinanders, sondern in der Folge der Taten und Erkenntnisse, der Lebensstufen und Geschlechterfolgen als Wiederkunft. (----) Die Gestalten folgen einander; aber die Gestalt aller Gestalten ist nicht ihre Konsequenz, sondern ihre Selbstbegegnung in ewiger Heimkehr zum Ursprung." (Weizsäcker 1973: 277)

Das Unbewußte markiert die Gegenwart dieser möglichen Einheit, die Gegenwart des psychischen Somas. Es hat seine Wirklichkeit im Nicht-Verstehen des eigenen Körpers, in der strukturellen Unbestimmtheit der Organsprache. Das macht die Täuschung im Verstehen der Organe unaufhebbar. Da sie aber auch nicht zwingend ist, hat die Ganzheitsmedizin ihr Recht: im möglichen metaphysischen Zugang des Individuums zu seinen Organen liegt auch die Wahrheit einer Heilung; daß diese selbst nur funktionellen Status hat, braucht diese Ganzheitsmedizin nicht weiter zu stören. Sie kann nämlich immerhin noch einem Irrtum unterliegen, während die positive Medizin keinem Irrtum unterliegen kann, weil sie nichts begreift. Die strukturelle Unbestimmtheit der Organsprache verweist auf das einzige mögliche Subjekt dieser Sprache: auf das Unbewußte. Das bedeutet hier vorerst nur, daß das psychische Subjekt einerseits dieser Sprache nicht mächtig sein kann, da es einer möglichen Täuschung prinzipiell unterliegt, ebensowenig wie der Körper, der seine eigenen Aussagen weder begründen noch erklären kann. Das Subjekt dieser Sprache bleibt negativ, da diese Sprache nur als Übersetzung erscheint.

Wir haben uns in den letzten drei Exkursen mit der Konstitution des Ich als Selbstverständnis befaßt. Darin wurden die 'nicht-metaphysischen Erfahrungen' mit sich selbst thematisiert. Solche Erfahrung tritt als Leiden auf: das Ich kann an seiner neurotischen, an seiner neuronalen Verfassung sowie an den Äußerungen seiner Organe leiden. Alle diese Phänomene thematisieren keineswegs zufällig die Gebundenheit an Natur, die in der Selbsterfahrung vorzugsweise am eigenen Körper auftritt, aber auch in der Neurose: daß der Mensch überhaupt leidet, bindet ihn an seine Kreatürlichkeit. Wir haben in diesen Leidensformen die soziale Realität, das Gesetz und das Unbewußte thematisiert. Im folgenden Abschnitt geht es um die Konstitution des Du, um die Anerkennungsproblematik. Anzumerken ist, daß der folgende Abschnitt auch vor dem aktuellen hätte plaziert werden können, setzt doch die Selbstbewußtheit immer schon die Anerkennung des Anderen voraus. Wir haben jedoch diese Reihenfolge gewählt, da wir nicht von der Genealogie der Erfahrung ausgehen, sondern von ihrer Aktualität in einer Versagung. In solcher Aktualität hat dann das Ich Vorrang vor dem Du.

Der Verkehr der Geschlechter

Beruht eine Vergewaltigung auf einem Mißverständnis? Als sozialer Austausch unterliegt der Verkehr der Geschlechter, nach Maßgabe der Hermeneutik, einem Prozeß des Verstehens, und es ist auch wirklich so, daß die Geschlechter meist das lebendige Gespräch suchen, bevor sie den Akt ihrer Vereinigung ins Werk setzen. Mann und Frau verschmelzen ihre Sinnhorizonte, um dann diese Verschmelzung auf physischem Niveau zu reproduzieren. In solchem Modell ist die Geistigkeit der leiblichen Begierde vorausgesetzt, wobei aber dies gerade fragwürdig ist. Die Einigung und die Vereinigung kann nicht problemlos als gleiches thematisiert werden, zumindest nicht von der Hermeneutik, was sie auch gar nicht tut, da sie dieses Terrain scheut.

Schon bei Hegel ist es ein problematischer Umstand, daß der Mensch die Begattung überlebt.[83] Bei niederen Kreaturen ist die Idee einfach: der geschlechtliche Gegensatz wird in der Vereinigung aufgehoben, und das einzelne Geschlecht verschwindet. Beim Menschen bewirkt dieses Überleben nach Hegel eine Selbständigkeit, die ihn aus einer Unmittelbarkeit des Gattungsprozesses heraushebt und ihn vor das Problem des Selbstbewußtseins stellt. Die geschlechtliche Vereinigung samt Überleben derselben markiert mithin den Punkt, an welchem das Individuum sich gegenüber einem Allgemeinen besondert. Das ist dann gleichsam die Begierde der Anerkennung der reinen Individualität, sofern man 'um seiner selbst willen' geliebt werden will, welche Bestimmung eben nichts Allgemeines zuläßt.

Freilich kennt die soziale Realität das Allgemeine in der Geschlechtlichkeit, was als Versprechen, Ehe -mithin als die Sittlichkeit sich geltend macht. Hier wird ein Sinn der Vereinigung gestiftet, und die geschlechtliche Begierde wird dem subsumiert. Letztlich steht dafür der Sozialkontrakt schlechthin, eine Fassung der Realität als soziale. Diese Fassung regelt den Austausch der Individuen untereinander; -will man sich einer etwas kruden biologistischen Sichtweise bedienen, so ist -die Grundfigur dieses Austausches eben der Geschlechtsverkehr: Exemplare einer Gattung treffen sich, um sich fortzupflanzen. Das ging, so etwa Freud,[84] in den Frühstadien der Humangeschichte, nicht ohne Gewalt ab. Später, als das Erinnerungsvermögen sich etabliert hatte, war es wesentlich die Erinnerung der Söhne, daß auch sie einmal Väter sein werden, und diese Erinnerung motivierte sie dazu, eben diesen Sozialkontrakt zu schließen. Die soziale Evolution fällt so mit der Evolution des

---

[83] Vgl. Hegel Bd. X , 1969: 519f
[84] Vgl. Freud Bd. X, 1969

Gedächtnisses zusammen, wobei die Rolle des Gedächtnisses für die Konstitution des Geschlechts nicht unterschätzt werden sollte. Auch Claude Lévi-Strauss hat in seiner 'Strukturellen Anthropologie'[85] den Mechanismus des Sozialkontraktes beschrieben, der von der Regulierung des Verkehrs der Geschlechter sich herleitet.

Foucault[86] hat den Versuch unternommen, die jeweils historischen Formen der Sittlichkeit einem bestimmten Umgang mit der Macht zuzuordnen bzw. die Formen der Sexualität selbst als 'Dispositiv' der Macht auszuweisen. Geschlechtlichkeit ist hier nicht mehr bloß ein konstitutives Moment der sozialen Realität sondern wird vollends zu deren Funktion. Foucaults historische Analysen beginnen quasi beim Bedürfnis nach Selbstdisziplin, Selbstbeherrschung: das Individuum muß, um mächtig in der Allgemeinheit zu sein, erst einmal seiner selbst mächtig werden. Deshalb thematisiert es seine Leidenschaften und Lüste, -seine Geschlechtlichkeit. Diese Selbstbeherrschung entwickelt sich zur Sittlichkeit, zum Leitbild einer Gesellschaft, deren Machtstruktur nicht mehr personalisiert werden kann. Die Sexualisierung der Individuen garantiert ihre Beherrschbarkeit, sei es in der Pädagogik, in den Sozialwissenschaften oder in der Medizin; -sobald die Lüste thematisiert bzw. einer allgemeinen Betrachtung unterworfen werden, wird auch das Individuum der Macht der Allgemeinheit ausgeliefert. Foucaults Thesen, so großartig und umstritten seine historischen Analysen auch sein mögen, verweisen im Grunde nur darauf, daß Geschlechtlichkeit ein Phänomen ist, das sich nur innerhalb einer sozialen Realität und nur in Bezug auf diese thematisieren kann. Die Themenstellung selbst geschieht in einer typischen Konstellation: da ist eine ursprüngliche Gewalt (bei Foucault sind es die Leidenschaften, die unkontrollierten Lüste), die einer Regelung zugunsten einer sozialen Ordnung unterworfen werden müssen. Foucault weist zurecht darauf hin, daß der Mechanismus der Beherrschung eben nicht durch Repression ursprünglicher Lüste funktioniert sondern eher umgekehrt: indem die ursprünglichen Lüste thematisiert werden und damit eine Sexualisierung erst in Gang gesetzt wird, kann sich die Macht durchsetzen und erhalten.

Man muß aber nicht unbedingt die Antike bemühen, um die Geschlechtlichkeit im sozialen Gefüge zu situieren: sämtliche Bestimmungen der Sitt-

---

[85] Vgl. Lévi-Strauss 1972 I: 42ff
[86] Vgl. Foucault 1986

lichkeit funktionieren nach diesem Muster, ob das nun de Sade[87] oder Knigge ist. Die Geschlechtlichkeit scheint nicht als Körperfunktion partikularisierbar zu sein, sondern persistiert mit ihrem Gewaltpotential im sozialen Gefüge. Andere Körperfunktionen sind durchaus allgemein bestimmbar: zwar bleibt das Individuum in seiner Entleerung bei sich, aber da es eine gesellschaftliche Regel gibt, wann und wo sich ein Individuum entleeren kann, ist dieses quasi, in der öffentlichen Toilette aufgehoben. Der Bruch dieser Sitte verbleibt in der Kontingenz.[88] In der Entleerung seiner selbst sucht das Individuum auch keine Anerkennung, -höchstens in jener Phase, die Freud die anale nannte.

Der Sinn der Geschlechtlichkeit hingegen, also ihre kommunikative Allgemeinheit wird des öfteren behauptet, freilich meistens unter massiver Verkennung der Empirie. Die katholische Kirche war und ist da insbesondere mutig: sie behauptet das Allgemeine als Zeugnis (vor Gott) und kommt augenscheinlich in diesem Appell kaum an die soziale Realität heran. Das geht aber nicht nur der katholischen Kirche so: auch bei de Sade bleibt es unklar, warum der Sinn der Geschlechtlichkeit in einer Befreiung der Lust hin zu einer Animalität liegen soll, ist doch deren Begriff lediglich eine humane Errungenschaft. Nach de Sade gibt es in diesem Sinne auch keine Vergewaltigung. Der Verkehr der Geschlechter zeigt sich vorerst spröde gegenüber allgemeinen Bestimmungen, -zumindest dann, wenn diese in der Erfahrungswelt der Individuen eine Wirklichkeit haben sollen. Die Erfahrungen des Individuums im Verkehr der Geschlechter sind nicht beliebig mitteilbar. Für den Gegenstand dieser Nicht-Mitteilbarkeit zwischen den Geschlechtern stand schon früh der Name der Lust.

Die erste Besonderung in diesem Kontext ist die geschlechtliche Bestimmung des Individuums selbst: es tritt jeweils als Frau oder als Mann auf und damit ist ein spezifisches Selbstverständnis gegeben. Das macht der Hermeneutik noch keine Probleme: da ist die Sozialisation, die Tradition, die Erziehung; kurzum alles, was die Geschlechter am freien Austausch hindert. Das ist die Position des älteren Feminismus, wie ihn etwa Simone de Beauvoir vertritt: hier kann noch immer das aufklärende Gespräch das Mißverhältnis der Geschlechter aufheben.[89] Es ist eine Berufung auf die Geschlechtsneu-

---

[87] Bei de Sade geht es um die Realisierung der Vollständigkeit des sexuellen Begehrens: nichts soll sein, was nicht der Begriff unterwirft. Daß dabei allerdings die Individuen ihren Tod riskieren, macht die Sache problematisch. (Vgl. Dieckmann und Pescatore 1981)

[88] Was natürlich auch angezweifelt werden kann. Zu diesem Thema: Bourke, J.G.: 1992

[89] Da soll dann etwa 'die Frau dem Manne als gleichberechtigte Partnerin hilfreich zur Seite stehen', wenn es um die Eroberung der Welt geht. Das setzt voraus, daß Frau und Mann sich im

tralität der Sprache, welche Position vom neueren Feminismus eben nicht geteilt wird. Die Geschlechtsgebundenheit der Sprache zu behaupten hat einiges Recht für sich: zum einen ist die empirisch faßbare Kulturproduktion in männlicher Trägerschaft, und das seit unvordenklichen Zeit, um einen Ausdruck Schellings hier die Ehre zu erweisen.[90] Zum anderen zeigt sich eine gewisse Sprachnot in der Veranstaltung, authentische Weiblichkeit auszudrücken. Das Verstehen wäre so eine Anerkennung der sozialen Realität als eine männliche und damit auch der Akt der Unterwerfung; -die Negation des Verstehens, der Ausdruck des Anderen hat vorerst in der Sprache nur als Deformationen seinen Ort.

Damit sind wir beim Nicht-Verstehen im Verhältnis der Geschlechter: das aufbegehrende Geschlecht, das in der Sprache keine Anerkennung findet (weil es darin nicht ihr Eigenes hat), muß dann den Grenzgang zwischen lauer Propädeutik und artifiziellen Verrücktheiten gehen. Wenn etwa Luce Irigaray den 'verrückten Diskurs' der Frau beschreiben will[91], so kann sie das nur appellativ, was freilich eine Zumutung ist, da darin das Moment der unbestimmten Negativität ist.[92]

Bestimmt wäre diese Negativität dann, wenn am Horizont eine neue, geschlechtsneutrale Sprache sichtbar wäre, die beiden Geschlechtern die Möglichkeit des authentischen Ausdrucks geben würde. In dieser geschlechtsneutralen Sprache liegt auch das Phantasma der vollständigen Vergeistigung des geschlechtlichen Körpers. Mann und Frau könnten in dieser Sprache den Frieden finden, und die Zuordnung des Körpers wäre letztlich zufällig, kontingent. Der Körper als negatives überlebt jedoch in der Spezifität von Lust, - also dem, was sich der Kommunikation entzieht. Männliche und weibliche Lust entziehen sich aber nicht gleichermaßen der Sprache: die männliche Lust als die gesellschaftlich anerkannte findet sehr wohl in der Sprache ihren

---

freien Gespräch, -sind erstmal diese sozialen und ökonomischen Herrschaftsverhältnisse abgeschafft, vollständig einigen können. (Vgl. Beauvoir 1968)

[90] Die Frage, ob es denn einmal ein 'Matriarchat' gegeben hat, ist eben die Frage nach der Unvordenklichkeit, da das Denken selbst männlich strukturiert ist, wie der neuere Feminismus behauptet.

[91] Vgl. Irigaray 1976

[92] "Die Frau spricht niemals gleich. Das, was sie von sich gibt, ist fließend, fluktuierend. Flunkernd. Man kann ihr nicht zuhören, ohne daß dabei die Sinne, der eigentliche Sinn, der Sinn des Eigentlichen schwinden. (---) Selbst wenn sie plappern, in Worten pithiahaft wuchern, die nichts als ihre Aphasie und/oder die mimetische Kehrseite Eures Begehrens bedeutet. Und sie dort zu interpretieren, wo sie nichts als ihre Stummheit zur Schau stellt, läuft darauf hinaus, sie einer Sprache unterzuordnen, die sie immer weiter weg von dem treibt, was sie Euch vielleicht gesagt hätten, Euch längst zugeflüstert haben." (Vgl. Irigaray 1977)

Niederschlag, was bedeutet, daß sie sich innerhalb der Sprache, in deren strukturellem Fundament organisiert. Das wurde auch thematisiert, vorzugsweise in der Linguistik in der Psychoanalyse aber auch in der Ethnologie. Hier wurden etwa die Termini einer 'beschränkten Ökonomie'[93] oder eines 'sich reproduzierenden Mangels' geprägt, um damit wechselseitige Organisation von männlicher Libido-Struktur und Sprache transparent zu machen.[94]

So nimmt Weiblichkeit gegenüber der Sprache den Status bloßer Körperlichkeit an und wird damit zur unbestimmten Negativität. Die Ersetzung des Körpers durch die unbestimmte Negativität weiblicher Lust folgt dem Versuch der patriarchalen Kultur, Lust überhaupt zu vergeistigen. Als nächstes wäre zu fragen, ob solche Art von Negativität als Kontingenz denkbar ist. Das ist gleichzeitig die Frage nach der Anerkennung: kontingente Weiblichkeit wäre entweder das Verwirrte oder das Unterworfene. Nun ist es in der Tat so, daß Weiblichkeit unterworfen worden ist und keine Wirklichkeit hat. Dennoch gibt es den Verkehr der Geschlechter: d.h. das Begehren der Anerkennung als das eine Geschlecht ist durch die Unwirklichkeit des Weiblichen von vorne herein zum Scheitern verurteilt. Die Anerkennung im Sexualakt betrifft dann nicht mehr das Mann-Frau-Verhältnis, sondern Variationen zum Herr-Knecht-Verhältnis. Der Mann findet in solcher Anerkennung seine Männlichkeit nicht; er findet nur die Selbstbestätigung des Prinzips männlicher Herrschaft. Und das Weibliche findet keine Anerkennung, da es nicht weiß, was es ist. Dem steht das substantielle Begehren der Anerkennung im Verkehr der Geschlechter gegenüber.

Das wiederum betrifft beide Geschlechter: die Suche nach der Anerkennung des eigenen Geschlechts hat vielerlei reale Manifestationen. Die körperliche Manifestation ist hierbei das Transzendentale, also Exposition des Problems überhaupt. Der eigentliche Niederschlag der Geschlechtsidentität wäre an der Wurzel des Sozialkontraktes zu suchen: dort, wo die Begierde

---

[93] Dieser Terminus wurde von Bataille eingeführt und meint die Abwesenheit freier Verausgabung (Verschwendung) bzw. das Primat eines geregelten Tauschprinzips. Auf der Sprachebene soll sich das als Primat der Identität und als syntaktische Konstitution von Bedeutungen zeigen. Die Verbindung zur männlichen Libido-Organisation besteht darin, daß die 'beschränkte Ökonomie' einer Verlustangst entspricht, die vom Kastrationskomplex herrührt. (Vgl. Bataille 1974)

[94] Der 'Mangel' ist auf sprachlicher Ebene als Abwesenheit des Signifikanten, der Präsenz der Bedeutungskonstitution gedacht. Kein Begriff kann sich selbst erklären. Das soll wiederum der Struktur des männlichen Begehrens referieren, das immer das andere Geschlecht braucht, um sich selbst zu haben, seiner inne zu werden. Der permanente Mangel (-der Mann ist nie zufrieden, ein ewig Suchender) kann auch als Entelechie der abendländischen Metaphysik gedeutet werden. (Vgl. Cixous 1977)

der Anerkennung auf ihre Besonderung verzichten muß. Damit ist lediglich die Sozialisierung des Geschlechtslebens gemeint; -daß es also die allgemeine Form der Vereinigung gibt. Mehr kann man kaum dazu sagen, denn alle weiteren Konkretionen tendieren zu einer projektiven Ontologie: etwa, daß der Mann im Sozialkontrakt auf alle Frauen seiner Lebenswelt verzichtet oder die Frau darauf verzichtet, in Ruhe gelassen zu werden. Daß es sich hierbei immer um Projektionen handelt liegt daran, daß der Begriff selbst des Geschlechts bereits etwas Abgeleitetes ist; er ist das Resultat des Sozialkontraktes oder dieser sozialen Realität. In diesem Begriff liegt auch die Problematik der Geschichte, -also einer virtuellen Herkunft, wie man etwa sagen kann, daß eine Person vom Geschlecht der Frauen abstammt.

Natürlich sagt man das nicht so, aber darin ist die Möglichkeit einer Differenz zwischen Person und Geschlecht aufgezeigt. Eine Person ist nie unmittelbar geschlechtlich, sondern sie erfährt ihre Geschlechtlichkeit als Allgemeines, -also als das, was die Hälfte der Menschheit auch ist. Das ist dann bereits eine metaphysische Erfahrung, bei der die Besonderung auf der Strecke bleiben muß. Das Geschlecht wird zum Attribut des Individuellen, wo man doch nur um seiner selbst willen geliebt werden will, und nicht, weil man Frau oder Mann ist. Die Identität im Geschlecht kann nur um den Preis der Vernichtung des Individuums geschehen; die Symmetrie im Verzicht bricht allerdings dort, wo sich Männer damit anscheinend besser abfinden können. Das mag nun an der Lösung der Vernunft, die ja eine patriarchalische ist, liegen; die Vernunft ihrerseits hat den Anspruch, alle Realität zu sein, und darin partizipiert der männliche Status, sofern er sich als das Allgemeine setzt.

Der Verkehr der Geschlechter als Kampf der Anerkennung wird so in die Dialektik von Allgemeinem und Besonderem hineingezogen, wobei der Titel des Geschlechts nur eine Ableitung, aber eine höchst evidente ist. Im Prinzip ist es die Auseinandersetzung des Individuellen mit der sozialen Realität: eine Einsicht in die Notwendigkeit des Verzichts auf die Wirklichkeit der Anerkennung könnte durch Vernunft getragen werden, sofern Vernunft außerhalb dieser sozialen Realität stünde. Die Vernunft selbst aber konstituiert sich erst im Sozialkontrakt als dieses Allgemeine, bleibt also ihrerseits von der anerkennenden Kommunikation abhängig. Das heißt wesentlich, daß die Vernunft das anerkennende Begehren und das begehrende Anerkennen nicht substituieren kann. Vielmehr setzt sich das Begehren in den Gestalten seines Scheiterns in der Vernunft fort.

Die substanzielle Negativität im Verkehr der Geschlechter als nicht-metaphysische Erfahrung hat ihr Äquivalent in vielerlei Metaphern wie die Einsamkeit der Liebe oder die absolute Sehnsucht. Meist ist es die Erfahrung des Schmerzes, des Leidens und des Unglücks, und darin liegt auch die Besonderung und die Individualisierung, welcher Prozeß eben nur als negativer auftritt. In diesem Status, der Liebeskummer genannt wird, schwindet auch das Selbstbewußtsein, und damit endet die Bewegung der Individualisierung in einer Leere. Vielleicht, daß darin die einzige authentische Domäne des Dämons Eros[95] aufleuchtet: in der Trauer über das Scheitern individuellen Anspruchs auf Anerkennung am Sozialkontrakt und über die Brüchigkeit des Sozialkontraktes im Liebeskummer.

Die geschlechtliche Vereinigung ist eine bloße Form der Anerkennung und kann als diese Form durchaus verschwinden. Das geschieht in der Tat in unserer modernen Zivilisation im Versuch, die Funktion des Geschlechts überhaupt abzuschaffen indem die Zeugung überflüssig gemacht wird. Allein der Umstand, daß solches versucht wird, zeigt etwas von der Unauflösbarkeit der Problematik der Geschlechter.[96] Aber auch wenn eine solche Entkoppelung der Zeugung vom Geschlecht gelingen sollte, also das 'männliche Vergeistigungsprinzip' sich auch hier durchsetzen sollte, spielt das noch nicht auf jene Ebene hinüber, auf welcher sich die Frage nach der Anerkennung stellt. Die 'reine Begierde der Anerkennung' hat ihre Bestimmung nicht am Geschlecht, sondern ist die Bewegung der sozialen Realität, die das Individuum im 'double-bind' von Besonderung und Allgemeinheit bannt. Die Anerkennungsproblematik reproduziert sich in jeder sozialen Beziehung: die Liebesbeziehung ist der privilegierte Sonderfall, da hier der Wunsch nach Besonderung am reinsten auftritt. Und selbst die Liebesbeziehungen kennen enorme Variationen: von der Mutter-Kind-Beziehung über diverse Formen von Homosexualität bis zu platonischen Verhältnissen: es ist der besondere Andere von dem die Anerkennung als besonderes Eigenes eingefordert wird.

Hätte diese negative Bewegung eine Bestimmung an der Sozialisation, - wäre sie also Resultat einer bestimmten Sozialisation, so wäre sie auch prinzipiell aufhebbar. Dann bedürfte es nur einer bestimmten Bildung, um die Menschen geschlechtsreif zu machen: daß sie sich in ihrem Begehren das geben, was sie voneinander verlangen. Die negative Bewegung in der Begierde nach Anerkennung, so, wie sie in der privilegierten sozialen Bezie-

---

[95] Bei Platon erscheint in der Rede des Sokrates der Eros als Dämon: also als negative Gestalt, die sich der Bestimmung (göttlich/menschlich) entzieht. (Vgl. Platon Bd. II, 1957: 232)
[96] Hierzu die kritische Analyse dieser neuen Technologien von Gena Corea (Vgl. Corea 1985)

hung des Verkehrs der Geschlechter zum Ausdruck kommt, ist aber keine besondere Form der Sozialisation, sondern deren Prinzip. Denn jede Sozialisation hat eine Doppelbewegung: zum einen erzeugt sie das Individuum, zum anderen löst sie das Individuelle in sozialen Bestimmungen, wie etwa das Geschlecht, auf. Die Begierde der Anerkennung ist gegen diese Verallgemeinerung gerichtet: der Mensch will um seiner selbst geliebt werden, und nicht, weil er ein bestimmtes Geschlecht hat. Das 'um seiner selbst' bleibt aber imaginär gegenüber den sozialen Bestimmungen, denn nur innerhalb dieser kann das Individuum seine Anerkennung von einem konkreten Anderen erhalten. Im Begehren reproduziert sich zwangsläufig der Sozialkontrakt, der das Mißlingen des Begehrens als negative Bewegung hervorbringt. So gesehen 'läuft Es' tatsächlich 'nicht zwischen Mann und Frau'.[97]

Da nun der Sozialkontrakt nicht nur diese abstrakte Fassung des Antagonismus im Begehren beinhaltet, sondern auch eine bestimmte Unterwerfung der Frau, gehen die Versuche des radikaleren Feminismus folgerichtig dorthin, gleichsam hinter diesem Sozialkontrakt, der dann der Sündenfall ist, anzusetzen. Solche Unterfangen operieren mit archaischen Topoi: wollen also durch den Mythos hindurch.[98] Der Mythos ist primär die Erzählung vom Ursprung des Sozialkontraktes, vom Übergang von Natur zur Kultur. Der radikalere Feminismus, wenn er durch den Mythos hindurch und hinter ihn will, muß die Frau gleichsam zur Natur machen, die im Sozialkontrakt unterworfen wurde. Weiblichkeit wird dann zu dem, was vor dem Sozialkontrakt war, zumindest vor den bekannten Formen des Sozialkontraktes. Sie ist damit gegenüber der sozialen Welt das unbestimmte Negative schlechthin. Die manifesten und empirischen Frauen sind eine sehr wahrscheinliche Alternative zu solcher Weiblichkeit; -sie sind aber letztlich auch Ausdruck der Bestimmungskraft der sozialen Realität und damit gewissermaßen auch jenseits solcher Negativität 'genuiner Weiblichkeit'.

Wir haben am Anfang dieses Exkurses die Frage gestellt, ob eine Vergewaltigung auf einem Mißverständnis beruhe; nun läßt sich antworten, daß dieses Verbrechen kein Mißverständnis ist, da es an der Gewalt teilhat, die das Verhältnis der Geschlechter zueinander bestimmt. Diese Gewalt ist in der patriarchalischen Gesellschaftsform vergeistigt, -strukturell geworden. Der Rückfall in physische Gewalt ist allemal das Verbrechen, da er den Sozialkontrakt außer Kraft setzt; sie hat aber Verbindung zu jener Gewalt, die die Negativität des Verkehrs der Geschlechter konstituiert. Gleichzeitig zeigt die

---

[97] Was Jacques Lacan immer wieder zu beteuern pflegte.
[98] Dazu Mary Daly (Vgl. Daly 1985)

Realität der Vergewaltigung einerseits die Brüchigkeit dieses Sozialkonktraktes gegenüber den Ansprüchen der Begierde auf, und andererseits das Mißlingen der Begierde am Sozialkontrakt. Die physis als rohe Lust, die sich der Kommunikation verweigert, droht mit ständiger Wiederkehr, und diese Drohung ist substantiell. Das kann wieder mit der Phrase gefaßt werden, daß hier die soziale Realität an sich selber leide, da sie diese Begierde als bestimmt geschlechtliche erzeugt, die sie gleichzeitig scheitern läßt. Diese Bewegung, die Freud zu einem Unbehagen gegenüber der Kultur[99] führte, fassen wir als eine weitere Gestalt substantieller, unbestimmter Negativität. Unbestimmt ist sie, weil in der Begierde die Tendenz liegt, den Sozialkontrakt zu löschen und damit sich der Sozialisation (und damit auch des kommunikativen Austausches) zu entziehen. Warum das Moment des Nicht-Verstehens zwischen den Geschlechtern andererseits nicht kontingent ist, bedarf keiner weiteren Begründung.

Der Wilde und das Kind

Die Zusammenstellung im Titel dieses Exkurses folgt dem gemeinen Vorurteil, daß Kinder sich oft wie Wilde und Wilde sich oft wie Kinder benehmen. Dieses Vorurteil, -und man darf nicht vergessen, daß die Hermeneutik das Vorurteil ja rehabilitieren will, sieht die Gemeinsamkeit von Wilden und Kindern in einer bestimmten Bildungslosigkeit. Wilde und Kinder unterliegen noch ungeformten Sinnhorizonten; -wichtig ist hier das 'noch', das anzeigt, daß es sich im gemeinen Vorurteil nicht um eine Andersartigkeit sondern um eine Vorläufigkeit handelt. Die Bildung hat dann den Auftrag der Anpassung an die menschliche Sinn-Gemeinschaft. Steht aber ein Individuum außerhalb dieser Sinn-Gemeinschaft, so verwildert es, wie eben die sogenannten 'wilden Kinder', womit sich die Zusammenstellung im Titel dieses Exkurses abermals als evident erweist.

Wie ist es also mit den wilden Kindern, -mit den Kaspar Hausers und dergleichen? Zum ersten ist hier ein Versäumnis festzustellen: in bestimmten Entwicklungsphasen war das arme Kind der menschlichen Gemeinschaft entrissen und dadurch entstanden Defizite. Das wilde Kind verhält sich wie ein Debiler oder Imbeziler.[100] Interessanter ist, daß diese Defizite etwas von Irreversibilität an sich haben: meist ist es das Sprechen, das nie vollständig

---

[99] Vgl. Freud Bd. X, 1974 ('Das Unbehagen in der Kultur')
[100] Zum Thema der 'Wilden Kinder': Malson und Itard 1979

nachgelernt werden kann.[101] Mit den Defiziten gehen allerlei Verrücktheiten einher, die diesen wilden Kindern zeitlebens anhaften. Der einmal 'deprivierte' Sinnhorizont scheint gegen nachträgliche Korrekturen resistent zu sein. Diese insistierende Negativität hat man durch die sogenannte 'Prägung'[102] zu erklären versucht; danach gibt es bestimmte, biologisch bedingte Phasen, in denen gewisse Dinge gelernt werden müssen. Die enzephalische Reifung läßt, falls durch äußere Umstände diese Dinge nicht gelernt wurden, ein Nachholen kaum zu.

Damit ist der hermeneutischen Bildung ein Gesetz vorangestellt: erst wenn die Bedingungen, die dieses Gesetz formuliert, erfüllt sind, ist das Individuum zur Bildung und zum kommunikativen Austausch fähig. Das Gesetz muß gleichzeitig das Scheitern der vollständigen Kommunikation mit dem Wilden und dem Kind begründen. Wie schon im Falle der Neuronen aber zeigt sich die Evidenz dieses Gesetzes nur bei Unfällen, Pathologien, unter welche Kategorie sich die wilden Kinder durchaus auch einordnen lassen. Allerdings geht hier das Gesetz auch über die Pathologie hinaus, indem es das zu fassen versucht, was der Hermeneutik vorausgeht. Das Gesetz, das die Wilden und die Kinder unterwirft, kommt gleich aus mehreren Sparten: Im Falle der Kinder aus der Entwicklungsphysiologie, aus der Entwicklungspsycholinguistik, und aus der Entwicklungspsychologie. Im Falle der Wilden aus der Ethnologie und Anthropologie. Wir wollen dies alles unter dem Begriff des 'Entwicklungsgesetzes' zusammenfassen.

Das Entwicklungsgesetz beim Kind spaltet sich gleichsam in ideologische Versionen auf, wobei es Hauptrichtungen gibt: die biologistische, die lerntheoretische und die kognitivistische Variante.[103] Der biologistische Ansatz unterwirft das Problem der Entwicklung einer Entelechie der Reifung und macht die Persistenz von Entwicklungsstadien, also eine fortdauernde Unreife oder eine Regression zur Kontingenz oder Pathologie. Das Gesetz der enzephalischen Reifung braucht die Bildung nur, sofern die Faktoren

---

[101] Hierzu Wendler "Retardierung und Tod" in: Hetzer/Todt 1979

[102] Dieser Begriff wurde von Konrad Lorenz eingeführt und richtet sich gegen das 'Lernen' im lerntheoretischen Sinne. Prägung "...ist erstens irreversibel, während es zum Begriff des Lernens gehört, daß das Erlernte sowohl vergessen als auch umgelernt werden kann. Zweitens ist (dieser Begriff) an scharf umgrenzte (---) Entwicklungszustände des Individuums gebunden." (Lorenz 1967: 218)

[103] Einige Literaturverweise zu den verschiedenen Varianten: Lenneberg, E.H.: 'Biologische Grundlagen der Sprache'; Frankfurt 1967./ Leuninger, H. und Miller, M.H. und Müller, F.: 'Psycholinguistik - Ein Forschungsbericht'; Frankfurt 1972/ Herriot, P.: 'Psychologie der Sprache'; München 1974.

einer solchen 'Bildung' nur als natürliche Umwelt auftreten können. Die Erfahrung der besonderen Entwicklungsstadien werden ausschließlich an ihrem Ziel bestimmt: insofern haben die kindlichen Idiosynkrasien für sich kein Recht. Sie sind vollständig an einem Allgemeinen bestimmt, in welches sie übergehen. Das ist die rohe Fassung des Entwicklungsgesetzes, die das Besondere als das traktiert, was verschwinden muß.

Die lerntheoretische Fassung der Entwicklung beruft sich wiederum auf Steuerung durch Kontingenz[104]: hier ist Voraussetzung, daß die kontingente Umwelt eine allgemeine Ordnung hat, die eine Struktur im Kinde bewirkt, welche wiederum die Anpassung ermöglicht. Die Besonderheiten der Entwicklung entsprechen dann lediglich lokalen Unruhen in der Ordnung der Allgemeinheit. Der entscheidende Unterschied zur biologistischen Variante ist der, daß das Verhalten nicht immanent finalisiert wird, sondern lediglich einer Ordnung von Wahrscheinlichkeiten folgt. Die Abweichung ist daher immer schon in der Definition der Kontingenz eingeplant. Warum aber bestimmte Besonderheiten, die sich nicht als umweltgesteuert ausweisen lassen, sondern als autonome Entwicklungsprozesse erscheinen, regelmäßig auftreten, kann die Lerntheorie nicht erklären, wobei es überhaupt fragwürdig ist, ob es sich bei jener um eine Theorie handelt. Erwähnenswert ist in diesem Kontext, daß in neuerer Zeit ein Zusammenschluß beider Disziplinen sich anbahnt, was dann unter vielfältigen Titeln wie Soziobiologie, Verhaltensbiologie etc. erscheint.[105] Die Innovation, die diese Vereinigung wesentlich hervorbringt ist die Entdeckung einer Wechselwirkung zwischen Kontingenz als Umwelt und genetischem Programm in Bezug auf Entwicklung. Da diese Innovation doch sehr altbekannt vorkommt, und es überdies fragwürdig ist, ob solche Veranstaltungen über den Status einer bloßen Mode hinausgehen, wollen wir uns auch hier nicht weiter damit beschäftigen.

Ein anderer Modus ist es, die Entwicklung als Selbstentfaltung des Geistes zu setzen und damit das Gesetz in den Geist hineinzuverlegen. Solches versuchen die kognitivistischen Entwicklungstheorien und geben dem Kind damit vorläufig das Recht auf ein eigenes 'Weltbild'. Nach Piaget[106], den man wohl als bekanntesten Vertreter solcher Entwicklungstheorien zitieren darf, gibt es wesentlich drei Phasen in der Entwicklung des Kindes: eine 'egozen-

---

[104] 'Contingencies of Reinforcement' nennt Skinner eines seiner Hauptwerke. Man kann Kontingenz im lerntheoretischen Zusammenhang auch mit 'Beliebigkeit' übersetzen: das Gesetz kennt nur beliebige Realisierungen. (Vgl. Skinner 1974)
[105] Zu diesem Thema der Sammelband, herausgegeben von Voland 1992.
[106] Vgl. Piaget 1975

tristische', eine 'konkret-operationale' und eine 'formal-operationale' Phase. (Piaget versucht es manchmal mit vier Phasen und ist in seiner Terminologie auch sonst nicht rigide: allein, das Drei-Phasen-Modell hält sich bei ihm als Grundstruktur durch.) Innerhalb der Phasen und an deren Grenzen gibt es die fast dialektisch anmutende Bewegung von Assimilation und Akkomodation. In der ersten Phase herrscht Assimilation vor: es ist das Tun einer virtuell reinen Unmittelbarkeit oder die Unmittelbarkeit des Tuns. Natürlich scheitert solches Tun an der Allgemeinheit: es ist nicht kommunizierbar. Jene Phase nennt Piaget auch die senso-motorische: ein rücksichtsloses Verhalten eines Subjekts, das sich noch nicht von seiner Umgebung differenziert hat und in der Position imaginierter Allmacht ist.

Das Gesetz ist nun dies: da solche Position kein Gleichgewicht verleiht, und das biologische wie das soziale Leben nach Gleichgewicht strebt, muß die Entwicklung in Richtung auf ein stabiles Gleichgewicht gehen. Das Gesetz vollzieht sich als Anpassungsleistung des Geistes. Der Prozeß, den Piaget beschreibt, mutet dialektisch an: zunächst ist da die zweite, die 'konkret-operationale' Phase, in welcher sich das Kind als konkretes Individuum konstituiert. Die imaginäre Allmacht ist übergegangen in ein konkretes Verhältnis von Ich und Anderem, bzw. Allgemeinen. Piaget denkt diese Phase als Übergang, also als bestimmte Negativität; immerhin währt diese Phase einige Jahre. Die konkret-operationale Phase ist dadurch ausgezeichnet, daß das Kind seinen Standpunkt nicht relativieren kann: es beharrt im Stadium der konkreten Anschauung und der Erfahrung. Dieses Beharren nützt ihm, nach Piaget, nichts, denn es hat kein Gleichgewicht darin. Das Kind erfährt seine Individualität als Negatives und damit setzt der Prozeß der Negation der Negation ein: das Kind erkennt sich in seinem Tun, kann seinen Standpunkt also relativieren und wird erwachsen. Es ist dies der Punkt, an welchem die konkrete Erfahrung sich einer Metaphysik unterordnet, und sich der Allgemeinheit des Sinns fügt. Der nun erwachsene Mensch kann so die Position des hermeneutischen Subjekts einnehmen: er kann in das lebendige Gespräch eintreten und sein eigenes Vorverständnis an dem des Anderen relativieren. Soweit das Piagetsche Modell, das wir nicht ohne Absicht in Anlehnung an die Hegelschen Terminologie beschrieben haben.

Auch hier hat die Hermeneutik diese Voraussetzung: erst indem sich das Gesetz vollzieht, kann Hermeneutik walten. Da der Vollzug dieses Gesetzes durchaus dialektisch sich darstellt, interessiert uns insbesondere die Phase, die die Position der bestimmten Negativität einnimmt, die 'konkret-operationale' Phase. Da tritt nun bei Piaget eine merkwürdige und bedeutende

Verdoppelung ein: in dieser Phase muß das Individuum das Gesetz anerkennen, und in dieser Anerkennung des Gesetzes vollzieht sich gleichsam das Gesetz. Wenn wir nun das Theorem wieder aufnehmen, wonach das Gesetz das Nicht-Verstehen substituiert, so wäre die Verdrängung des Nicht-Verstehens durch das Gesetz die Realisation des Gesetzes. Wie sieht nun dieses Stadium der Negativität genauer aus? Konkrete Operationen persiflieren das Gesetz gewissermaßen indem sie nichts als dessen Konkretion kennen. Das ist das Absehen vom Kontext, wobei solches Absehen immer auch den Perspektivenwechsel impliziert. Die konkreten Operationen verschwinden durch eine De-Zentrierung des handelnden Subjekts, die eigentlich, ebenso wie die 'vollständige Reversibilität', lediglich eine Abstraktion von der konkreten Erfahrung bedeuten. Das ist auch die Bedingung für das Gesetz überhaupt. So gesehen besteht bei Piaget eine bemerkenswerte Konstellation, die sich in Ahnlehnung an eine Heideggersche Figur mit den Worten fassen läßt, daß das Gesetz der Entwicklung die Entwicklung des Gesetzes sei. Das Ende dieser Entwicklung, die selber dem Gesetz unterliegt, ist die Anerkennung der Gesetze. Es handelt sich um eine kognitive Strukturentfaltung, die ein Gleichgewicht mit und in einer strukturierten Welt garantiert; - das Gesetz selbst hat genau diese Funktion: die Erfahrung in ein Allgemeines zu integrieren, damit Welt und Geist ein virtuelles Gleichgewicht finden.

Das Stadium der 'konkreten Operationen' bei Piaget ist als bestimmte Negativität gesetzt, die sich zwangsläufig aufheben muß. Zu zeigen wäre, daß dieses Stadium der Negativität durchaus sich einer Aufhebung entzieht und persistiert. Piaget selbst scheut aus gutem Grunde davor zurück, das Endstadium kognitiver Entwicklungen als absolut zu setzen: immer wieder betont er die empirische Auffälligkeit von Vermischungen und Überschneidungen. Das liegt daran, daß die Erfahrungen des Gesetzes durchaus konkret gemacht werden, -daß 'Hören und Sehen' dem konkreten Individuum eben nie ganz vergehen. Ein berühmtes Beispiel[107] mangelnder Kontextreflexion ist die Fehleinschätzung des Kindes über die Menge der Flüssigkeit in Abhängigkeit von der Form des Gefässes; sagt man nun, dieses Stadium werde vollständig überwunden, so macht man die Beschäftigten der Verpackungsindustrie arbeitslos. Obwohl der erwachsene Mensch ja abschätzen könnte, wieviel Volumen er für sein Geld wirklich bekommt, läßt er sich durch die Form immer wieder täuschen. Hier spielt die konkrete Sinnlichkeit die Metaphysik aus, und damit persistiert die Negativität der konkreten Operation gegenüber

---

[107] Vgl. Piaget 1973 I

der Allgemeinheit. Auch der reversible Zeitbegriff[108] stellt eine Allgemeinheit vor, die sich an der konkreten Erfahrung des Individuums nicht immer einlösen kann. Das Kind, welches glaubt, es werde seinen Vater altersmäßig eines Tages einholen und damit gegen ein fundamentales Gesetz der Mathematik verstößt, vollzieht eine ähnlich konkrete Operation, wie der Erwachsene, der sich in der Erinnerung verschätzt, da ihm das wichtigere Ereignis näher dünkt, obwohl es zeitlich weiter entfernt ist. Auch in der Sphäre der Moral[109] sind die konkreten Operationen das, was diese Welt nicht zum universalen Frieden kommen läßt.

Die Persistenz der konkreten Operation zeigt, daß deren Negativität keine Bestimmungen am Allgemeinen hat: es ist die Fortdauer des Unbestimmten, der Idiosynkrasien, des nicht-reversiblen Konkreten, vielleicht auch der Dauer, wie sie Bergson versteht. Die konkrete Operation läßt sich nicht in ein allgemeines Sinngefüge einbetten: mit kleinen Kindern kann man nicht argumentieren. Wenn sie erst erwachsen sind, werden sie 'verstehen'. Zuvor ist aber dieses Nicht-Verstehen, das durch das Gesetz substituiert wird. Piaget war für uns deswegen interessant, da bei ihm eine doppelte Bewegung zu erkennen ist: das Kind, das gewisse Dinge nicht versteht (genauer: es hat kein Gleichgewicht, weil die Allgemeinheit in der Gestalt der Erwachsenen die Dinge anders sieht) muß das Gesetz anerkennen, um kommunikationsfähig zu sein. Der Erwachsene, der das Kind nicht versteht, unterwirft es dem Gesetz der Entwicklung. Beide Bewegungen verdrängen zwar das Nicht-Verstehen, markieren aber gleichzeitig dessen möglichen Ort.

Damit können wir zu den 'Wilden' übergehen. Es gibt eine schöne Witz-Zeichnung, die einen bestürzten Missionar zeigt. Die von ihm bekehrten Eingeborenen überreichen ihm ein Bild, auf welchem die Opferung Jesu dargestellt ist: der Erlöser wird in einem Wasserkessel gekocht. Dieser Witz hat durchaus eine reale Komponente, denn in der Anpassung der 'Wilden' an eine westliche Kultur entstehen immer solche Vermischungen, Diffusionen. Man könnte solches durchaus auch mit den Piagetschen Termini von Akkomodation und Assimilation beschreiben: das Resultat müßte hier eine Welt-Kultur sein, die vollständig reversibel ist, indem ein universales und relativierendes Selbstverständnis von Kultur überhaupt sich durchsetzt. Man muß sehen, daß es sich hierbei auch um ein zentrales Problem der älteren Hermeneutik handelt: um das der Barbarei. Die neuere Hermeneutik kennt aber nur noch Menschen, und so dürfte es keine gewaltsame Kolonialisierung mehr

---

[108] Vgl. Piaget 1974
[109] Vgl. Piaget 1973 II

geben, sondern nur noch die friedliche Verschmelzung von Sinnhorizonten. Daß die Weltgeschichte bisher anders gelaufen ist, kann man nicht der Hermeneutik anlasten, behauptet sie doch nur die Möglichkeit einer solchen schönen Entwicklung. Allerdings behauptet sie damit ebenso die prinzipielle Möglichkeit universeller Kommunikation, und gerät damit in Widerspruch mit dem Selbstverständnis vieler anderer Kulturen. Die freie, grenzenlose Kommunizierbarkeit ist ein Wertbegriff einer sehr spezifischen Kultur, eine Erfindung der europäisch-humanistischen Aufklärung. Die Forderung nach einem freien Austausch der Kulturen setzt voraus, daß alle Kulturen sich frei austauschen wollen und können, was wiederum vieles andere voraussetzt: Reflexivität, Reversibilität, Toleranz etc.: kurzum das ganze 'set' des Hermeneutikers.

Der Anpassungsdruck, den die Wilden in der Kolonialisierung erlitten, ging aber auch vorderhand vom Gesetz aus: ob das nun ein göttliches oder ein naturwissenschaftliches war. Die Gültigkeit des Gesetzes demonstriert sich durch die Macht der Allgemeinheit, sofern der Kolonist sich für den privilegierten Repräsentanten der Menschheit hält. Wenn der Wilde in Sünde verfiel, wurde er vom Missionar gezüchtigt, und diese Züchtigung war Ausdruck der Macht des Gesetzes. Wenn heute noch der moderne Ackerbau mit Regentänzen konkurrieren sollte, so bekommen die Wilden die Gültigkeit des Gesetzes ebenfalls in Form von Hunger oder sonstigem Elend zu spüren. Nun aber sind die Wilden doch keine Kinder, sofern sie durchaus einen Begriff vom Gesetz hatten, der sie über Jahrtausende nicht aus dem Gleichgewicht brachte. Die Instabilität entstand erst durch den Anspruch des einen Gesetzes und erst diese gewaltsam verursachte Instabilität ließ die Rede von der ausstehenden Entwicklung der unterworfenen Kulturen einigermaßen als plausibel erscheinen.

Diese setzt allerdings schon viel früher als die Kolonialisierung ein: schon die Antike kannte den Gedanken, das Völker reifen. Vico[110] formulierte schon eine Art Entwicklungsgesetz, und auch die marxistische Geschichtsauffassung folgt der Idee der Reifung: hier bestimmt sich die Reife eines Volkes oder einer Kultur nach dem Stand der Entfaltung der Produktivkräfte. Auch Bachelard[111] präsentiert in seiner Epistemologie implizit ein Entwick-

---

[110] Vico versucht den Mythos von der Folge der goldenen, silbernen etc. Zeitalter in eine wissenschaftliche Fassung zu bringen und nähert sich dabei erstaunlich den modernen hermeneutischen Theorien. (Vgl. Burke 1987)
[111] Bachelard definiert den Fortschritt der Erkenntnis durch die Folge von epistemologischen Systemen, die er mit 'naiver Realismus', 'positivistischer Empirismus', 'klassischer Rationalis-

lungsgesetz: am Ende der Entwicklung steht immer die universelle Kommunizierbarkeit. Die ältere Ethnologie und Anthropologie lieferten mit den diversen Entwicklungsgesetzen gleichzeitig den Grund zur Entmündigung der Wilden, und die Wilden wurden de facto entmündigt, zu Kindern gemacht. Ein anderer Modus der europäischen Wissenschaft ist es, die Verschiedenheit der Kulturen, -ihr negatives Verhalten gegeneinander als kontingent zu setzen. Es ist dann eine zufällige Nähe und Ferne zu einem metaphysischen Prinzip, das die Einheit und Integrität der Kulturen sichert. In diesem Kontext wären zu nennen etwa Durkheims 'Sozeität',[112] Eliades 'religiöses Mysterium'[113] oder auch Jungs 'Archetypen'[114]. Dieser Modus jedoch konnte sich gegenüber dem Phantasma der Entwicklung nicht durchsetzen; stärker war allemal das Konzept des 'wilden Denkens' als Vorform der Vernunft.

Das 'wilde Denken' weist starke Ähnlichkeiten mit dem vorhin beschriebenen Stadium der konkreten Operationen auf. Wesentlich fehlt solchem Denken die Selbstreflexion: die einzelnen Akte müssen sich nicht bezüglich einer Allgemeinheit rechtfertigen, was etwa bedeutet, daß logische Widersprüche nicht als solche auftreten. Lévi-Strauss beschreibt das wilde oder wie er es auch nennt: das mythische Denken als 'Wissenschaft vom Konkreten'[115] was wiederum an Piaget erinnert. Die konkrete Operation wird von Lévi-Strauss auch anhand des Unterschieds zwischen Ingenieur und Bastler aufgezeigt: letzterer führt in diesem Sinne lediglich konkrete Operationen durch, da er nicht aufs Ganze reflektiert, während der Ingenieur plant, entwirft, -sich also im Stadium der Reversibilität befindet. Dementsprechend versucht Lévi-Strauss erst gar nicht, die Mythen der Wilden zu verstehen, sondern bloß ihre Struktur zu eruieren.[116] Die konkreten Operationen heben sich eben nicht an einer Allgemeinheit auf, da sie ihre Bestimmungen nur an der konkreten Erfahrung haben. Daß konkrete Erfahrungen durchaus auch in der Lage sind, ein Leben zu organisieren, mag die Utopie einer a-hermeneutischen Gesell-

---

mus', 'vollständiger Rationalismus' und 'diskursiver Rationalismus' bezeichnet. Auch bei Bachelard ergeben sich Parallelen zu Piaget. (Vgl. Bachelard 1978)

[112] Vgl. Durkheim 1978

[113] Vgl. Eliade 1955

[114] Die Archetypen Jungs sind eigentlich ein hermeneutisches Konstrukt: es gibt da Universalien, die universelles Verstehen garantieren. (Vgl. Jung 1966ff)

[115] "Das mythische Denken errichtet strukturierte Gesamtheiten mittels einer strukturierten Gesamtheit, nämlich der Sprache, aber es bemächtigt sich nicht der Struktur der Sprache" (Lévi-Strauss 1973: 35)

[116] Vgl. Lévi-Strauss 1976 - insbesondere die 'Ouverture' im ersten Band.

schaft entstehen lassen, in welcher die Individuen sich nicht über den Sinn eines Mythos einigen müssen, sondern ihn in ihre konkrete Erfahrung verwandeln. Faktisch ist aber die Ohnmacht dieses wilden Denkens vor dem Gesetz, vor der Behauptung des Allgemeinen.

Das Gesetz der Entwicklung, bezogen auf die Kulturen, hat sich wohl realisiert in der Gewalt der Kolonialisierung. Denn das Gesetz ist jene Form von Gewalt, die in der Unterwerfung des Besonderen unter ein Allgemeines besteht. Die subtile Verbindung von wissenschaftlichem Wahrheitsanspruch, religiöser Mission und militärischer Gewalt, die die Kolonisierungsprozesse auszeichnet, kann hier nicht näher erörtert werden: alle diese Momente sind aber Realisationsweisen des Gesetzes. Die Frage, die uns vorrangig interessiert ist, ob diese Unterwerfung vollständig gelingt, ob die Negativität des wilden Denkens aufgehoben werden kann. Nachdem die militärischen Anstrengungen, den Wilden Vernunft beizubringen, nicht sonderlich glücklich verlaufen sind, käme es nun darauf an, die hermeneutische Integration des wilden Denkens zu leisten. Diese Integration entspricht der Unterwerfung, denn es setzt voraus, daß sich das wilde Denken verständlich macht und seinerseits das 'vernünftige' Denken versteht. Denn freie Menschen können, nach Maßgabe der Hermeneutik nicht in einer Einseitigkeit kommunizieren: das meint die Reversibilität der Verstehensleistung. Dieser Anspruch der Allgemeinverständlichkeit, oder bloß der Übersetzbarkeit in ein Allgemeinverständliches nimmt dem 'wilden Denken' das Wesentliche, nämlich seinen 'konkret-operationalen' Charakter. Nun argumentiert die Hermeneutik, daß in diesem Denken selbst das Moment der Gewalt angesiedelt ist, sofern es rücksichtslos agiert, verantwortungslos sich darstellt. Die Gewalt, die vom wilden Denken ausgeht, ist die Macht rücksichtslose Bestimmung als fehlende Selbstreflexion. Darauf reagiert das Gesetz der Entwicklung, das die hermeneutische Anstrengung aussetzt.

Nach der Unterwerfung, sofern sie geglückt wäre, könnte die Hermeneutik zurückkehren: Gewalt war dann eben nur vorübergehend, nötig, so, wie man eben auch einem Kind seine Grenzen aufzeigen muß. Nun ist aber diese Unterwerfung nicht geglückt: das wilde oder mythische Denken persistiert. Das hat in der aktuellen Welt vielfältigen Ausdruck, etwa in den Idiosynkrasien der dritten Welt;-wie denn auch zahlreiche Länder dieser Weltensphäre einfach nicht zur europäischen Vernunft kommen wollen. Am deutlichsten wird die Konstellation der persistierenden Negativität vielleicht am Phänomen des islamischen Fundamentalismus. Da wird konkret gehandelt, durchaus ohne Selbstreflexion auf ein Allgemeines. Die hermeneutisch gebildete

Welt ist entsetzt und beruft sich auf das Gesetz, das dann einer virtuellen Menschenwürde entspricht. Aber das Gesetz ist darum nicht kommunizierbar, weil es an die Konkretionen des islamischen Fundamentalismus nicht heranreicht. Und sofort taucht in diversen Erklärungsversuchen das Konzept eines Entwicklungsgesetzes auf: daß es sich eben beim Islam um eine jüngere, noch primitivere Religion etc. handeln würde. Die Entwicklung zur hermeneutischen Reife müßte dort eben noch stattfinden.

Die moderne Ethnologie nimmt von solchen Konzepten hierarchischer Reifung Abstand und setzt eher auf die Gleichberechtigung der Kulturen. Das aber ist auch nicht so einfach, denn solche Gleichberechtigung ist abstrakt. Die Möglichkeit der Kommunikation des Fremden wird von der europäischen Kultur unterlaufen, denn sie will ja das Fremde begreifen, in eine universelle Vernunft integrieren, was allein schon durch die Tatsache belegt ist, daß der Ethnologe eine europäische Erfindung ist. Die meisten anderen Kulturen haben mit dem Verstehen des Fremden wenig im Sinn. Schließlich bleibt einer Ethnologie, die diese Konstellation reflektiert,[117] nur das mühselige Geschäft übrig, die Kunst des Nicht-Verstehens zu erlernen, um überhaupt noch einen Zugang zum 'wilden Denken' zu haben.[118]

Das Gesetz der Entwicklung substituiert das, was der Hermeneutik vorausgeht, und dessen sie nicht mächtig ist: die Bildung eines Menschen oder eines Volkes zur humanistischen Bildungsfähigkeit bzw. zu einer bestimmten kommunikativen Kompetenz. Dabei wird das Besondere, das eben nicht verstanden wird, gleichsam unterworfen. Im Falle des Kindes waren es die konkreten Operationen, im Falle der Wilden das mythische oder 'wilde' Denken. Indem aber das Gesetz die entsprechende Besonderheit nicht zum Verschwinden bringt, zeigt sich darin eine unbestimmte, nicht-kontingente Negativität. Markierte im Falle der Neuronen das Gesetz einen Bruch im Selbstverständnis, so markiert das Gesetz der Entwicklung einen Bruch im Fremdverstehen. Solange die konkreten Phänomene im Gesetz unterworfen oder in der Hermeneutik verdrängt werden, bleibt das Moment der Gewalt:

---

[117] "Die Menschheit wird als ein einheitliches, mit sich selbst identisches Wesen gesehen, nur daß sich diese Einheitlichkeit und Identität nicht anders als schrittweise verwirklichen kann und daß die Verschiedenheit der Kulturen lediglich die Momente eines Prozesses illustriert, der eine dahinterliegende Realität verbirgt oder deren Manifestation verzögert.(---) In Wirklichkeit gibt es gar keine kindlichen Völker; alle sind erwachsen, auch diejenigen, die keine Chronik ihrer Kindheit und Jugend verfaßt haben." (Lévi-Strauss 1972 II: 21 und 29)

[118] Einen Überblick über solche a-hermeneutischen Positionen in der Ethnologie bietet der Sammelband: 'Die Wissenschaft und das Irrationale' (Duerr 1985) insbesondere die Beiträge zur Ethnologie und Anthropologie.

sowohl in der Pädagogik als auch in der Ethnologie. Wichtig ist es auch hier festzuhalten, daß diese Gewalt eine Antwort auf das Problem der Anerkennung ist: wie im Falle des Verkehrs der Geschlechter die Anerkennung durch die soziale Realität sich nicht mehr nach Hegelschem Muster regelt, so wird auch beim Wilden und beim Kind die Anerkennung durch die Formulierung der entsprechenden Gesetze ausgesetzt. Diese Nicht-Anerkennung folgt aber auch dem Interesse an einer lebbaren Wirklichkeit, an einer Wirklichkeit des 'Du' als 'alter ego', als Mitmensch, mit dem man sich einigen kann, indem gegenseitiges Verstehen vorherrscht. Wo aber das Verstehen auf substantielle Negativität stößt, reduziert sich dieses Interesse auf die Wirklichkeit des Gesetzes.

Psychotische Kommunikation

Ein gängiges Unterscheidungskriterium von Neurose und Psychose ist das Vorhandensein bzw. Fehlen von Krankheitseinsicht -also Selbstverständnis, Selbstreflexion. Damit steht der Psychotiker außerhalb der vernünftigen Kommunikation, da zu dieser eine fixierbare Identität der Sprecher gehört. So wird die Psychose auch zum Faszinosum für diverse kritische Geister, zeigen sich an ihr doch überdeutlich die Restriktionen der Vernunft und damit auch die latente Gewalt abendländischer Kultur.[119]Man entlarvt dann weiterhin die Schutz-und Herrschaftsmechanismen, die den vernünftigen Diskurs nur mit dem Mittel der Ausschließung aufrecht erhalten können. Das drängt den Psychotiker vorerst in die Rolle bestimmter Negativität: eine Geistesverfassung sprengt die repressiven Diskurs-Regeln, wird rebellisch und geht auf die Barrikaden: d.h. sie zeigt sich an der Front des Verhaltens, indem sie eben verrückt ist. Die moderne Anti-Psychiatrie, die ein neues Verständnis des Irrsinns, also eine forcierte Verstehensleistung erbringen will, ist durchaus hermeneutisch situiert. Der Wahnsinn wird als bestimmter Sinnhorizont gesetzt, der sich zu einem bestimmten Stand des Diskurses negativ verhält: eine Änderung des Diskurses könnte dann die Psychose integrieren.

Das hat nun freilich sehr viel mit Projektion zu tun, denn im Durchschnitt sind die 'Irren' arme Gestalten, die weit davon entfernt sind, irgendwelche repressiven Diskurse außer Kraft setzen zu wollen, da sie eigentlich nichts wollen, bzw. ihr Wollen nicht einer Intention folgt. Die Intention wäre ja

---

[119] Vgl. Szasz 1978

gerade die Bestimmung, die einer Verallgemeinerung zugänglich ist. Daß Psychotiker nichts wollen,- dafür steht auch die etymologische Wurzel des Begriffs 'Wahnsinn': dieser leitet sich von 'van Sinn' ab: also 'ohne Sinn'. Diese Sinnlosigkeit der Psychose legt zunächst nahe, sie als Kontingenz zu betrachten, als eine tolerierbaren Unschärfe am Rande des hermeneutischen Universums. Das aber ist nur eine Scheinlösung, denn die Psychose nimmt, im Moment ihres Erscheinens, Bezug auf die Vernunft oder richtiger: die Vernunft nimmt Bezug auf die Psychose, da alleine schon die Existenz des Wahnsinns, wie Descartes uns lehrte, die Vernunft radikal in Frage stellt. Es ist aber nicht nur ein Problem der Vernunft sondern zentraler, eines der Anerkennung, sofern die Psychose immer nur die Psychose des Anderen ist. Wahnsinn ist immer schon ein manifestes hermeneutisches Problem, da in ihm, um einen Ausdruck von Gadamer wieder aufzunehmen das Phänomen des 'dunklen Du' sich präsentiert.

Folgt man Foucault so ist das Verstehensbedürfnis gegenüber dem Wahnsinn jüngeren Datums; es erscheint quasi mit der humanistischen Aufklärung (also auch mit jener Geisteshaltung, auf die die Hermeneutik zurückgreift). Foucault unterscheidet vier verschiedene Reaktionstypen, als Bewußtseinsformen, mit welchen man den Wahn begegnen kann. Da ist zum einen das 'kritische' Bewußtsein,[120] das einer bestimmten Auseinandersetzung der Vernunft mit ihrem Anderen entspricht, -eine bestimmte Negation, die Foucault als Denunziation kennzeichnet. Auf diesem Niveau bewegt sich auch die moderne Anti-Psychiatrie, freilich mit inverser Wertsetzung, sofern sie eine Denunziation der Denunziation betreibt. Ein zweiter Reaktionstypus ist das 'praktische' Bewußtsein[121]: hier wird der Wahnsinn in Ruhe gelassen, dafür aber Normen gesetzt. Man beruft sich auf die soziale Notwendigkeit der Ausgrenzung, da die Psychose sich offensichtlich nicht in bestimmte soziale Regeln fügt. Zwei weitere Formen, mit dem Wahn umzugehen, sieht Foucault im enunziativen und im analytischen Bewußtsein.[122] Beide Formen sind wissenschaftliche Versuche der Bewältigung, wobei die 'enunziative' Form einem nosologischen Bedürfnis Rechnung trägt, während die analytische Form ein objektives Wissen anstrebt. Auch bei letzterer geht es nach Foucault um eine Unterwerfung durch das Wissen.[123]

---

[120] Vgl. Foucault 1973: 158
[121] Vgl. Foucault 1973: 159
[122] Vgl. Foucault 1973: 160f
[123] Foucaults 'Wahnsinn und Gesellschaft' ist weniger eine Geschichte des Wahns denn eine der Vernunft. Derridas Anmerkung zu Foucault entspricht auch unserer Einschätzung: " Aber alles läuft so ab, als wisse Foucault, was -Wahnsinn- bedeute. Alles verläuft so, als wenn permanent

Die Art und Weise Foucaults, sich dem Phänomen der Psychose zu nähern, hat zwei interessante Aspekte. Zum einen ist darin der Tatsache Rechnung getragen, daß der Wahnsinn immer nur der Wahnsinn des Anderen ist, - also Zuerkennung als Substitut für Anerkennung. Daher erscheint der Wahnsinn in gewisser Hinsicht primär in den Reaktionstypen auf ihn. Zum anderen wird die Psychose in einem solchen Zugang selbst unbestimmt: sie ist Grenzmarkierung einer symbolischen Realität und hat an sich keine manifeste Wirklichkeit. Ihre Wirklichkeit und ihre Bestimmung erhält die Psychose nur im scheiternden Prozeß der Anerkennung.

Die Negativität des Irrsinns, das zurückweisende Moment in der Psychose besteht in erster Linie im Fehlen einer Selbstreflexion bzw. in der Abwesenheit eines Subjekts möglicher Selbstreflexion. Das ist umso erstaunlicher, da fast jeder Psychotiker einmal diese -Gabe der Selbstreflexion, der relativierenden Mitteilungsfähigkeit besaß. Diese kommunikative Kompetenz geht in der individuellen Genese der Psychose anscheinend verloren: das ist umso erstaunlicher, als die anderen Gedächtnisfunktionen, auch intellektuelle Fähigkeiten oft intakt bleiben.[124] Der Neurotiker hingegen kann auf seine Geschichte reflektieren; -er kann sie nur nicht in der sozialen Realität auflösen. Der Psychotiker leidet primär nicht, was einer Ignoranz gegenüber der sozialen Realität entspricht. Es gibt auch Versuche, die Psychose dem Gesetz zu unterstellen, also bio-chemisch prozessierende Dispositionen zu vermuten. Aber mit solchen Vermutungen kommt man nur bis zur äußersten Abstraktion, nämlich einer bloßen Klassifikation. Die Wirklichkeit der Psychose ist die der konkret scheiternden Kommunikation, sofern der Psychotiker in die Kommunikation als Individuum eintritt. Das Allgemeine der Psychose hat keine Wirklichkeit außer eben in ganz abstrakten Bestimmungen.

Der Psychotiker leidet in der Hauptsache an der Zuerkennung einer Diagnose, der eine Internierung oder Hospitalisierung folgt. Die Diagnose selbst folgt einem Mißverständnis bzw. der Verständnislosigkeit des Arztes oder anderer Personen. Im Gespräch erkennt der Psychiater etwa, daß sein Sinn-Horizont, der für eine integere Allgemeinheit steht, sich nicht mit dem des

---

und unterschwellig ein sicheres und strenges Vorverständnis des Begriffs Wahnsinn, wenigstens in seiner nominalen Definition, möglich und gesichert wäre. Tatsächlich könnte man zeigen, daß in der Absicht Foucaults, wenn nicht im historischen Denken, das er untersucht, der Begriff des Wahnsinns alles deckt, was man unter dem Titel der Negativität unterbringen kann." (Derrida 'Cogito und die Geschichte des Wahnsinns' in: Derrida 1976: 69)

[124] Es ist fraglich, ob es so etwas wie eine 'frühkindliche Psychose' überhaupt gibt; meist tritt sie erst im Erwachsenenalter auf. Lediglich im 'Autismus' kann man ein Psychosen-Äquivalent sehen, aber selbst bei dieser Krankheit läßt sich eine Genese ausmachen.

Psychotikers verschmelzen läßt. Falls es ein humanistisch-aufgeklärter Psychiater ist, wird er den Anderen nicht vorschnell denunzieren; ihn aber irritiert der Umstand, daß sein Gegenüber sich gar nicht erst die Mühe macht, sich verständlich zu machen. Er vermißt also das Subjekt des Individuums, - also jene Instanz, die die Kommunikation führt. Die Psychose ist dermaßen ohne Interesse, ohne Intention. Was Basaglia[125] dereinst in Triest widerfahren ist, könnte eine Parabel hierfür sein: da wurde versucht, die Befreiung der Irren ins Werk zu setzen in der Hoffnung, daß bei geeigneter Aufklärung und gutem Willen, eine Koexistenz zwischen Psychose und sozialer Realität sich etablieren könne. Man kann nicht sagen, daß dieser Versuch gescheitert wäre, zumal solche Pioniertaten erfahrungsgemäß erst in einer zweiten oder dritten Welle landen;[126] es gab aber die unmittelbare Schwierigkeit, die in der Interessenslosigkeit der Psychose bestand. Es war eben nicht so, daß die guten Bürger sich durch das Dunkle der Psychose bedroht gefühlt hätten (- dafür reichte die Aufklärung hin), -es war das Desinteresse der Irren an diesem Projekt. Die Vernunft und die Psychose, die Irren und die Bürger konnten nichts miteinander anfangen; es gab Leerlauf, ein Nichts der Auseinandersetzung.

Da in der Psychose vorerst das Subjekt des Individuums zu fehlen scheint, liegt es nahe, dieses Fehlen in einer Rekonstruktion der Genesis zu erfassen. Wir wollen hierbei jene Rekonstruktionen, die das Glück haben, auf 'exogene' Ursachen[127] zurückgreifen zu können, außer Acht lassen, da dies in den Bereich des 'psychischen Somas' fällt, der schon abgehandelt wurde. Uns geht es mehr um das Vorhandensein einer bestimmten Disposition, die dann den Ort des Subjekts des Individuums einnehmen könnte. Freud etwa, von dem sich nicht sagen läßt, er hätte eine Theorie der Psychose entwickelt, macht das paranoide Syndrom an verdrängter Homosexualität fest.[128] Das hört sich harmloser an, als es ist: dahinter steht versagte Anerkennung einer geschlechtlichen Identität und damit auch die Versagung einer Identität im geschlechtlichen Tun. Das ist letztlich die Versagung der Anerkennung durch den Anderen, die sich dann in der Diagnose des Arztes als Zuerkennung der

---

[125] Vgl. Basaglia 1971

[126] Basaglias 'Experiment' hatte nicht nur Vorbildcharakter bezüglich einer neuen Humanität; auch die Krankenkassen bemerkten, daß die Verlagerung auf ambulante psycho-soziale Versorgung der Bevölkerung eine enorme Kostendämpfung bewirkt. (Vgl. Pörksen 1974)

[127] Das sind meist physisch-traumatische Einwirkungen aber auch seelische Erschütterungen, wie sie im Zuge von Katastrophen auftreten können.

[128] Vgl. Freud, S.:'Psychoanalytische Bemerkungen über einen autobiographisch beschriebenen Fall von Paranoia'; in Freud Bd.VII , 1969: 133ff

Psychose bloß wiederholt. Diese Anerkennungsproblematik spielt in den meisten Psychosen-Theorien eine zentrale (wenn meist auch verkannte) Rolle. So bei Melanie Klein,[129] die die psychotische Disposition am Ursprung der Anerkennung festmacht: nämlich an der Lösung des symbiotischen Mutter-Kind-Verhältnisses. Wird dieser Prozeß wechselseitiger Anerkennung gestört, so verlängert sich dies in eine narzißtische Störung: das Individuum deliriert im Selbst, und dieses Delirium entfaltet sich, bei geeignetem Auslöser, eben in der Psychose.

Eine neuere Theorie basiert auf der frühen Störung der Kommunikation:[130] antinomische Botschaften verwirren das Kind derart, daß es sich nicht verhalten kann. Hier wird also der Träger der Anerkennung, die Sprache selbst ihrer Funktion beraubt, bzw. das Medium der Anerkennung verweigert sich. Auch Lacans Überlegungen, die 'jeder Theorie der Psychose vorausgehen sollten',[131] führen in diese Richtung. Zwar verzichtet er auf eine Psychogenese und begnügt sich mit einer strukturellen Definition; diese aber verweist auch auf eine Dysfunktion in der Anerkennung. Bei Lacan ist es der 'Name des Vaters' der da fehlt, wobei der Name des Vaters für den Signifikanten steht, -also Prinzip der Ursache schlechthin ist und damit eine symbolische Vermittlung der Realität garantiert. Fehlt diese Ursache, so bleibt das Individuelle unvermittelt zurück: es ist dann Ursache in sich selbst, was eben der Abwesenheit von Anerkennung entspricht.

Die Psychose verschließt sich, und das macht auch ihren negativen Status aus. Dieses Beisichsein[132] der Psychose ist substantielle Negativität, aber als Erfahrung ist sie die Erfahrung des Anderen. Solches Beisichsein als Verharren in Negativität beschreibt auch Freud in seinem Versuch, der Melancholie, dem depressiven Irre-Sein auf die Spur zu kommen: hier ist es die Libido, die

---

[129] Vgl. Klein 1972: 45ff und 217ff

[130] Vgl. Batson 1972

[131] Vgl. Lacan, J.: 'Über eine Frage, die jeder möglichen Behandlung einer Psychose vorausgeht'; (in: Lacan III, 1978: 61ff) -Der Name des Vaters bedarf der Anerkennung: damit unterstellt man sich dem Gesetz des Signifikanten und kann mehr oder minder glücklich in die Ordnung des Symbolischen eintreten. Die Psychose verwirft den Namen des Vaters: es geht hier dann nicht mehr um Glück und Leiden, sondern um den Begriff der Ordnung, bzw. um die Ordnung des Begriffs überhaupt.

[132] Hegel drückt das so aus: "Das verrückte Subjekt ist daher in dem Negativen seiner selbst bei sich; d.h. in seinem Bewußtsein ist unmittelbar das Negative desselben vorhanden. Das Negative wird vom Verrückten nicht überwunden, das Zwiefache, in welches es zerfällt, nicht zur Einheit gebracht. (---) Dieser Seelenzustand rührt meistenteils davon her, daß der Mensch aus Unzufriedenheit mit der Wirklichkeit sich in seine Subjektivität verschließt." (Hegel Bd.II, 1969: 165 und 174)

sich von der Welt zurückzieht[133] und damit den Prozeß der Anerkennung abkappt und in eine Selbstverzehrung umschlägt. Hier wie dort ist die Verweigerung reflexiver Kommunikation ein Nicht-Erscheinen des Subjekts. Das hat nun wiederum seine Realität in der Kommunikation, die die Negativität der Psychose genau auf der anderen Seite zur Wirklichkeit bringt: die Ärzte etc. sind es ja, denen die Anerkennung durch die Irren versagt bleibt. Sie sind in die Position der Negativität gestellt, da der Psychotiker weder sie versteht, noch sich verständlich macht. Er hat sich seiner reflexiven Subjektivität entledigt, und ist damit innerhalb der Kommunikation nicht mehr bestimmbar. An dieser Stelle nun erscheint das Unbewußte.

Es erscheint primär in der Irritation, die Betty Joseph explizit als Nicht-Verstehen thematisiert.[134] Sie entwickelt die Theorie, wonach der Patient dann nichts versteht, wenn er die depressive Position noch nicht erreicht hat: auch soll er sich aus demselben Grund gegen das Verstanden-Werden wehren. Joseph zeigt hier, wie die Zurechnung funktioniert: ihr eigenes Nicht-Verstehen rechnet sie dem Patienten zu, der seinerseits sein Nicht-Verstehen durch projektive Identifizierung ersetzt.[135] Hier muß angefügt werden, daß, im analytischen Jargon, das Nicht-Erreichen der depressiven Position ein Verharren auf der paranoid-schizoiden bedeutet, und daß dies wiederum die Diagnose auf Psychose rechtfertigt. Was Jospeh macht ist dies: sie stellt ihr Nicht-Verstehen fest und vermutet nun im Anderen ein Subjekt, das nicht verstanden werden will, und dieses Subjekt ist das Unbewußte. Im Prinzip versteht sie nicht, wieso der Patient nichts versteht: also versucht sie es mit einer Kommunikation mit dem Unbewußten des Anderen. Was als konkreter Umgang mit diesem Nicht-Verstehen herauskommt, ist dann allerdings recht mager: man solle sich eben auf die 'Wellenlänge' des Anderen einstellen. Hoch interessant ist hier die Konnation von Verstehen und depressiver Phase[136], welche ja impliziert, daß erst traumatische Erfahrungen die Verstehens-

---

[133] "Bei der Schizophrenie hat sich uns dagegen die Annahme aufgedrängt, daß nach dem Prozeß der Verdrängung die abgezogene Libido kein neues Objekt suche, sondern ins Ich zurücktrete, daß also hier die Objektbesetzung aufgegeben und ein primitiver objektloser Zustand von Narzißmus wiederhergestellt werde." (Freud Bd.III, 1969: 119)

[134] Vgl. Joseph 1986

[135] "Sie scheinen infolge früher Spaltungen und projektiver Mechanismen nicht über den für das Verstehen notwendigen Teil des psychischen Apparates, einen spezifischen Ich-Anteil, verfügen zu können. (---) Sie scheinen jenseits des Verstehens zu sein, weil der Anteil, der auf Verstehen und Fortschritt zielt, abgespalten und in der Übertragung in den Analytiker hineinprojiziert wird. " (Jospeh 1986: 98 f)

[136] "Verstehen als solches, so nehme ich an, gehört zur depressiven Position" (Joseph 1986: 95)

leistungen motivieren. Leider können wir diesen Gedanken hier nicht weiter verfolgen.

Die Suche nach dem Subjekt des Individuums beim Anderen, die dem Bedürfnis nach Aufrechterhaltung von Kommunikation folgt, -diese problematische Konstitution eines 'dunklen Du' führt also zu der Zuerkennung des Unbewußten. Das Unbewußte wird nun zum Subjekt des Individuums. Der Prozeß geht aber weiter, denn bei der Zuerkennung des Unbewußten handelt es sich ja nicht nur um einen partikularen Akt: in dem Moment, wo dem Anderen ein Unbewußtes zuerkannt wird, geschieht die Anerkennung des Unbewußten schlechthin. Das Unbewußte ist das, was sich der Bestimmung verweigert und im Falle der psychotischen Kommunikation ist es das, was trotz Abwesenheit von Bestimmungen, die Konstitution des Anderen dennoch leistet.

Im Falle der Normalität ist das Unbewußte des Anderen unauffällig, und der Neurotiker ist in diesem Kontext durchaus noch in der Lage, seine Neurose relativ unauffällig zu halten, obwohl ihm diese Haltung Mühe macht und sein Leiden bedeutet. Die Zuerkennung des Unbewußten ist freilich nicht alles: die soziale Realität reagiert auf die Zumutung mit diversen Bestimmungen wie eben Internierung, Entmündigung etc. Das Unbehagen an dieser Form von Psychiatrie entspringt der Einsicht, daß es keine zwingende Konsequenz der Zuerkennung eines Unbewußten ist, den Träger desselben zu internieren. Die Lösung des Problems der Psychose innerhalb der sozialen Realität folgt nicht der Logik dieser Zuerkennung sondern eher der des Gesetzes. Dann sind es doch die Neuronen, die falsch funktionieren, und die Internierung wäre eine fast physikalische Folge dieser letztlich physikalischen Fehlfunktion. Das ist ein Anachronismus: einerseits ist die Zuerkennung eines Unbewußten weitläufige Praxis in der Psychiatrie, -andererseits findet diese Zuerkennung an einem Ort statt, der diese Zuerkennung sinnlos macht und nur das Gesetz repräsentiert. Daß andererseits, wie es ein modernes psychiatrisches Lehrbuch ausdrückt,[137] die Psychiatrie ein Ort sei, 'wo der Mensch besonders menschlich sei', verkennt ebenfalls grundsätzlich das Problem, denn so wäre die ganze Geschichte bloß die Aufgabe einer Kontingenzbewältigung.

Die Zuerkennung des Unbewußten ist Ausdruck des Nicht-Verstehens, Ausdruck einer a-hermeneutischen Situation, die durch eine nicht-

---

[137] Vgl. Dörner und Plog 1980. ('Irren ist menschlich') Dieses Buch ist in Mode gekommen, wohl nicht zuletzt deshalb, weil es die hermeneutische Integrität des Irrsinns beteuert und diese damit einer zumutbaren Bestimmung unterwerfen kann.

metaphysische Erfahrung konstituiert wird. Die Irritation, die dem Scheitern der Anerkennung in der psychotischen Kommunikation folgt, steht für solche Erfahrung. So gewordenes Nicht-Verstehen hat keine Bestimmung an vernünftiger Kommunikation, in welcher sich Subjekte normalerweise als solche anerkennen; sie ist nicht einfach das nicht-vernünftige, sondern gegenüber der Vernunft, die den sinnhaften Diskurs erst ermöglicht, völlig unbestimmt. Dieses Nicht-Verstehen ist im Moment der Zuerkennung eines Unbewußten auch nicht kontingent; -es ist ein Problem, das sich ins Zentrum der Vernunft und damit ins Zentrum des Verstehens verlängert. Außerdem behauptet der Psychotiker ja auch den Sinn auf seiner Seite, und innerhalb seines Diskurses läßt sich seine Verfehlung nicht festmachen. Die Abweichung des Psychotikers muß also eine Ursache haben, und darf keine zufällige Variation des vernünftigen Diskurses sein. Die nicht-metaphysische Erfahrung der Psychose ist zuletzt doch noch am eigenen Ich zu machen: nämlich in der Unmöglichkeit, aus eigener Kraft verrückt zu werden. Will man denn verrückt werden, vielleicht um unerträgliches Leid abzuschaffen, kann man eben nur noch auf sein eigenes Unbewußtes hoffen: und der einzige Zugang zu diesem substantiell Negativen wäre der Appell.

In den letzten drei Exkursen wurde die Konstitution des Du thematisiert; wieder ging es darum, das Nicht-Verstehen des Anderen als nicht-metaphysische Erfahrung auszuweisen. Es waren dies der Andere als anderes Geschlecht, welche Erfahrung durch die soziale Realität konstituiert wurde; zweitens die Erfahrung des Anderen als Fremdes, was das Gesetz der Entwicklung zu einer Begegnung mit dem Vorläufigen, Unfertigen transformiert. Schließlich thematisierten wir die Erfahrung des Nicht-Verstehens als Nicht-Anerkennung in der psychotischen Kommunikation, die zur Zuerkennung eines Unbewußten führt. In den nächsten drei Exkursen soll die Konstitution des 'Wir' betrachtet werden, wobei dieses 'Wir' auch für die Sozialgeschichte oder das Schicksal steht.

Staatlichkeit

Jeder Staat hat das Problem der 'Partizipation', also der Anteilnahme des einzelnen am öffentlichen Geschehen. Dieses Problem radikalisiert sich für jenen Staat, der mit dem Anspruch auftritt, demokratisch zu sein. Partizipation ist vorerst das Konzept einer allgemeinen Kommunikation, ein allgegenwärtiges Murmeln der Demokratie. Das aber bedeutet, um in der Sprache der modernen Soziologie zu sprechen, einen hohen Informationsfluß, der auch verwaltet werden muß. Der hermeneutische Aspekt liegt in der 'Erzeugung von Bereitschaft zur Erfüllung zentral gesetzter Ziele oder Normen.'[138] Das setzt eine Verstehensleistung voraus: der aufgeklärte Bürger wäre so der Exeget diverser Verwaltungsvorgänge. Damit hat er aber mitunter Schwierigkeiten, kann er doch als einzelner nicht das Allgemeine überblicken: also empfindet er diese oder jene behördliche Maßnahme als Zumutung. Es kann dann weiterhin der Fall sein, daß eine sogenannte Bürgerinitiative entsteht: eine relative Verallgemeinerung des Einzelwillens gegen die Allgemeinheit des Ganzen, das die Staatlichkeit ja verkörpern will.

Das ist vorerst die Figur der bestimmten Negation: die Möglichkeit eines Gesprächs ist zwar nicht praktisch aber virtuell gegeben. Ein junger Verwaltungsbeamter etwa stellt sich das so vor, daß Hunderten von Leuten, die gegen den Bau einer neuen Straße protestieren, zehntausend ADAC-Mitglieder gegenüberstehen, die es schließlich schaffen, diese aktuelle Minderheit zu überzeugen.[139] Die Verwaltung versucht, dieses Gespräch vorwegzunehmen, indem sie den Interessensausgleich im Planfeststellungsverfahren durchführt. Sie geht sogar in neuerer Zeit noch weiter und veranstaltet 'Hearings', -also doch das lebendige Gespräch. Was nun kann der aufgeklärte Bürger an Verstehensleistungen erbringen? -Vorerst kann er verstehen, wieso er zu früh sterben muß. Es ist in letzter Konsequenz immer die geringere Lebenserwartung, die zum Protest führt; -sei nun durch erhöhte Emissionen toxischer Substanzen, Beeinträchtigungen durch Lärm oder eben ganz allgemein durch Verringerung der Lebensqualität.[140] Diesen seinen frühen Tod wird der Bürger nicht einsehen, -was er aber einsehen kann, ist das Prinzip der Mehrheitsentscheidung, des Opfers.

Das Opfer aber ist nun keine hermeneutische Figur mehr. Es basiert auf einem übergeordnetem Interesse, das dem einzelnen Individuum vorerst fremd ist. Würde es dieses Interesse unmittelbar oder mittelbar einsehen und zu dem seinigen machen können, so wäre es kein Opfer sondern eben Vernunft. Die Opferung an die Mehrheit ist der demokratische Akt oder das Prinzip der Staatlichkeit schlechthin. Dabei muß man bedenken, daß das Prinzip der Mehrheitsentscheidungen gerade von der Unmöglichkeit vollständiger Kommunikation ausgeht, -also von der Unmöglichkeit einer Eini-

---

[138] Vgl. Mayntz 1972
[139] Vgl. Arbeitskreis Öffentlichkeitsbeteiligung 1975: 70ff
[140] Vgl. Huber 1985

gung.[141] Auch diese Einsicht in die Entscheidung der Mehrheit entspricht durchaus noch einer dialektischen Bestimmung: etwa jener Hegelschen Figur, nach welcher der Tod des einzelnen erst das Überleben der Gattung garantieren würde. Es wäre in diesem Sinne ein Akt auch von Moralität: die Neigung wird als Negatives abermals negiert durch die Einsicht in die Notwendigkeit der Pflicht, welche nichts anderes als das Sollen des Allgemeinen vorstellt. Es funktioniert aber, wie die Weltgeschichte zeigt, so nicht. Dieses Nicht-Funktionieren könnte nun entweder als Kontingenz der Sozeität oder als bestimmte Vorläufigkeit der Weltgeschichte ausgegeben werden.

Daß dieses Nicht-Verstehen kontingent sei, ist eo ipso absurd, da das Ganze ebensosehr die Summe seiner Teile ist, -also konkret angewiesen, daß sich die Mehrheit der einzelnen so oder so verhält. Deutlich wird das etwa an dem Versuch, das Bevölkerungswachstum in China unter Kontrolle zu bringen. Das betrifft unmittelbar das Überleben der Gattung, und dementsprechend gab es einen enormen verwaltungstechnischen Aufwand, um die Verstehensleistungen der einzelnen Chinesen inszenieren zu können. Volkskommissare wurden aufs Land geschickt, um das persönliche Gespräch, die hermeneutische Situation zu suchen. Andererseits muteten diese Volkskommissare dem Volk, bzw. den einzelnen Chinesen etwas zu, da es sich um die Befreiung von der Tradition handelte. Die Tradition besteht in der Erfahrung eines korrelativen Zusammenhangs zwischen der eigenen Lebenserwartung und der Anzahl der Kinder. Die Beamten hingegen waren über diese Tradition hinaus gebildet und wußten es besser: sie konnten von lokalen Zusammenhängen abstrahieren und sogar auf ein zukünftiges Ganzes reflektieren. Sie wußten um das Scheitern der traditierten Sinnhorizonte an den Erfordernissen der Realität. Ihre Mission war es letztlich, Leid in Gestalt von Hunger etc. zu vermeiden. Das wären denn auch ideale Voraussetzungen für eine hermeneutische Situation.

Natürlich konnte kein lebendiges Gespräch im Sinne der Hermeneutik stattfinden, vertraten die Volkskommissare ja nicht ihr persönliches Interesse sondern bloß etwas, was sie jenseits ihrer Erfahrung eingesehen haben (oder nicht). Das Gespräch jedenfalls wurde sehr erleichtert und konnte auch effektiver geführt werden, als es die Möglichkeit der Androhung von Sanktionen gab. Die Einsicht in die Notwendigkeit, eines frühen Todes sterben zu müssen, konnte nur durch die Androhung eines noch früheren Todes bewirkt

---

[141] In diesem Kontext ist auch an den Begriff der 'öffentlichen Meinung' zu denken. Nach der hermeneutischen Vorgabe kann im Prinzip eine Meinung nur dem Individuum zugerechnet werden: es wird hier also ein Kollektiv-Subjekt vorgetäuscht. (Vgl. Luhmann 1971)

werden. Dabei, so läßt sich sagen, gibt es kaum etwas Einsichtigeres, als den Zusammenhang zwischen Überbevölkerung, Ernährungsressourcen und Lebenserwartungen. Es ist aber eine Einsicht in Rücksicht auf die Mehrheit, die nicht die konkret erfahrbare Lebenswelt betrifft. Was also verlangt wird, ist die Abstraktion. Der Staat nun ist eine solche Abstraktionsleistung, eine Bestimmung des 'Wir', -also Fassung der Sozeität.

Das besondere Individuum kann sich diesem 'Wir' als Staatlichkeit nicht entziehen: ja, man kann sogar behaupten, daß Staatlichkeit zumindest teilweise in der Struktur der Erfahrung sich sedimentiert hat.[142]Staatlichkeit ist hier als jene Organisationsform von sozialer Realität zu verstehen, die latente Gewaltbeziehungen vollständig einer Anonymität unterwirft. In der Erfahrung erscheint dann diese Organisation nicht mehr als relativ, sondern schlechthin gegeben. Das läßt sich vielleicht am staatlichen Monopol der Verkehrsregelung verdeutlichen: die Verkehrszeichen werden nicht bloß als Zeichen, das auf etwas verweist, -also als Signifikant erfahren, sondern je schon in voller Bedeutung. Das gilt auch für den, der bewußt Verkehrswidrigkeiten begeht. Die nicht-metaphysische Erfahrung wäre demgegenüber nicht die des Chinesen, der an einer Tradition festhält: hier wird bloß die eine metaphysische Erfahrungsstruktur einer anderen gegenüber gestellt. Nichtmetaphysische Erfahrung als Erfahrung der substantiellen Negativität von Staatlichkeit ist möglich in dem Moment, in dem sich Organisations-Strukturen auflösen.[143] Die Zumutung und die Angst, die solche Auflösungen hervorbringen, -auch das Gefühl von Absurdität und der Verlorenheit, wurde in diversen Revolutionsbeschreibungen geschildert. Wie sehr andererseits der Mensch der 'Staatlichkeit' bedarf, zeigt sich an der oft allzu raschen Reorganisation von staatlichen Strukturen in solchen revolutionären Zeiten.

So sehr also das Ich durch die anonyme Organisationsform des 'Wir' als Staatlichkeit geprägt ist, so sehr entzieht sich diese dem Ich, da eben dieses 'Wir' in seinem Willen abstrakt bleiben muß. Die Konstellation ist also diese:

---

[142] Alain Tourain, wie viele andere Soziologen auch, unterschätzt diese Sedimentierung. Betont wird die Labilität der 'sozialen Identität': "Identität wird uns von außen aufgezwungen. Sie sagt mir nicht, wer ich bin und welchen Sinn das hat, was ich tue, sie sagt mir vielmehr, wer ich sein soll und welches Verhalten man von mir erwartet, unter Androhung von Strafe. Identität kann nur die abhängige, heteronome und entfremdete Unterwerfung unter eine Macht sein." (Vgl. Touraine 1976: 177)

[143] Auch im Falle der Verkehrszeichen gibt es solche absurden Erfahrungen: in Calabrien ist es in kleineren Dörfern Sitte, Verkehrszeichen privat zu verwenden. Wenn eine Familie ein Fest feiern will, stellt sie einfach in ihrer Straße ein Fahrverbots-Schild auf. Daß sich keiner daran hält, folgt dem gleichen Prinzip. Der Mittel-Europäer hat aber hier die Spur einer nichtmetaphysischen Erfahrung.

die Abstraktion des Willens eines 'Wir' dem der einzelne zugehört, steht der konkrete Wille eben dieses einzelnen gegenüber. Diese zwei Instanzen können sich nicht aneinander bestimmend aufheben, sondern verharren in der Bewegung der Negativität. Das läßt sich an der Antinomie forcierter Partizipation sehen: je mehr Einfluß das Einzelinteresse auf die Gestaltung der Sozeität, also auf die Abstraktion eines kollektiven Willens haben soll, desto stärker wird der abstrahierende Charakter dieses Willens. Das meint, daß 'bürgernahe' Verwaltungsmaßnahmen immer mit einem enormen Aufwand an Bürokratie einhergehen, sodaß die Bewältigung des Informationsflusses neue Steuerungsinstanzen und damit neue Staatlichkeit als Abstraktion des Einzelwillens hervorbringt. Das konkrete Individuum kann sich in der Abstraktion des Gemeinwesens nur äußern, sofern es sich institutionalisiert und damit selbst aufhört, konkretes Individuum zu sein. Demgegenüber steht die Idee der Selbstverwaltung,[144] also Autonomie solcher Gemeinschaften, in welchen das lebendige Gespräch, der Menge nach, möglich ist. Das ist dann auch der allgemeine Versuch, die Staatlichkeit schlechthin abzuschaffen, welchen Aufwand ebenfalls nur eine Institution als abstrakter Mehrheitswille lösen kann. Das Phantasma der revolutionären Zeit, in welcher das Allgemeine nichts weiter als spontane Entfaltung der konkreten Individuen sei, kommt der Hegelschen Idee des Staates recht nahe. Nur müssen sich bei Hegel die Individuen von vorneherein verstaatlichen, während die anarchistische Idee die Individualisierung gegen jede Form von Staat vorsieht.

Beide Modelle setzen die Staatlichkeit als bedingt oder kontingent, was impliziert, daß es nur subalterne oder vorläufige Interessensgegensätze gibt. Das Prinzip der Staatlichkeit jedoch legitimiert sich genau am Interessensgegensatz und für den sinnhaften Interessensausgleich steht die Legitimität behördlicher Entscheidungen. Diese Legitimität beruft sich meistens auf eine Verfassung; also auf eine Urzeugung von Legitimität. Die Idee der Verfassung ist die der Konfliktregelung oder der Konfliktvermeidung; sofern also die Verfassung permanente Gültigkeit beansprucht, wird sowohl die vorgängige rohe Gewalt als auch die Gewalt festgeschrieben, die der Staat als Monopol gegen diese vorgängige rohe Gewalt setzt. Wichtig aber ist, daß diese Gewalt institutionalisiert ist und sich somit gegen die besonderen Individualitäten richtet. Das ist die Rechtsstaatlichkeit, deren verfaßte Legitimität einer

---

[144] "Selbstverwaltung muß der eigentliche Konterpart zu jeder Institution oder Institutionalisierung bleiben. (---) In diesem Sinne liegt in der Selbstverwaltung ein universeller Charakter: sie gilt für alle Menschen(---) und stimmt so mit der Revolutionsvorstellung der Anarchisten überein." (Haug und Kamann 1981: 78)

faktischen Divergenz der Einzelinteressen entspricht. Das organisiert auch in monopolistischer Weise die Kommunikation, und eine solche Kommunikation setzt die Einzelbeiträge, die Einzelinteressen als kontingent. Der Staat setzt sich als die wahre Substanz oder als dieses Seiende durch, indem er das Besondere immer nur als Kontingenz erkennt und anerkennt.

Die bestimmte Negation des Staates besteht nun in der Möglichkeit des organisierten Widerstandes. Der organisierte Widerstand maßt sich seinerseits Staatlichkeit an. Das kann man schön nachvollziehen am Argument, daß erstmal ein Stein geworfen werden muß, bevor etwas passiert. Das Problem für den Staat ist hierbei weniger die spontane Entfesselung chaotischer Kräfte, sondern die implizite alternative Organisation der Gewalt. Jeder Steinwurf, sofern er einer sozialen Bewegung entspringt, maßt sich Legitimität an; d.h. er konkurriert mit dem staatlichen Gewaltmonopol. Im Normalfall ist dann der Staat natürlich in der Lage, durch Forcierung der Exekutive sein Recht zu behaupten. Das ist ein Manifest der Macht aber nicht eines der Legitimität; diese rekonstruiert sich erst in der Kriminalisierung des organisierten Widerstands. Der Kriminelle ist der absolut einzelne, eine schlechte Kontingenz, die, um hier in der systemtheoretischen Terminologie zu sprechen, reduziert werden muß. Sollte aber der organisierte Widerstand Erfolg haben, so setzt ein gleicher Prozeß ein, der lediglich die Richtung umkehrt: nun wird das 'ancien régime' kriminalisiert.

Die Negativität der Staatlichkeit zeigt sich wesentlich in der Figur des Opfers, das in dem Moment notwendig wird, in welchem das Hegelsche Konzept der 'sozialen Identität' nicht aufgeht: indem also der freie Bürger in seinem Willen keine Identität mit dem staatlichen Willen hat, opfert er seinen konkreten Willen, um die Staatlichkeit zu erhalten. Diese Opferung gleicht dem Bekenntnis zur eigenen Belanglosigkeit vor dem Staat. Da aber kein Individuum in diesem Selbstverständnis leben kann, entsteht die angesprochene Konstellation von Negativität. Daran ändern auch die Grundrechte nichts, die ja auf Ermöglichung und Erhaltung von Individualität abzielen. Das 'Grundrecht' auf Selbstverwirklichung, freie Meinungsäußerung etc. ist unbestimmt; -gerade daß 'jede beliebige Form' akzeptiert wird, freilich in einem bestimmten Rahmen, macht diese Selbstentfaltung oder die Meinungsäußerung gegenüber der erlaubenden Instanz völlig unwesentlich. Die Grundrechte betreffen nur eine Konzeption von Individualität: sind also gegenüber den konkreten Individuen höchst abstrakt. Die Substanz des Staates besteht nun in der konkreten Durchführung des Verhältnisses der Individuen zueinander: die freie Entfaltung wird per Verwaltungsakt ermöglicht. Damit wird die Freiheit des konkreten Individuums an die Staatlichkeit gebunden, die dessen Interesse gleichzeitig als kontingent setzen muß.

Nun liegt die Idee nahe, diese Negativität der Staatlichkeit einfach aus dem Umstand der Masse oder der Unübersichtlichkeit herzuleiten: daß also bei einer bestimmten Anzahl von Menschen das lebendige Gespräch ausgesetzt werden muß zu Gunsten einer Organisation oder einer Institutionalisierung. Die Organisation simuliert dann in gewisser Hinsicht das lebendige Gespräch, indem die besonderen Interessen als Prinzip gewahrt, und damit in ein Allgemeines überführt werden. Sie simuliert aber auch den gewaltsamen Abbruch des Gesprächs, die 'Disruption',[145] sofern sie die absolute Legitimität der Bestimmungen sich anmaßt. Diese Legitimität referiert keinem Massenverhältnis sondern der Verfassung der sozialen Realität, worauf wir später, im Abschnitt über die 'Konstituenten' zurückkommen. In unserem Kontext geht es lediglich um die Verstehbarkeit, -um die Frage, ob die Erfahrung der Staatlichkeit für das Individuum substanziell negativ situiert ist. Kehren wir daher zum Phänomen der Partizipation zurück.

Wenn das Individuum seine Wirklichkeit im Staat erfahren will, so ist das vorhand ein Interesse an der Bestimmung des eigenen Schicksals. Es muß sich also in seinen unmittelbaren Lebensäußerungen je schon durch den Staat bestimmt fühlen, also wissen, daß sein Schicksal der Staat ist, welche Erfahrung aber nur durch eine Abstraktion zustande kommen kann. Das Interesse am Schicksal ist immer das Absehen vom unmittelbaren Wollen und die Einsicht in das eigene Vermittelt-Sein. Das Indiviudum handelt, wenn es partizipiert oder eben politisch handelt, nur in Rücksicht auf eine Einsicht: es hat in diesem Sinne seine Verallgemeinerung schon vorweggenommen. Es kann weiterhin seine Wirklichkeit im Staat nur erfahren, wenn es die Wirklichkeit des Staates als seine Verallgemeinerung akzeptiert: diese Verallgemeinerung besteht aber genau darin, das Besondere bzw. das konkrete Wollen als kontingent zu setzen.

Der Ausweg, den Staat als das schlechthin Andere (eben nicht als seine Verallgemeinerung sondern als eine Verallgemeinerung) zu begreifen, ist die Revolte, die das Individuum erst recht vereinzelt, zur Kontingenz bzw. zum Narren macht. Der Staat ist ja de facto die Möglichkeit des Überlebens des einzelnen; gleichzeitig ist er auch das Maß der Zumutung eines (zu) frühen Todes, -um diese Metapher wieder aufzugreifen. Darin liegt nun die Struktur

---

[145] Der Begriff der Disruption bezeichnet ein Zwischenstadium zwischen Konkurrenz und Gewalt. Es ist der Abbruch des Gespräch und damit die Kündigung der hermeneutischen Situation.

des Nicht-Verstehens, da das Individuum in seiner Verallgemeinerung nicht bei sich ist. Damit wären wir wieder beim Protest gegen den Neubau einer Straße: eine aufgeklärte Verwaltung wird die Trassenführung so lange planerisch verändern, bis die möglichen Zumutungen auf ein Minimum reduziert sind, bis es vielleicht nur noch einen einzigen Menschen gibt, der sein Schicksal beklagt. Das ist der negative Prozeß, in der die Realisierung des Allgemeinen immer auch die Vereinzelung bedeutet. Gegenüber dem Staat ist jeder einzelne im Prinzip so ein 'letzter Mensch'.

Statistik

Was für einen Lotteriespieler schwer zu begreifen ist: tausend Mal hat er schon seinen Tip abgegeben, aber die Wahrscheinlichkeitstheorie sagt ihm, daß beim tausendsten Mal er genau die gleichen Chancen hat, wie beim ersten Mal. Insgesamt erhöht sich zwar die Gewinnchance mit der Häufigkeit der Spiele, -das darf aber nicht dazu führen, daß sich der Lotteriespieler bei irgendeinem Tip besondere Hoffnungen machen darf. Das ist eine Zumutung, denn es ist ein paradoxer Anspruch: die Hoffnung ist objektiv quantifizierbar, im Einzelfall aber muß man sich die Erfahrung der besonderen Hoffnung verbieten. Natürlich kann der einzelne Spieler sich etwa mehrere Lose kaufen oder mehrere Tips abgeben: dann allerdings kann er sich größere Hoffnungen machen. Nur hat er dann keine spezifische Hoffnung mehr: seinen Tip gibt es nicht. Er hat sich nur als Individuum zerstreut, sich selbst zur Masse der Lotteriespieler gemacht. Daß der Glücksspieler beim gleichzeitigen Kauf von verschiedenen Losen seine Identität in diesen verliert, ist nicht von Evidenz, da man ja die Losmenge zu einer Einheit zusammenfassen kann: evident ist aber, daß mit der Quantifizierung von Hoffnung das Prinzip der Fortuna in das Prinzip des Gesetzes übergehen soll.

Andererseits lebt die Idee der Lotterie von der Behauptung des Individuums gegen die Allgemeinheit. Aufgeklärt und vernünftig wäre es allemal, nicht zu spielen: jeder einzelne Spieler hätte dann, betrachtet man die Gewinne der Institutionen, mehr Geld für sich. Der Spieler, der sich mehrere Lose kauft, glaubt nun einerseits an Fortuna, weil er sich eben nicht alle Lose kauft; andererseits traut er Fortuna nicht, weil er sich nach dem Gesetz der

Verteilung von Ereignishäufigkeiten richtet. Letztlich weiß der Spieler, daß es Fortuna nicht gibt; -andererseits tut er so, als ob es sie gäbe. Das ist durchaus der Gestus Kantscher Sittlichkeit.[146]

Fortuna zeigt sich nur den Individuen; die Statistik hingegen versucht Fortuna zu entzaubern, den Glücks- oder Unglücksfall zu erklären. Das funktioniert so: man hat eine Datenmenge bzw. Ereigniskonstellationen und tut nun so, als ob alles zufällig wäre. Das heißt, man erwartet keine besondere Verteilung, keinen besonderen Fall, sondern nur das Allgemeine. Diese Erwartungshaltung ist paradox, denn eigentlich sucht man ja das Gesetz einer besonderen Verteilung, denn wenn das Allgemeine als Zufall zutrifft, so bedürfte es keiner statistischen Analyse. In diesem Vorgehen liegt die Figur der Negation der Negation: man negiert seine Erwartung, spezifiziert also mögliche Gesetze nur nach dem Negativen der eigenen Erfahrung und wartet dann darauf, daß diese Spezifikation ihrerseits negiert wird. Man nennt solches ein 'hypothesengeleitetes Vorgehen'.[147] Das hat seinen tieferen Grund darin, daß man die nachträgliche Projektion eines Gesetzes, also jenes berüchtigte 'post hoc'[148] vermeiden will. Man vermeidet damit die Hoffnung, um nicht in die Fallstricke ihrer zufälligen Bestätigung zu geraten.

Die Abwesenheit von Fortuna ist die Normierung des Zufalls in der Verteilung: diese Normierung kann die Nichtigkeit des Besonderen gegenüber dem Gesetz innerhalb des Gesetzes erklären. Der beste Schätzwert bleibt immer noch das arithmetische Mittel, auch wenn der reale Wert eine extreme Ausprägung aufweist. Statistik ist so die Bestimmung eines Unbestimmten, bzw. die Bestimmung des Besonderen in Abwesenheit eines alternativen Gesetzes. Diese vorläufige Abwesenheit des Gesetzes referiert dem Nicht-Wissen des individuellen Verhaltens, unter der Bedingung, daß die individuellen Elemente eben Verhaltensspielraum haben und daß es sich um eine

---

[146] In 'Die Religion innerhalb der Grenzen der bloßen Vernunft' sinniert Kant darüber, wie man es mit der Ankunft des Reich Gottes halten soll. Er kommt, in Rücksicht auf die sittlich-motivierende Kraft dieses Versprechens dazu, daß man so tun soll, als ob das Reich Gottes schon da wäre, obwohl 'die wirkliche Errichtung desselben noch in unendlicher Weite von uns liegt.' (Vgl. Kant Bd.VIII, 1977: 786ff)

[147] Das betrifft die sogenannte 'Null-Hypothese', von der meistens ausgegangen werden muß, da außer der möglichen Ununterschiedenheit keine Spezifikation angegeben werden kann. Die geschätzte Verteilung ist meist die normale, und von daher kann man auch die Parameter des vorhergesagten Zufalls angeben. Es wird also immer nur die Differenz zum Zufall oder zur normalen Verteilung bestimmt. (Hierzu: Bortz 1979: 140ff)

[148] Man will sich davor schützen, erst im Nachhinein alles besser wissen zu können, denn dann hätte das Telos der Statistik, die Vorhersage, keinen Sinn mehr. (Vgl. Stegmüller Bd. IV/E, 1973: 289ff)

große Menge handelt. Das leitet über zum 'Gesetz der großen Zahlen'[149]. das besagt, daß die mittlere Ausprägung eines Ereignisses mit der Wahrscheinlichkeit dann übereinstimmt, wenn hinreichend viele Ereignisse eintreten. Diesem Gesetz folgt wiederum das Grenzwertaxiom,[150] jener Grundpfeiler der Inferenzstatistik, wonach Mittelwerte von Stichproben bei zunehmendem Stichprobenumfang in eine Normalverteilung übergehen.

Das rohe Gesetz der Wahrscheinlichkeit soll andere Gesetze ermöglichen, -also nachweisbar machen, daß diese anderen Gesetze nicht zufällig eruiert wurden, sondern gegenüber zufälligen Prozessen, in welchen sie erscheinen, stabil sind. Nun aber gibt es innerhalb der Statistik Probleme, denn die Absicherung des Gesetzes gegen den Zufall kann nicht vollständig geleistet werden, da eben das Gesetz als Gesetz funktioniert. Das führt zu falschen Spezifikationen, zu 'Scheinkorrelationen'. Das bedeutet die Möglichkeit des beliebigen Unsinns, den Einbruch roher Mathematik in die Verstehenswelt. Der Unsinn könnte etwa darin bestehen, daß eine Abhängigkeit der Qualität hermeneutischer Akte von der Verdauungstätigkeit westnorwegischer Elche behauptet wird. Statistisch läßt sich die Möglichkeit des Zustandekommens solcher 'Scheinkorrelationen' leicht erklären; es läßt sich sogar die wahrscheinliche Häufigkeit eines solchen Unsinns spezifizieren.[151] Das Problem jedoch liegt woanders; -nämlich bei der nicht möglichen Vermittlung von inhaltlichen und formellen Aspekten innerhalb der Statistik. Es handelt sich sozusagen um einen paradoxen Übergang zwischen hermeneutischer und statistischer Analyse.

Das 'hypothesengeleitete Vorgehen' besagt ja dies, daß man nur solche Gesetze spezifizieren soll, die einen Sinn machen, -also aus einer Theorietradition und dergleichen ableitbar sind. Andererseits beschreibt die Statistik den inversen Prozeß: das, was anscheinend Sinn macht, wird einer Bewährungsprobe unterworfen, indem man so tut, als ob es sich bloß innerhalb der Norm des Zufalls bewegen würde. Die Statistik überprüft den Sinn, den sie voraussetzt. Daher gibt es neben den Scheinkorrelationen auch die umgekehrte Fehlerquelle: ein absolut gesicherter Zusammenhang, selbst ein sogenannter kausaler, kann sich in der statistischen Analyse als zufällig und unbedeutend, -also als nicht existent erweisen. Beide Fehlerquellen markie-

---

[149] Vgl. Rosanow 1970: 65ff)
[150] Vgl. Schneeweiß 1971: 349ff
[151] Das hängt von der Setzung der Signifikanzgrenzen ab: bei einer 5%-igen Irrtumswahrscheinlichkeit kommen unter 100 signifikanten Zusammenhängen wahrscheinlich fünf zufällige Korrelationen vor.

ren die Grenze von Wahrscheinlichkeit und Wirklichkeit bzw. die negative Vermittlung der beiden.

Statistische Analysen sind die Bewegung des Gesetzes als Interesse an der Wirklichkeit. Sie kommen dort zum Zuge, wo entweder der Überblick über das Verhalten einer Vielzahl von Elementen besteht, oder die Elemente selbst wesentlich unbestimmt sind. Der erste Fall tritt, läßt man einmal die modernere Physik außer Acht, eher in den Naturwissenschaften auf, -der zweite Fall betrifft wesentlich die sozialwissenschaftliche Statistik. In beiden Fällen entspricht das Interesse an der Wirklichkeit einem Bedürfnis nach Ordnung und Prognostik: Ergründung und Vorhersage des besonderen Schicksals am Allgemeinen. Eine Methode, das Ordnungsbedürfnis zu befriedigen, ist die sogenannte Faktorenanalyse, die zu den multivariaten Verfahren[152] gezählt wird. Hierbei soll das Partikulare in den Begriff übergehen. Die Methode wirbelt die Partikularitäten durcheinander, solange, bis eine gewisse Informationsdichte (Redundanzreduktion) vorherrscht und sich ein interpretierbares Muster ergibt. Die Faktoren werden als latente Eigenschaften gehandelt, -also als das Nicht-Offensichtliche. Dieses Verfahren kommt insbesondere bei der Konstruktion von Persönlichkeitstests zum Zuge;[153] die partikularen Erscheinungsweisen, etwa des 'autoritären Charakters' werden in jene Konstellation transformiert, die die Selbstevidenz des Begriffs bezeugen können. Problematisch wird es allerdings dann, wenn ein signifikanter, -also formell bedeutsamer Faktor keinen vorgängigen Begriff findet. So könnte es durchaus möglich sein, daß folgende Partikularitäten sich zusammenfügen: Vorliebe fürs Theater, Verhältnis zum Sudan, Tendenz zur rot-grün-Blindheit, Nähe des nächsten Postamtes, Leistung im Hochsprung etc. (Der spöttischen Phantasie sind hier keine Grenzen gesetzt; -der Statistik allerdings auch nicht, denn insbesondere bei der Faktorenanalyse ergeben sich oft irrwitzige Resultate. Insofern ist die Statistik die prädestinierte Verkörperung dessen, was man den Spott der Empirie nennen kann.)

Aus solcher Koinzidenz von Partikularitäten, wie oben phantasiert, einen Sinn zu machen, ist eine Zumutung, genauso wie das Schicksal sich in diversen Koinzidenzen als Zumutung erweist. Die Hoffnung des Statistikers besteht darin, daß ein solcher Fall nicht eintritt. Diese Hoffnung ist aber gegen sein Bedürfnis nach Information gerichtet, denn unwahrscheinliche Konstel-

---

[152] Die multivariaten Verfahren unterscheiden sich von den univariaten wesentlich dadurch, daß man es hier nicht mehr mit singulären Variablen sondern mit Linearkombinationen von Variablen zu tun hat. (Vgl. Royce 1973)
[153] Zur Faktorenanalyse vgl. Bortz 1979: 627ff

lationen haben informationstheoretisch den höchsten Informationswert.[154] Das meint nichts anderes als die Möglichkeit des Erstaunens und des Entdeckens. Der wahrscheinliche Fall oder die Erwartung, von der man ausgeht ist die, daß die individuellen Elemente, die Partikularitäten sich nur zufällig zueinander verhalten. Das Bedürfnis zielt aber auf die Entdeckung eines Zusammenhangs, auf die Bestimmung des Schicksals. Dies ist gleichzeitig auch das Interesse an der Prognose, -daß man sich auf den verborgenen Schicksals-Zusammenhang als einzelner einstellen könne.

Hier macht es sehr wohl einen Unterschied, ob es sich um das Schicksal eines Gas-Moleküls oder um das Schicksal einer Person handelt. Das Gas-Molekül hat keine Bestimmung außer seiner Bewegung: ein Verstehensprozeß ist hier nicht gefordert, eben weil das Molekül kein Selbstverständnis hat. Die hermeneutische Fragestellung richtet sich an die sozialwissenschaftliche Statistik, -an mögliche Verstehensleistungen gegenüber der 'chaotischen' Bewegung des Individuums innerhalb des Gattungsprozesses. Hier nun wäre die Erwartung, daß es das Individuelle oder das Besondere nicht gibt, dem Umstand gegenübergestellt, daß es das Interesse des Individuums ist, sich als Besonderes zu erfahren, -eben sein Schicksal bestimmen zu können. Es will eben nicht seine durchschnittliche sondern seine konkrete Lebenserwartung wissen. Ähnlich paradox ist es etwa mit einer Wahl-Prognose: das Individuelle hat ja angesichts der Prognose eigentlich keine Chance mehr, zu wählen. Die Entscheidung des Individuums fällt aus dem Prozeß der Wahl heraus, aber das Interesse des Individuums, weswegen es ja diese Prognose veranstaltet, besteht in der Wirklichkeit seiner Entscheidung.

Diese Paradoxa hat die neuere Wissenschaftstheorie durchaus zur Kenntnis genommen. Zwar werden diese nicht in einem hermeneutischen Kontext abgehandelt, aber man bemüht sich redlich, das Problem der Statistik und das der Theorie der Wahrscheinlichkeit in geeigneter Tiefe zu erfassen. So zählt etwa Stegmüller[155] elf 'Paradoxien und Dilemmas' auf, die sich beim statistischen Schließen ergeben. Die meisten davon erweisen sich, wie in der Wissenschaftstheorie üblich, nur scheinbar als paradox, und können einfach aufgelöst oder auf andere Paradoxa zurückgeführt werden. Es bleiben aber zwei, drei antinomische Figurationen übrig. Eines davon ist die 'Erklärung des Unwahrscheinlichen',[156] -also die Frage, ob man aus seinem Erstaunen einen Sinn machen soll. Der wissenschaftstheoretische Umgang mit solchen

---

[154] Ein Maß der Information hat Shannon entwickelt. (Vgl.Shannon1949)
[155] Vgl. Stegmüller Bd. IV/E, 1973: 303
[156] Vgl. Stegmüller Bd. IV/E, 1973: 281 ff

Dilemmata ist schal: man relativiert den Begriff der Erklärung solange, bis dieser völlig unspezifisch geworden ist, bzw. man differenziert zwischen Erklärung und Begründung. Letztlich kommt heraus, daß das Unbestimmte irreduzibel ist, -daß es eben nur eine Begründung des Wahrscheinlichen, nicht aber des Unwahrscheinlichen geben kann. Das referiert einem Verstehensanspruch, der in der Wissenschaftstheorie als 'Leibniz-Bedingung'[157] auftritt. Das ist Tautologie, denn das Unwahrscheinliche ist das Unbestimmte, ist das bestimmungslose Negative zu einer Erwartung. Um dennoch damit zurecht zu kommen, wird demjenigen, dem das Unwahrscheinliche begegnet, ein 'statistisches Situationsverständnis'[158] abverlangt. Das gleicht einem Urteil über die Relevanz[159] in der Relativierung der Bedeutung von Partikularitäten; hält sich also letztlich an Plausibles und Selbstverständliches.

Was kann man sich aber unter einem 'statistischen Situationsverständnis' vorstellen? Es ist ein Verständnis, das auf ein Erstaunen reagiert. Das unwahrscheinliche Ereignis kann man ja auch in der Frage eines unglücklichen Menschen finden: 'Warum gerade ich, -warum muß mir ausgerechnet dies passieren'? Das statistische Situationsverständnis würde hier bedeuten, daß der einzelne sich nicht so wichtig nehmen soll. Das ist aber genau die Zumutung, gegen die die Statistik aufbegehrt, denn sie will ja vorhersagen, was es mit dem Schicksal des einzelnen auf sich hat. Und wenn nun das Individuelle sich als Besonderes erfährt, darf es sich nicht daran bestimmen, denn das wäre wieder eine 'irrelevante Gesetzesspezialisierung'.[160] Das statistische Situationsverständnis ist ein Nicht-Verstehen, sofern das Allgemeine keine Bestimmung des Individuellen zuläßt, wie auch umgekehrt. Das statistische Situationsverständnis wäre lediglich die Opferung, die Fügung. Wenn Not und Elend eine Person überfallen, so kann die Statistik sagen, daß ein gewisser Prozentsatz der Schicksale mit einer gewissen Wahrscheinlichkeit eben zu Not und Elend führen. Das betroffene Individuum kann damit zufrieden sein, -sich darein fügen, daß es in seiner Not und seinem Elend das Allgemeine ausdrückt. Es kann aber auch eine Theorie des persönlichen Unglücks

---

[157] Diese Bedingung besagt, daß die Erklärung eine Erwartung befriedigen soll; -es ist letztlich eine hermeneutische Bedingung derart, daß Erklärung innerhalb des Sinnkreises der Vorverständnisse stattfinden soll. (Vgl. Stegmüller Bd. I, 1969: 220 und 684)
[158] Vgl. Stegmüller Bd. IV/E: 346ff
[159] Eines der bekanntesten 'Relevanz-Modelle' stellt Salomon vor: es geht darum, den Zufall einer pragmatischen Bestimmung zu unterstellen. Das ist dann eine bedingte statistische Analyse, denn die Kunst der Ignoranz (-und nichts anderes besagt: Pragmatismus) ist der Statistik hier vorausgesetzt. (Vgl. Salomon 1971)
[160] Vgl. Stegmüller Bd. IV/E, 1973: 285f

entwerfen, was eben einer irrelevanten Gesetzesspezialisierung gleichkommt. Die chaotischen Kräfte des Schicksals scheinen nur falsches Verstehen oder Opferung zu provozieren.

Die archaische Gestalt des Gestus der Wahrscheinlichkeitstheorie ist Negation des Schicksal durch Mimesis des Schicksals als zufälliger Prozeß, wie denn allgemein in Vorzeiten[161] die Nachahmung der Bedrohung ihre Entmachtung bewirken sollte. Der Griff in die Urne, das Losen als Entscheidungsmodus ist das Aussetzen von Verständigung. Wenn das Opfer ausgelost wird, gibt es kein 'lebendiges Gespräch' mehr, -nur noch die Macht des Schicksals. Die zeigt sich auch in der Deutung des Vogelflugs, im Knochen-Werfen oder im Blei-Gießen. Alle diese Veranstaltungen kann man als stochastische Prozesse definieren und ihr Sinn besteht in der Prognostik. Der Unterschied zwischen dem Knochen-Werfer und dem Statistiker besteht darin, daß ersterer den stochastischen Prozeß erzeugt, bevor er ihn interpretiert, während letzterer nur herausfinden will, ob es ein stochastischer Prozeß ist, und wie er sich spezifizieren läßt. Beiden gemeinsam ist ein Interesse an der Wirklichkeit, an der Realisation verborgener Schicksalskräfte. Der mimetische Akt setzt diese Kräfte voraus und kann dadurch das Individuelle bestimmen. Der statistische Akt will diese Kräfte durch die Verallgemeinerung des Individuellen eruieren, und macht dabei das Individuelle unbestimmt. Der einzelne erleidet nicht mehr sein Schicksal, sondern sein Schicksal ist die zufällige Ausprägung einer Verteilung. Das wiederum ist die Bewegung des Gesetzes, freilich hier in radikaler Form, denn das statistische Gesetz setzt den Einzelfall als unbestimmbar und damit als negativ. Damit kann das Individuum sein Schicksal nur als Gattungsprozeß begreifen, oder es verharrt im Zustand des Nicht-Verstehens. Andererseits wurde der statistische Akt durch ein Verstehensbedürfnis erzeugt: indem aber die Statistik das Schicksal dem Gesetz unterwirft, die Hoffnung quantifiziert, kann hier ein Individuum kein Selbstverständnis haben. Es opfert sich im statistischen Situationsverständnis an das Gesetz, das hier das Verstehen der Gattungsprozesse substituiert. Denn der Gattungsprozeß funktioniert nach dem Gesetz, das die Geltung des Besonderen aussetzt. Die Rede vom Gattungsprozeß macht hier durchaus nicht nur metaphorischen Sinn, sofern die Evolution heutzutage durchaus als stochastischer Vorgang interpretiert wird.[162]

---

[161] Das gilt nicht nur für die 'Vorzeiten': die diversen Kriegs-Manöver haben ja auch diese Logik der Abwendung von Bedrohung durch Nachahmung derselben.

[162] Vgl. Vester, F.: 'Fortpflanzung: Natur und Kultur im Wechselspiel' in: Voland 1992

Ein statistisches Situationsverständnis ist demnach kein Verstehen der Situation sondern eher Opferung. Ein Verständnis im empathischen Sinne wäre nur möglich, wenn das Individuum ewig leben würde, denn dann würde es das Gesetz der großen Zahlen, den 'long run' erfahren können. Es würde sehen, wie alles sich ausmittelt und wäre im Zustand der Gewißheit ewiger Gerechtigkeit. Dieses Individuum wäre vollkommen vergesellschaftet, es wäre mit der Gattung identisch. Es ist aber das besondere Schicksal, das die konkreten Individuen konstituiert; das Gesetz der Gattung aber kennt nur die Austauschbarkeit der Einzelereignisse, also eben kein besonderes Schicksal. Dem einzelnen Menschen tritt die Konstitution des 'Wir' als sein Schicksal entgegen; -will er es verstehen, so steht er vor dem Problem des Gesetzes des Gattungsprozesses. Dieses Problem zwingt ihn quasi dazu, sein Schicksal als beliebiges Schicksal zu begreifen. Das wäre aber nur möglich, falls es gelänge, das konkrete Leiden in einer Metaphysik kollektiver Schicksalsbestimmtheit aufzulösen. Da diese Auflösung nicht gelingt, ergibt sich hier wieder die Figur der substantiellen, unbestimmten Negativität: das Gesetz als Statistik, das hier ein Verstehen des Einzelschicksals im Kollektiv betrifft, kann eben das Einzelschicksal als besonderes nicht bestimmen (sondern nur als gemittelten Fall); andererseits ist das eigene Einzelschicksal für den, der es erleidet, das Substantielle schlechthin.

Esoterik

Das Gesetz versucht den latenten Kräften des Schicksals durch das Absehen vom Sonderfall auf die Spur zu kommen. Es gibt aber durchaus die Prognostik der Sonderfälle, aber diese ist gegen das Gesetz gerichtet bzw. stellt das Gesetz des Besonderen vor; -ein Gesetz, das sich der allgemeinen Kommunizierbarkeit entzieht. Das ist das Mysterium. Obwohl aller Religion ein Mysterium zu Grunde liegt, besteht die Tendenz der etablierten Religionen - womit insbesondere die christlichen gemeint sind- darin, sich hermeneutisch bzw. rational-vermittelbar zu machen. Das Prinzip der Erleuchtung, die absolute Erfahrung des Individuums, wird verdrängt. Selbst der katholische Papst ist nicht Kraft seiner individuellen Erleuchtung in seiner Position; -er wurde bloß gewählt, wobei die Wahl einem Verständigungsprozeß folgt. Wir wollen daher einen Unterschied machen zwischen solchen Religionen, die nach

Hegel und Weber[163] durchaus das Allgemeine ausdrücken, und der Esoterik, die von der Kraft der Erleuchtung, der Besonderung ausgeht. Zwar werden nach wie vor von der Katholischen Kirche Einzelpersonen 'heilig' oder 'selig' gesprochen, aber erst, wenn sie tot sind, und dieser Zustand ist ja auch das Allgemeine.

Esoterisches Wissen bestimmt den einzelnen als Besonderen; -das war auch etwa die Funktion der Astrologie in der Antike und im Mittelalter.[164] Es war eine Form von Herrschaftswissen, hatte also die Funktion, eine privilegierte Person zu bezeichnen. Dementsprechend war die Kommunikation über Astrologie auch verboten: dem gemeinen Volk war bei Todesstrafe verboten, Horoskope zu erstellen. Die Herrscher sicherten ihre Position, indem sie sich als Lenker des Schicksals vorstellten, gleichsam Divinität repräsentierten. Erst mit der 'kopernikanischen Wende' wurde die Entkoppelung von astrologischem Wissen und Herrschaft geleistet. Heutzutage ist das astrologisch inspirierte Individuum in seiner Besonderung nicht mehr im Status öffentlicher Macht, sondern versucht nur noch, sein eigenes Schicksal in den Griff zu bekommen. In unserer Betrachtung wollen wir jene populäre Astrologie, für die die 'wahre' nur ein mitleidiges Lächeln übrig hat, außer acht lassen, zumal deren Funktion schon untersucht wurde.[165]

Wichtig für uns ist, daß im esoterischen Wissen die allgemeine Kommunikation ausgesetzt wird, denn die Sterne können nur wirken, wenn die Allgemeinheit in einer bestimmten Unbewußtheit über dieselben verharrt. Selbst im Verhältnis zweier Personen kann das astrologische Moment als effektive Prognostik nur wirken, wenn eine Person nicht eingeweiht ist; -andernfalls hebt sich der esoterische Effekt auf. (Würden etwa zwei Feldherren vor einer Schlacht die Sterne befragen, und beide würden die Wahrheit erfahren, so käme die Schlacht nicht zustande: sie wäre überflüssig geworden, genauso wie das astrologische Wissen über ihren Verlauf.[166]) Astrologie kann nicht frei kommuniziert werden, -ist im Prinzip nicht gesellschaftsfähig, da sie in

---

[163] Das meint die enge Bindung der Religion in ihrer spezifischen Eigentümlichkeit an spezifische Gesellschaftsformen. Religionen offenbaren so nur die Form des Sozialkontraktes, wobei Hegel noch diese Offenbarung mit der Vernunft als Staatlichkeit identisch setzen konnte. Bei Max Weber ist es eher eine ergänzende Beziehung.

[164] Vgl. Stierlin 1988

[165] Hierzu etwa Adorno: ' The stars down to earth' in: Adorno Bd. II, 1974/75

[166] Es ist sicherlich kein Zufall, daß die Markt-Prognostik ähnlichen Paradoxa unterliegt: sobald man etwa weiß, wie eine Aktie sich entwickeln wird, entwickelt sie sich, eben wegen dieses Wissens schon anders. Geschäfte kann auch an der Börse nur das eingeweihte Individuum machen, demgegenüber die Allgemeinheit in einer Unbewußtheit verbleibt.

ihrer prognostischen Funktion nur Paradoxa evoziert. Man stelle sich eine Gesellschaft vor, die ihren Sozialkontrakt an die Sterne bindet: dann etwa müßten sämtliche 'Zwillinge' bei Geburt eine Entschädigung bekommen, den 'Stieren' hält man geeignete Therapieplätze frei, den 'Waagen' appliziert man Kokain und die 'Skorpione' sperrt man am besten gleich lebenslänglich ins Gefängnis. Indem man aber solches tut, die prognostische Potenz der Sterne realisiert, hat sich das ganze Prinzip auch schon aufgehoben. Wie gesagt: wenn alle Menschen sich auf ihre Horoskope einstellen, gibt es kein Schicksal mehr. Das esoterische Wissen hat nur eine Funktion, wenn es sich besondert und in dieser 'Privatisierung' liegt auch die Negativität gegenüber allgemeiner Diskursivität: über die Sterne läßt sich keine Einigung erzielen. Esoterik konstituiert das 'Wir' in dem Maße, wie es ein unbewußtes Allgemeines als Bedingung des Wirkens des Besonderen setzt.

Die Besonderung des Individuellen ist dort offensichtlich, wo ein Mensch als Erleuchteter auftritt, -als 'Guru', wie es moderner heißt. Die Sekten, das Abgespaltene sind per se Formen der Besonderung gegenüber dem Allgemeinen: die Inkarnation dieser Besonderung aber ist der leibhafte Meister. Er wurde erleuchtet, und sammelt nun Jünger um sich, um Kommunikationsprozesse in Gang zu setzen. Diese haben durchaus etwas mit Verstehen zu tun; passen sich aber nicht in ein hermeneutisches Modell ein, da es sich nicht um reflexive Verständigungsprozesse handelt. Der Jünger läßt sich durch eine Kraft affizieren, über die er keine Rechenschaft abgeben kann: er ist gebannt durch eine Kraft, die einer ursprünglichen Gewalt gleichkommt. Der leibhaftige Meister ist als Individuum Subjekt dieser Gewalt. Das Ritual der Namensgebung, in vielen Sekten praktiziert, spielt auf diese ursprüngliche Gewalt an. Damit wird auch dem Individuum Bedeutung verliehen: es ist ein nominalistisches Aufbegehren, in welchem die besondere Identität im Namen dokumentiert wird. Es ist auch ein Aufbegehren gegen das Schicksal, das einem dereinst, im Status der Ohnmacht, einen Namen verliehen hatte. Dieser Name ist für das Individuum bedeutungslos bzw. es erfährt seinen Namen als kontingent. In der rituellen Taufe hingegen wird dem Individuum im Namen eine Bedeutung verliehen.[167]

Nach der Namensgebung ist es insbesondere die Begegnung mit dem Meister, die jene esoterische Verständigung auslöst. Dabei braucht der Mei-

---

[167] Das ist auch das Prinzip der christlichen Taufe, denn Jesus hat seine Jünger aus eigener Inspiration benannt. Heute ist im Christentum die Taufe dem Allgemeinen untergeordnet, da die möglichen Namen fest stehen. Kein Geistlicher darf sich mehr Namen ausdenken. Das darf hingegen aber etwa Bhagwan, der sich dabei auch große Mühe gibt. (Vgl. Hinrichs 1979)

ster meist nichts zu sagen,[168] -er übt eine reine Wirkung aus, und rekurriert in diesem Sinne auf eine ursprüngliche Gewalt, die vor jeder reflexiven Kommuniktion liegt, und auch vor jeder Metaphysik. Das überwältigende Moment spielt dabei die zentrale Rolle: wem die Mysterien von Leben und Sterben offenbar werden, benötigt keine Anstrengung der Begriffe, um sich über einen Sinn klar zu werden. Solch reine Erfahrung ist das Negative schlechthin, und jene spirituelle Kommunikation, die sich auf das 'om' beschränkt, kommt solcher Negativität vielleicht am nächsten.

Der Mechanismus der Begegnung mit dem Meister wurde als Übertragungsphänomen[169] gedeutet: der Erleuchtete sei ein Projektionsfeld, der das Unbewußte des Jüngers reflektiert. Das Unbewußte als Subjekt des Individuums wäre also im Moment der Begegnung dem Individuum präsent; die Begegnung mit dem eigenen Unbewußten als Subjekt seiner selbst löst in den Individuen eine Art Euphorie, eine Jubel-Reaktion aus, die dann als Erleuchtung fungiert. Wir stimmen dieser Deutung prinzipiell zu, sind aber der Ansicht, daß sie das Problem verkürzt. Denn die Erleuchtung ist der sozialen Realität nicht angepaßt. Der Erleuchtete macht sich, je nach dem wie sehr er mit seiner Erfahrung in die Öffentlichkeit tritt, mehr oder minder zum Narren. Deshalb muß ein 'Wir' gegen diese Allgemeinheit gegründet werden: die Sekte, in welcher das eigene Schicksal eine Bestimmung gegen die unheimlichen Mächte des Schicksals erfährt. Das funktioniert nur, wenn dem, was außerhalb der Sekte ist, eine Unbewußtheit zuerkannt wird.[170]

Ursprünglich steht für den esoterischen Komplex der Schamanismus, der das gleiche Alter wie die Menschheit haben soll. Er gilt als Urform aller Religionen, -als ursprüngliche Weise, mit dem Mysterium überhaupt umzugehen.[171] Der Schamane besondert sich radikal; seine Existenz ist eine stigmatisierte, krankhafte.[172] Er zerstört sich, verwirrt seine Sinne, nimmt extremes Leid auf sich um in den privilegierten Zustand zu kommen. Der Schamanismus nimmt so den Status des Unbestimmt-Negativen an. Das, was der Schamane tut oder sieht, hat keine Bestimmung an der Wirklichkeit, da er

---

[168] Vgl. Hinrichs 1979: 322

[169] Vgl. Hinrichs 1979: 328

[170] Es gibt aber auch das missionarische Moment: die meisten Sekten schließen sich nicht völlig ab, sondern wollen sich erweitern. Die Erweiterung, die über das populationstheoretisch notwendige Maß hinausgeht, bringt es mit sich, daß Esoterik in Politik umschlagen muß. Das 'auserwählte Volk', das sicherlich keine Sekte ist, läßt sein Tun nicht mehr unter religiösen sondern nur unter politischen Aspekten begreifen.

[171] Vgl. Ozols, J.T.: 'Zur Altersfrage des Schamanismus' in: Duerr 1983: 137ff

[172] Vgl. Paske, B.A.: 'Schamanismus und archaische Ekstasetechnik' in: Duerr 1983: 227ff

selber seine Wirklichkeit vor allen anderem behauptet. Zwar kann der europäische Ethnologe irgendwelche kollektiven psychische Mechanismen annehmen, aber diese Annahme reicht nicht an die esoterische Erfahrung heran. Hans Peter Duerr etwa, der sich auf die Seite der Wirklichkeit der esoterischen Erfahrung schlägt, und sich dabei mutig auf eine schwierige und gleichermaßen zweifelhafte Gratwanderung begibt, verweist nachdrücklich auf die notwendige Erlebnisdimension solcher Erfahrung.[173] Der Verstehensprozeß im hermeneutischen Sinne funktioniert da nicht mehr: es gibt nur noch das springen zwischen dem Selbstverständlichen und der esoterischen Dimension. Was auch bleibt einem Ethnologie-Professor, der vom Geist des Adlers befallen wurde und dann tatsächlich auch geflogen ist, anderes übrig, als die Evidenz dieses Erlebnis an seine eigene Besonderung anzubinden. Der Ritus bindet die Besonderung dann an bestimmte Zeiten und Räume; -er kennt aber meist auch Katalysatoren der Verrückung in die 'Traumzeit'. Das sind Drogen oder andere Stimulatoren, die die Sinne für das Esoterische öffnen. Meist muß erst ein Trance-Zustand erreicht werden, um die Erfahrung des Fliegens, der Weissagung etc. machen zu können.

Im Rausch existiert die Besonderung als Entrückung: die so entrückte Person ist auch aus dem allgemeinen Kommunikationszusammenhang verbannt, sofern ihr die Abwesenheit der Kontrolle über ihr Tun und Sprechen zuerkannt wird. Man spricht von Bewußtseinsveränderung, manchmal auch von Bewußtseinserweiterung im Rausch: immer aber ist es ein Negatives des Bewußtseins, ein Unbewußtes. Wenn, wie man so schön sagt, das Bewußtsein die Realitätskontrolle verliert, so ist darin schon das Unbewußte als das Negative impliziert. Das mag sich als Halluzination oder einfach als Durchbruch eines Affekts zeigen. Das Individuum relativiert seine Erfahrungen und sein Tun im Rausch nicht mehr am Allgemeinen: es täuscht sich sogar darin. Es ist im Rausch Subjekt seiner selbst. Natürlich führt der bloße Rausch weg vom Thema der Esoterik, da er letztlich auf das Gesetz sich bezieht. Es wäre dann das Gesetz darüber, wie eine esoterische Täuschung entstehen kann. Man hat auch tatsächlich die Esoterik im Sinne des Gesetzes als Massenhysterie oder als Autosuggestion zu beschreiben versucht. In solchen Versuchen kommt man aber genausowenig an die Wirklichkeit der esoterischen Erfahrung heran, wie die traditionelle europäische Ethnologie an den Flug der Schamanen.

Die esoterische Erfahrung bleibt im Verhältnis des Nicht-Verstehens. Sie hat keine Bestimmung, die sie auflösbar machen würde; bliebe also der Her-

---

[173] Vgl. Duerr 1978: 120ff

meneutik, sie als kontingent zu setzen. Dem widerspricht aber das esoterische Bedürfnis, der Wunsch nach Besonderung, der die Wirklichkeit durchzieht. Noch die kleinste private Zwangshandlung,-und kein Mensch wähne sich von solcher frei, zeugt von der Allgegenwärtigkeit des esoterischen Prinzips. Denn in der Zwangshandlung liegt ja die Nicht-Kommunizierbarkeit: ob der Hut am dritten oder vierten Haken hängt, hat nur für das besondere Individuum Bedeutung.[174] Die Besonderung ist die Einführung der Unbestimmtheit und die Eigenkonstitution des einzelnen als Subjekt. Die Unbestimmtheit folgt dem Paradox der nicht-determinierten Voraussage: indem der Seher die Zukunft weiß und sich darauf einrichten kann, ist die Zukunft gebrochen, unbestimmt. Die Absonderung geschieht durch die Bezugnahme auf die geheimen Kräfte des Schicksals, wobei Schicksal immer nur in der Relation von Gattung und Einzelnem wirkt. Die Form des Zugriffs auf diese verborgenen Kräfte hat vielerlei Gestalten: vom bloßen Rausch bis zur strengsten Askese. Die geheimen Kräfte sind dabei als Unbewußtes der Allgemeinheit gesetzt, als das, was sich der bewußten Allgemeinheit entzieht. Dieses allgemeine Unbewußte nimmt weiterhin den Status des Subjekts des Schicksals an: in der Kontaktaufnahme oder Verschmelzung mit diesen Kräften versucht sich das Individuum zum Subjekt, zur Substanz seines eigenen Schicksals, das ja nur über die Gattung vermittelt ist, zu machen.

Die vorangegangenen drei Exkurse bezogen sich auf die Konstitution des 'Wir' bzw. auf die Erfahrung der Gebundenheit des einzelnen an ein Schicksal, das immer nur in Bezug auf die anderen existiert. Die Verfassung dieser Erfahrung als Nicht-Verstehen wurde aufgezeigt an der Staatlichkeit, an der Statistik und an der Esoterik. Alle drei Phänomene handeln von der Unmöglichkeit, ein Verstehen des konkreten Schicksals in der Vermittlung mit dem Gattungsprozeß zu leisten.

---

[174] Zum Zusammenhang von Zwangshandlungen, Ritual und Individuum vgl.: Schurz 1988

V. Die Konstituenten

Vorbemerkung

Der nun folgende Abschnitt versucht, die Konstitution des Nicht-Verstehens aufzuzeigen, wobei die Existenz des Nicht-Verstehens schon vorausgesetzt ist. Die Frage, die beantwortet werden soll, ist nun die, wie 'Nicht-Verstehen' möglich ist. Solche Fragestellung erinnert an einen transzendentalphilosophischen Ansatz, und in der Tat nimmt in den folgenden Reflexionen das transzendentalphilosophische Moment einen wichtigen Stellenwert ein. Allein, es kann sich nicht um eine Transzendentalphilosophie handeln, denn diese hat die Selbstkonstitution eines autonomen Subjekts zum Ziel. Die Gewißheit des Wissens, des Begreifens kann aber einer Begründung des Nicht-Verstehens niemals folgen. Ein mögliches Nicht-Verstehen negiert das transzendentale Bewußtseinssubjekt, noch über dessen Angewiesenheit auf Begriffe hinaus. Das war ja Adornos Anliegen: zu zeigen, daß eine Begriffsdialektik die nicht eingehaltenen Versprechen der Kantschen Transzendental-Philosophie nicht einzulösen in der Lage ist. Eine Begründung des Nicht-Verstehens, das dieses schon auf der Ebene der Erfahrung ansiedeln will, läßt einem transzendentalen Bewußtseinssubjekt kein Refugium.

Der Ausgangspunkt der Reflexionen, die methodisch einem dialektisch-kritischem Gestus folgen, ist durchaus ein hermeneutischer. Wie im ersten Teil erwähnt, lebt die traditionelle Hermeneutik von einem Ausgrenzungs-mechanismus, wobei das Ausgegrenzte das Barbarische, eigentlich die Gewalt oder die rohe Natur ist. Aufgrund dieser Ausgrenzung kann sich das menschliche Bewußtsein, die Gesellschaft und eine sinnhafte Ordnung konstituieren. Die positive Hermeneutik selbst vollzieht ja die Konstitution des Verstehens an diesen Ausgrenzungen. Wir nehmen diese, von der traditionellen Hermeneutik implizit vorgegebenen Thematisierungen auf, indem wir auf die Konstitution des Nicht-Verstehens in der Konstitution der sozialen Realität, des Gesetzes und des Unbewußten reflektieren.[175] Es gilt zu zeigen, daß es keinen Ausschließungsmechanismus gibt, daß jede Ausschließung ihren Preis fordert, und die Idee der gelingenden Humanisierung eher Leiden verdrängen muß als vermeiden kann. Es gilt zu zeigen, daß die Sinn-Konstitution als Ur-Teilung zwischen Natur und Nicht-Natur nicht gelungen ist und auch nicht gelingen kann. Obwohl wir die genannten drei Konstituenten separat behandeln, bilden sie doch einen zusammenhängenden Komplex, genauso, wie Gesellschaft, Sinn-Ordnung und Bewußtsein für die Hermeneutik einen unauflösbaren Zusammenhang bilden. Die Reihenfolge der Thematisierungen jedoch werden in der traditionellen Hermeneutik meist einer Hierarchie unterworfen: zuerst ist die Sinn-Ordnung, die ein Bewußtsein ermöglicht, das wiederum Vergesellschaftung ermöglicht.[176] Wir hingegen wollen uns solcher Hierarchie enthalten und die wesentliche Gleichzeitigkeit unserer Thematisierungen in Bezug auf die Konstitution des Nicht-Verstehens betonen.

Bleiben noch zwei mögliche Fragen, auf die wir noch kurz eingehen möchten. Eine wäre die, warum wir nicht die Sprache selbst als Konstituent des Nicht-Verstehens heranziehen. Die moderneren Strukturalisten haben ja zur Genüge aufgezeigt, wie Natur, das Bedeutungslose etc. in die Sprache hineinragt. Es wäre aber dennoch abwegig zu sagen, die Sprache selbst konstituiere das Nicht-Verstehen. Was gezeigt wurde ist dies, wie die Verfassung der Sprache die Erfahrung des Nicht-Sinns systematisch ausschließt, was wiederum auf die Unvollständigkeit der Sprache verweist. Das ist die Kritik an der Vorgängigkeit der Sprache. Indem wir diese Kritik teilen, müssen wir eine mögliche konstitutive Rolle der Sprache für das Nicht-Verstehen ausschließen: die Behauptung, die Sprache würde das Nicht-Verstehen konstituieren, würde deren Vorgängigkeit wieder einführen. Das Nicht-Verstehen ist kein sprach-immanenter Effekt, wohl aber ist es in der Sprache und ihren Grenzen strukturell verankert.

Die letzte Frage schließlich, die es zu beantworten gilt, zielt auf den gängigen Einwand der Hermeneutiker, der in unserem Falle dahingehend lauten würde, ob denn nun die Konstituenten, der Konstitutionszusammenhang verstanden werden kann. Diese Frage ist leichthin mit 'ja' zu beantworten,

---

[175] Eigentlich müßten wir an dieser Stelle konsequenterweise von Bewußtsein sprechen: in der Konstitution des Bewußtseins wird Unbewußtes erzeugt, worin sich wiederum das Nicht-Verstehen konstituiert. Wenn wir also den Titel des 'Unbewußten' verwenden, so meinen wir immer damit den Komplex: Bewußtsein/Unbewußtes.

[176] Es gibt auch hermeneutische Ansätze, die die kollektive Sinnstiftung vor die individuelle Bewußtseinsbildung setzen. Vgl. Buber et al. 1970

nicht aber die Konsequenz, die die Hermeneutik fälschlicherweise daraus zieht: nämlich daß damit sich die Rede vom Nicht-Verstehen aufheben würde. Dieses Argument folgt einer Begriffs-Dialektik, die wir schon zur Genüge kritisiert haben. Kurzum: wenn das, was dem Nicht-Verstehen zugrunde liegt, verstanden werden kann, so gibt es überhaupt keinen Grund für den Schluß, daß Nicht-Verstehen nicht möglich sei.

Soziale Realität

Die philosophische Frage nach der sozialen Realität spielt immer auch in die Grundlegung der Soziologie hinein, denn Soziologie ist nur möglich, wenn es ihr gelingt, 'Gesellschaftlichkeit' als ein eigenständiges Phänomen zu rekonstruieren. Freilich kann man es sich dabei einfach machen, und Gesellschaftlichkeit schlichtweg postulieren, wie etwa Durkheim,[177] aber mit solchen Postulaten kann Soziologie meist nicht als eigenständige Disziplin bestehen, denn die biologistischen Desiderate oder die Formen von Metaphysik[178], die sich in diesen Postulaten verbergen, machen die Soziologie zu etwas Abgeleitetem. Was die Rekonstruktion ihres Gegenstandes betrifft, so gibt es in der modernen Soziologie wesentlich zwei kontroverse Ansätze, die man einerseits als 'verstehende Soziologie' und andererseits als 'systemtheoretisch orientierte Soziologie' bezeichnet. Die Kontroverse, so viel kann man vorausschicken, läßt sich als Unterschied im Algorithmus fassen: während die verstehende Soziologie von der Möglichkeit beziehungsweise der Notwendigkeit von Identität oder Identifikation ausgeht, ist das Grundelement der Systemtheorie die Differenz bzw. die (Aus-)Differenzierung. Sicherlich gibt es eine ganze Palette anderer soziologischer Richtungen oder Schulen; was aber die Rekonstruktion des 'Sozialen' betrifft, so partizipieren alle diese Ausrichtungen der Soziologie an dem Spannungsfeld, das sich zwischen Systemtheorie und verstehender Soziologie auftut. Unser Interesse wird es sein, diese Theorien ein Stück weit nachzuvollziehen, um die konstitutive Wirkung der sozialen Realität bezüglich des Nicht-Verstehens aufzeigen zu können.

Begonnen sei mit dem Konzept der Lebenswelt, also mit der verstehenden Soziologie, wie sie Alfred Schütz, in der Nachfolge von Max Weber zu begründen versuchte. Dieses Konzept setzt bei den Bedingungen der individuellen Erfahrung an: die Möglichkeit der individuellen Erfahrung wird mit ihrer Reflexion als solcher zusammengedacht. Das je-eigene Erlebnis muß

---

[177] Bei Durkheim soll das Postulat einer methodologischen Regel entsprechen, aber jede Methodologie ist zugleich auch implizit die Theorie ihres Gegenstandes. Was Durkheim als 'Dinglichkeit' postuliert, ist eben kein Ding, und deswegen ist sein Unterfangen ein metaphysisches. (Vgl. Durkheim 1965)

[178] Wobei das biologische Desiderat meist die Funktion einer Metaphysik übernimmt. Man sprach in diesem Kontext vom 'Gesellschaftsinstinkt' oder eben vom Wille Gottes, nach dem der Mensch gesellig sein soll.

als solches reflektiert werden, und damit fällt es aus der 'Dauer' zurück in einen faßbaren, diskreten Zeitbezug, der wiederum die Sinnqualität des Erlebens konstituiert. 'Dauer' begreift Schütz nach Bergson als 'inneren Erlebnisstrom', der nicht kommunizierbar ist. Allerdings teilt Schütz nicht die Bergsonsche Konsequenz, wonach mit der Transformation der Dauer in begriffliche Zeit die wesentlichen 'nicht-metaphysischen' Erlebnisqualitäten verloren gehen.[179] Diese Ur-Konstitution des Sinns, bei welcher neben Bergson auch Husserl Pate gestanden hat,[180] hat wesentlich die Funktion, die Integrität und Identität des erlebenden Ich zu garantieren.

"(Jenes) jeweilige Jetzt und So des lebendigen Ich ist eben jene Lichtquelle, von welcher aus sich die Strahlen kegelförmig über die abgelaufenen Phasen der Dauer verbreiten. Denn nur vom Jetzt und So her erfährt das vergangene, entwordene Erlebnis seine Belichtung, wird es von dem Strom der Dauer enthoben." (Schütz 1974: 95)

Abgesehen von der typischen Lichtmetaphorik ist hier der Sinn als reflektierte Erfahrung gesetzt. Dabei spielt der Inhalt der Erfahrung keine Rolle: wichtig ist nur, daß es ein Selbstverständnis des Individuellen gibt. Dieses Selbstverständnis ermöglicht die Konstitution des 'Du', die vorerst schlichtweg in einer Identifikation besteht:

"Wir entwerfen also das fremde Handlungsziel als Ziel unseres eigenen Handelns und phantasieren nun den Hergang unseres an diesem Entwurf orientierten Handelns." (Schütz 1974: 158)

Der Andere erscheint als -alter ego- und kann nur so erscheinen; ob diese Erscheinungsweise dem Anderen gerecht wird, bleibt vorerst unbestimmt. Schütz spricht auch vom Ideal-Typus einer Du-Beziehung, die das Muster der Wir-Beziehung, also der sozialen Realität ist. Das Ideelle besteht im Gelingen der Identifikation; die Realität unterliegt freilich mannigfachen Störungen, aber das Soziale schlechthin ist abhängig von der Möglichkeit solcher Identifikation. Wichtig ist auch, daß der Akt der Sinnstiftung, diese ursprüngliche Identifikation vergessen wird: das Individuelle hebt sich in diesem Vergessen auf und gerinnt zur Allgemeinheit, was Schütz dann als 'objektiven Sinn' bezeichnet. Damit sind Normen, Werte etc. gemeint. In diesen Kontext gehört auch die Einführung der Anonymität[181] als De-

---

[179] Vgl. Bergson 1949

[180] Schütz beruft sich in seinem Werk explizit auf Husserls Phänomenologie. Der Einfluß Bergsons ist offensichtlich, angesichts des zentralen Stellenwertes, den die -Dauer- als Konstitution der Erfahrung bei Schütz einnimmt.

[181] Vgl. Schütz 1974: 192

Personalisierung: es gibt Handlungsbereiche, in welchen die konkreten Personen völlig austauschbar sind und nur noch als 'Man' auftauchen. Ein Kernpunkt der Konstruktion besteht nun darin, Relevanz und Anonymität in eins zu setzen. Das konkrete 'Du' ist nur dann relevant, wenn es auch in Anonymität transformiert werden kann. Damit wird die Individualisierung schlechthin als irrelevant gesetzt oder das Relevante ist per Definition das Allgemeine. Dieser Bogen spannt sich zwischen Kontingenz und Anonymität, und mit solcher Konstellation ist auch die Möglichkeit von Soziologie vorgegeben: sie betrachtet die relevanten Wir-Bezüge, die eine Depersonalisierung voraussetzen, denn personalisierte Wir-oder Du-Bezüge können keine Relevanz haben. Wird das Du in das Man transformiert, so hat man auch die Kontingenz ausgeklammert:

"Je anonymer der Partner ist, um so weniger kann er erlebt und um so mehr muß er gedacht werden. Dabei nimmt aber auch der Freiheitsgrad, welcher dem Handeln dieses Partners zugedacht werden kann, ab." (Schütz 1974: 312)

Soziologie ist möglich, weil ihr Gegenstand von sich aus die Tendenz der Verallgemeinerung, der Depersonalisierung aufweist. Wichtig aber ist, daß die 'leibhaftige Vorgegebenheit des umweltlichen Du'[182] im Prozeß der Depersonalisierung nicht verschwindet, sondern idealtypisch erhalten bleibt. Die Leibhaftigkeit ist jene ursprüngliche Identität, die sich auch als 'somatisches Lebensgefühl'[183] äußert. Dieses Gefühl meint durchaus die Erfahrung der Integrität, der Einheit des Ichs, das nur als solche Einheit das Du und das Wir als seinesgleichen setzen kann. Das ist auch der hermeneutische Akt des Verstehens, der Identifikation und Verallgemeinerung als vertauschbar behandelt.

Das Konzept der Lebenswelt als Grundlegung der Soziologie ist letztlich tautologisch strukturiert, denn die soziale Realität erscheint einerseits als das Verstehbare schlechthin; andererseits konstituiert der Akt des Verstehens (qua Identifikation) die soziale Realität. Der Andere als Anderer wird auf seine formelle Existenz reduziert: sollte er dennoch aufdringlich anders sein, was nicht-nachvollziehbare Handlungsweisen meint, so wird er eben in die Irrelevanz abgeschoben. Der Andere ist nur dann relevant, wenn er verstanden werden kann. Unter dieser Voraussetzung läßt sich das Schützsche Programm recht einfach durchführen: nämlich zu zeigen, wie subjektive Sinnstiftung in objektiven Sinn übergehen kann und Soziologie damit möglich

---

[182] Vgl. Schütz 1974: 219
[183] Vgl. Schütz 1981: 147ff

wird; -diese rekonstruiert dann auf der Basis gesellschaftlicher Objektivität die Akte der Sinnstiftungen.

Die soziale Realität erscheint so als das vergessene Selbstverständliche, das dem Individuum als Ordnung gegenübertritt, wobei es zwar diese Ordnung nicht generiert hat, aber dennoch diese als Eigenes erfährt. Die Gesellschaftlichkeit kann gar nicht als Fremdes erfahren werden, da jede Form von Vergesellschaftung immer nur Identifikationsakte der inzelnen Individuen sind. Die soziale Ordnung ist je schon mit dem Individuellen versöhnt, da sie nichts anderes als ein Derivat ursprünglicher Selbst-Erfahrung, auch Selbst-Erzeugung ist. Die vorgegebene Versöhnung in der sozialen Realität beruht jedoch auf einer Reihe problematischer Identifikationen: die Einheit des Ichs kann ebenso angezweifelt werden, wie die Konstitution des Du durch 'Gleichzeitigkeit der Erlebnisdauer'.[184] Die Exkurse 'Neurose' und 'Verkehr der Geschlechter' mögen für diese Zweifel stehen. In unserem Kontext gilt es hervorzuheben, daß die soziale Beziehung, die letztlich die soziale Realität modelliert, ursprünglich auf einer Identität aufbaut. Die Besonderungen sind nur in Rücksicht auf diese ursprünglichen Identifikationsakte zu begreifen. Das Unverständliche kann dann nur noch das sein, was sich jenseits aller sozialen Beziehungen befindet. Der Fremde bei Schütz kann das Moment seiner eigenen Fremdheit nicht halten: jede soziale Beziehung ist auf Vernichtung des Unverständlichen hin angelegt.[185]

Die verstehende Soziologie setzt letztlich die soziale Realität als Form der Verallgemeinerung eines ursprünglichen Selbstverständnisses, das freilich wiederum eine soziale Beziehung voraussetzt. Die individuelle Erfahrung bzw. die Erfahrung des Individuellen in der sozialen Beziehung, -die Abstoßung gibt es nicht. Damit kann die verstehende Soziologie eigentlich nur das erklären, was nicht der Fall ist: nämlich die Versöhnung des Einzelnen mit der Gesellschaft.

In gewisser Hinsicht nimmt die Systemtheorie bzw. die systemtheoretisch orientierte Soziologie eine Gegenposition zur verstehenden Soziologie ein. Das liegt nicht nur an den mehr oder minder explizit geführten Debatten[186] sondern hat seinen tieferen Grund in einer quasi inversen Wahl des Algorithmus sozialer Beziehungen. Die Systemtheorie setzt die 'Differenz' an die

---

[184] Vgl. Schütz 1974: 144ff
[185] Hierzu der Aufsatz 'Der Fremde' (in: Schütz, Bd. II 1972: 53ff). Schütz beschreibt hier die Integrationsvorgänge des 'sich nähernden Fremden'. Der Fremde kann als Fremder nicht existieren: er muß eine Bewegung der Identifikation vollziehen, die auch immer gelingen muß. Die soziale Erfahrung der Fremdheit ist immer schon bezogen auf eine vorgängige Vertrautheit.
[186] Vgl. Schütz und Parsons 1977

Stelle, wo die verstehende Soziologie mit Identitäten arbeitet. In diesem Sinne geht die Systemtheorie vom Kriegszustand aus, orientiert sich, philosophisch gesehen, eher an der nominalistischen Tradition; es ist die Unfähigkeit, aus Subjektivität einen Staat zu machen. Der Staat selbst muß vielmehr die Subjektivität organisieren. Die Subjektivität ist gleichsam in Kontingenz eingespannt:

"..weil für einen gegebenen Handelnden sich entscheidende Kontingenzen daraus ergeben, daß er nicht sicher sein kann, wie sein Interaktionspartner auf sein Handeln -reagieren- wird." (Parsons 1977: 132)

Nach Parsons ist die Einsamkeit des Individuums, eine fundamentale Orientierungsbedürftigkeit, der Ausgangspunkt jeder sozialen Beziehung. Daß soziale Beziehungen überhaupt notwendig sind, wird schlichtweg vorausgesetzt, so nach der Einsicht, daß Begegnungen zwischen Menschen unvermeidlich sind. Wenn nun diese Begegnung stattfindet, so entsteht meistens eine Interaktion, und diese Interaktion ist in Form von Handlungssequenzen beobachtbar. Die Beobachtung ist gleichzeitig auch Teil der Interaktion, also das, was die Differenz der Personen ausmacht: sie wissen vom anderen nichts, und beobachten sich von daher (wahrscheinlich anfangs durchaus kritisch und argwöhnisch). Damit ist auch die Möglichkeit der Soziologie gegeben:

"Für mich ist der Gegensatz (---) zwischen subjektiver und objektiver Perspektive (---) kein realer. (---) Subjektive Phänomene haben nur insoweit Bedeutung, als sie von einem Beobachter beschrieben und analysiert sind." (Parsons 1977: 102)

Das Subjekt wird erst in der Beobachtung real, was seine Entäußerung voraussetzt, -ein Absehen von sich selbst. Damit steht Handlung von vorneherein im Felde rationaler Organisationsmöglichkeiten, mit welchen sich Parsons in erster Linie beschäftigt. Das lebendige Individuum wird in der Systemtheorie nicht anerkannt, da seine soziale Wirklichkeit nur in der (von außen) beobachtbaren Manifestation besteht. Die Erfahrung des sozialen Subjekts kann so ausgeklammert werden, -allerdings nicht ohne die Bereitstellung von Reservaten. Parsons unterscheidet die sozialen Systeme von Persönlichkeitssystemen, von kulturellen und 'verhaltensorganischen'.[187] Zwar gibt es eine gegenseitige Durchdringung dieser Systeme, was 'Interpenetration' genannt wird, aber letztlich bildet die Person, der Organismus und die Kultur die bloße 'Umwelt' für eine soziale Beziehung. Das aber sind die Bestimmungen des Individuellen für sich; -selbst die 'subjektive Bewußt-

---

[187] Vgl. Parsons 1976: 124ff

seinslage eines Handelnden' will Parsons als 'cultural entity'[188] betrachten. In diesem Sinne definieren soziale Systeme das Individuelle als Umwelt, als reine Entäußerung und damit als Vernichtung des Individuellen durch sich selbst. Die soziale Beziehung ist damit kein Sinn-Verschmelzungsprozeß, keine Rekonstruktion von ursprünglicher Versöhnung, sondern die Organisation von Differenzen. Die soziale Beziehung ist demnach eine systematische Beziehung, und so leitet die systemtheoretische Soziologie die Möglichkeit ihrer Existenz ab.

Wir wollen nun auf Luhmanns Theorie der sozialen Systeme näher eingehen, zum einen, weil darin eine konsequente Weiterentwicklung der Parsonschen Theorien enthalten ist, zum anderen, weil Luhmann selbst eine Vorliebe für fundamentale Rekonstruktionen hat. Luhmann geht es darum, die soziale Realität als selbstreferentielles System zu setzen, als 'autopoiesis'. Die Rede von der Selbreferenz legt natürlich den Verdacht nahe, daß es sich um einen Substitutionsversuch handelt: der Begriff des Individuums, mit dem die Soziologie bisher wenig Staat machen konnte, soll ersetzt werden. Als Ausgangspunkt der Rekonstruktion der sozialen Beziehung übernimmt Luhmann von Parsons den Kontingenz-Begriff, genauer: die Konstellation der doppelten Kontingenz. Das meint, daß in der sozialen Situation nicht nur der eine nicht weiß, was der andere will, sondern auch der andere weiß nicht, was der eine will, und es so zu wechselseitigen Unterstellungen kommt. Nach Luhmann:

"Die Grundsituation der doppelten Kontingenz ist dann einfach: Zwei black boxes bekommen es, auf Grund welcher Zufälle immer, miteinander zu tun. Jede bestimmt ihr eigenes Verhalten durch komplexe selbstreferentielle Operationen innerhalb ihrer Grenzen. Das, was von ihr sichtbar wird, ist deshalb notwendige Reduktion. Jede unterstellt das gleiche der anderen. Deshalb bleiben die black boxes bei aller Bemühung und bei allem Zeitaufwand (---) füreinander undurchsichtig. Selbst wenn sie strikt mechanisch operieren, müssen sie deshalb im Verhältnis zueinander Indeterminiertheit und Determiniertheit unterstellen. (---) Der Versuch, den anderen zu berechnen, würde zwangsläufig scheitern. (---) Sie erzeugen durch ihr bloßes Unterstellen Realitätsgewißheit, weil dies Unterstellen zu einem Unterstellen des Unterstellens beim alter Ego führt." (Luhmann 1987: 156)

Die 'black boxes' unterstellen sich damit, daß sie selbstreferentielle Systeme sind; -das ist die Zuerkennung der Individualität, die eben nur ein Resultat der Beobachtung ist. Das Prozessieren der doppelten Kontingenz ist

---

[188] Vgl. Parsons 1977: 127f

die Genesis der Rationalität, die als Einheit der Differenz erscheint. Man muß bei Luhmann sehen, daß seine Theorie sich durch und durch Hegelscher Muster bedient. Die Einheit der Differenz als Basis der Vernunft ist wenig anderes, als die Synthesis in der positiven Dialektik, die durch Negation der Negation zustande kommt. Die Menschen bei Luhmann werden im selben Modus vernünftig, wie bei Hegel:

"Ego erfährt Alter als alter Ego. Er erfährt mit der Nichtidentität der Perspektiven aber zugleich die Identität dieser Erfahrung auf beiden Seiten. Für beide ist die Situation dadurch unbestimmbar, instabil, unerträglich. In dieser Erfahrung konvergieren die Perspektiven, und das ermöglicht es, ein Interesse an Negation dieser Negativität, ein Interesse an Bestimmung zu unterstellen." (Luhmann 1987: 172)

Luhmann spricht von Erfahrung: es handelt sich aber nicht um eine solche, sondern eher um das, was in der nachträglichen Reflexion als Erfahrung auftritt. Die Kontingenz-Erfahrung wird als unmittelbare einfach unterstellt, womit gleichzeitig mit dem Kriegszustand auch eine originäre Freiheit vorausgesetzt wird. Zwar konzediert Luhmann, daß die Situation der doppelten Kontingenz 'fast nie rein auftritt',[189] aber mit dieser Konzession wird nur das entscheidende Problem beiseite geschoben. Nämlich dies: wie kann Nicht-Rationalität zustande kommen; wie ist es möglich, daß Ego dem Anderen nicht die Eigenschaft eines selbstreferentiellen Systems zugesteht, -also letztlich die Freiheit des Anderen nicht anerkennt? Das ist gleichzeitig auch die Frage nach dem Nicht-Verstehen. Luhmann jedoch kann nur das Verstehen erklären:

"Durch Verstehen stellt man einen Bezug her auf die Selbstreferenz des beobachteten Systems. Die Hintergrundswahrnehmung der Selbstreferenz zwingt zur Beobachtung als Selektion, und der Reiz des Verstehens besteht gerade darin, daß das verstandene System intransparent und unzugänglich bleibt. Man versteht trotzdem. Dies ist deshalb möglich, weil der Verstehende in der Lage ist, Redundanzen zu organisieren und in das verstandene System hineinzuvermuten. Verstehen ist insofern der laufende Aufbau und Abbau von Redundanzen als Bedingung für rekursive Operationen, das Wegarbeiten von Beliebigkeiten, die Verringerung von Informationslasten und das Einschränken von Anschlußmöglichkeiten -und all das vor dem Hintergrund des Zugeständnisses von Selbstreferenzen, also in dem Wissen, daß alles auch anders möglich wäre. Das Raffinement des Verstehens besteht

---

[189] Vgl. Luhmann 1987: 186

in der Auflösung der Paradoxie der Transparenz des Intransparenten. Man versteht nur, weil man nicht durchschauen kann." (Luhmann 1992: 25f)

Verstehen wird so zur Kontingenzreduktion durch legitime Projektion. Das Nicht-Verstehen wäre als eine Situation zu fassen, in welcher das 'Hineinvermuten' nicht möglich ist. Bei Luhmann wird das Verstehen durch die soziale Beziehung hervorgebracht, die selbst als Realisation der Differenz in der Reduktion von Kontingenzen besteht. Die Erzeugung von Individuen ist dann eine Art Nebenprodukt dieser Reduktionsvorgänge, und in der Tat liegt ja die Stärke der Systemtheorie darin, zeigen zu können, wie sich Besonderungen, -also das Individuelle, notwendig aus dem selbstreproduktiven Systemverhalten ergeben. Besonderung wäre im Falle sozialer Systeme eben die Zurechnung einer Selbstreferenz. Demnach ist das Individuelle lediglich ein Modus der Selbstbeschreibung, die von der sozialen Realität mehr oder minder eingefordert wird.[190] Individualität ist so ein Funktionsmoment, die Einforderung einer Selbständigkeit der Personen, um die Differenz gewährleisten zu können.

Luhmanns Konstruktion der sozialen Realität lebt von einer problematischen Unterscheidung: von der zwischen Kommunikation und Bewußtsein. Diese Unterscheidung garantiert die Differenz zwischen psychischen und sozialen Systemen und diese Differenz garantiert wiederum die Erfahrung doppelter Kontingenz.

"Ebenso gewiß ist (---), daß psychische und soziale Systeme in der selbstreferentiellen Geschlossenheit ihrer Reproduktion (---) nicht aufeinander zurückgeführt werden können. Beide verwenden ein je verschiedenes Medium ihrer Reproduktion: Bewußtsein bzw. Kommunikation. (---) Kein Bewußtsein geht in Kommunikation auf und keine Kommunikation in einem Bewußtsein." (Luhmann 1992: 367)

Demnach steht die Definition von sozialen Systemen als Kommunikation und Handlungszurechnungen:[191] das Bewußtsein kommt von außen, versorgt das soziale System mit 'hinreichender Unordnung',[192] wie auch umgekehrt, das soziale System das Bewußtsein durcheinander bringt. Die wechselseitige 'Interpenetration' psychischer und sozialer Systeme ist ein Komplexitätsgenerator, der Systemdifferenzierungen, als das Werden der sozialen Realität zuläßt. Lapidar zusammengefaßt, hört es sich so an:

---

[190] Vgl. Luhmann 1992: 360f
[191] Vgl. Luhmann 1992: 240
[192] Vgl. Luhmann 1992: 291

"Soziale Systeme entstehen auf Grund der Geräusche, die psychische Systeme erzeugen bei ihren Versuchen, zu kommunizieren." (Luhmann 1992: 292)

Es herrscht Fremdheit zwischen den psychischen und sozialen Systemen, zumindest bei Luhmann. Soziale Systeme sind keine Verlängerung von Bewußtsein, sondern sind vorgängig diesem inkommensurabel. Bewußtsein als 'autopoiesis', wie Luhmann es versteht, erzeugt sich selbst: das andere Bewußtsein, die menschliche Umwelt, hat nur funktionelle Bedeutung, ist eigentlich auch nur ein Umweg der Selbstreferenz. Die Ausschließlichkeit von Selbstreferenz, eben die 'autopoiesis' wird durch die Erfahrung von Kontingenz motiviert. Hier wäre die Frage zu stellen, ob es diese Kontingenzerfahrung wirklich gibt. Wie bereits öfters erwähnt, ist die 'ursprüngliche Kontingenz' reine Projektion. Was als Kontingenz auftritt ist Scheitern der Bestimmung durch Bewußtsein und die Reflexion auf diesen Umstand. Um dies zu untermauern, bedarf es keiner Hegelschen Genesis: es genügt, auf das zu verweisen, was wir die Metaphysik der Erfahrung genannt haben. Erfahrung hat so von vorne-herein eine Bestimmung, die sie gegen Kontingenz abschottet; -die Bestimmungen selbst sind Resultat der Kommunikation oder eben des Austausches im Gattungsprozeß. Das meint schlicht, daß jede Erfahrung, auch die von Kontingenz, immer schon sozialisiert ist.

Daß Bewußtsein in Kommunikation nicht aufgeht wie auch umgekehrt, ist ein Umstand, der dem Verhältnis der Negativität zwischen Allgemeinem und Besonderem folgt. Das soziale System, das nach Luhmann wesentlich Kommunikation ist, ist dem System Bewußtsein nur insofern inkommensurabel, als letzteres Einzelbewußtsein meint. Hegel verstand unter Begriff eben nicht Einzelbewußtsein, sondern Bewußtsein überhaupt: insofern ist bei ihm Kommunikation und Bewußtsein zusammengedacht als das Allgemeine. Für Luhmann bleibt das Bewußtsein am Individuum kleben. Letztlich geht es darum, mit Hegel gegen die Hegelsche Freiheit zu argumentieren. Diese Freiheit, die voll-entfaltete Rationalität, ist gleichbedeutend mit der Aufhebung des Individuellen. Die vollständig freie Persönlichkeit ist das Allgemeine, ist 'alle Realität', auch die soziale. Da nun die Wirklichkeit des Sozialen sich diesem Hegelschen System nicht fügte, weil das Bewußtsein wirklich am Individuum kleben blieb, versucht Luhmann zu erklären, wie Rationalität ohne Hegelsche Genesis möglich sein kann. Das macht er aber, wie schon erwähnt, durchweg mit Mitteln, die doch stark an die Hegelsche Dialektik erinnern.[193]

Was bei Hegel als Dialektik zwischen Allgemeinem und Besonderem scheitert, wird bei Luhmann zum Prozessieren einer Differenz, die soziale Systeme ermöglicht. Das soziale System wäre demnach genau dieses Scheitern und so zur Irrationalität verurteilt. Rationalität ist ja bei Luhmann eine 'durch Selbstreferenz provozierte Unwahrscheinlichkeit', die sich aus Kontingenzerfahrung herleitet: eine erklärbare aber an sich unwahrscheinliche Reaktion.[194] Wir verglichen die Kontingenzerfahrung mit dem, was wir nicht-metaphysische Erfahrung nannten. Die Luhmannsche Konstruktion macht daraus ein transzendentales Moment, um soziale Systeme erklären zu können. Wir haben schon das implizite Theorem der Vorgängigkeit von Kontingenz kritisiert, aber auch Systeme überhaupt sind nur bei vorausgesetzer Kontingenz denkbar,- sie sind Ordnungsmechanismen, die andere Ordnungen immer nur als kontingent erfahren müssen. Systemtheorie wäre so das wahre Bollwerk gegen die Metaphysik, sofern man Systeme als physische Einheit begreifen will.

Als metaphysischer Rest bleibt das Postulat der Selbsterhaltung, aus dem sich dann verschiedene Soll-Werte ableiten lassen. Im Falle der sozialen Systeme wäre das die Anschlußfähigkeit von Handlung (-was eine große Nähe zur Kantschen Ethik hat). Anschlußfähigkeit der Handlung ist eine Forderung, die unmittelbar die Selbsterhaltung von sozialen Systemen betrifft. Eine weitere Forderung ist die nach Instabilität: ohne diese würden soziale Systeme aufhören, zu existieren. Das nun ist überhaupt nicht Kantisch: vielmehr ist darin die Absage an den 'ewigen Frieden' als Leitgröße. Die Rede von der Selbsterhaltung ist äußerst abstrakt: reale Kommunikations-Akte und Handlungen sichern wesentlich nicht ihren Anschluß. Nur ganz global kann man das bisherige Überleben der Gattung konstatieren, aber daraus die Leitgröße selbstreferentieller Systeme zu machen, ist nun wirklich schlechte Metaphysik nach nominalistischem Vorbild. Auch die Forderung nach Instabilität kann nur als eine Art List der Vernunft gedacht werden, handelt doch hier das soziale System gegen das es interpenetrierende System des Bewußtseins. Die Instabilität ist wesentlich Ausdruck eines Mißlingens; -

---

[193] In einer Fußnote bei Luhmann heißt es: "Auch sind Philosophen, die sich mit Hegel befassen, zumeist nicht bereit, das Bewußtsein auf den Bereich zu beschränken, indem es empirisch vorfindbar ist, nämlich auf psychische Systeme." (Luhmann 1992: 496)
[194] Vgl. Luhmann 1992: 640

daraus ein weiteres Prinzip für soziale Systeme zu machen, ist schlechte Ontologisierung und setzt sich ebenfalls dem Verdacht der Metaphysik aus.

Die gesamte Luhmannsche Konstruktion sozialer Systeme setzt die ursprüngliche Differenz von Bewußtsein und Sozialem voraus, eine unaufhebbare Differenz, die als System prozessiert. Es ist fast die schlichte Inversion der ursprünglichen Identität von Ich und sozialer Umwelt bei Schütz. Wir hingegen wollen lieber von einer Involution sprechen: das Individuum ist in die soziale Realität wesentlich involviert, und diese Involution strukturiert das, was wir die Metaphysik der Erfahrung genannt haben. Diese Metaphysik läßt sich auch als 'Bann' begreifen, als eben diese Geschichte der Gattung, die die soziale Realität ist. Die Möglichkeit der Erfahrung der Differenz oder der Kontingenz ist das Scheitern der Metaphysik, welcher Umstand konstitutiv für das Individuum und für die Differenz ist. Systeme entstehen dann, wenn die metaphysische Struktur der Erfahrung an der Umwelt scheitert und nur noch die Hoffnung bleibt, daß alles irgendwie sich regelt. Reflektiert die Systemtheorie diesen Umstand nicht, so kann sie die wesentliche Ambivalenz der sozialen Realität nicht erklären: daß das Individuum in der sozialen Allgemeinheit keine Gegenwart haben kann und doch immer wieder diese Gegenwart als Grund und Bedingung seiner eigenen Existenz erfährt.

Im Vergleich von verstehender Soziologie und Systemtheorie fällt die Gemeinsamkeit des holistischen Vorgehens auf: soziale Realität wird so konstruiert, daß sie gegenüber der individuellen Erfahrung entweder absolut homogen oder absolut heterogen ist. Die soziale Umwelt wird ursprünglich entweder als Identisches oder als Kontingenz erfahren. Beide Konstruktionen ermöglichen eine Soziologie als Wissenschaft von der sozialen Realität und beide weisen dem Verstehen innerhalb dieser sozialen Realität einen wesentlichen Ort zu. Die verstehende Soziologie setzt das Verstehen als vollständig positiv bestimmt, da sich alles im Rahmen des Selbstverständlichen und seinen Variationen bewegt; die Systemtheorie macht daraus ein funktionelles Moment von Komplexitätsreduktion, das wesentlich auf Projektion beruht. Die Möglichkeit des Nicht-Verstehens ist beiderseits substantiell nicht gegeben.

Habermas hat einen großangelegten Versuch unternommen, lebensweltliche und systemtheoretische Konzepte miteinander zu verbinden, nicht ohne das Ganze mit geschichtsphilosophischen Elementen zu garnieren. Die Habermas'sche Vorstellung läuft auf den Verzicht holistischer methodologischer Ansprüche hinaus: sowohl die lebensweltliche Analyse als auch die Systemtheorie sollen eingeschränkt zum Zuge kommen dürfen. Diese Kompetenzverteilung setzt Habermas als adäquate Antwort auf einen historischen Prozeß, der als 'Entkoppelung von System und Lebenswelt' beschrieben ist.

"Ich verstehe die soziale Evolution als Differenzierungsvorgang zweiter Ordnung: System und Lebenswelt differenzieren sich, indem die Komplexität des einen und die Rationalität der anderen wächst, nicht nur jeweils als System und Lebenswelt- beide differenzieren sich auch gleichzeitig voneinander. (---) Auf dieser Analyseebene bildet sich die Entkoppelung von System und Lebenswelt so ab, daß die Lebenswelt, die mit einem wenig differenzierten Gesellschaftssystem zunächst koextensiv ist, immer mehr zu einem Subsystem neben anderen herabgesetzt wird. Dabei lösen sich die systemischen Mechanismen immer weiter von den sozialen Strukturen ab, über die sich die soziale Integration vollzieht." (Habermas Bd.II, 1981: 230)

Habermas verzichtet weitgehend auf die Beantwortung der Frage, warum denn die soziale Evolution diese Entkoppelung hervorbringt, und umgeht damit die Fallen der Geschichtsontologie. Rationalitätssteigerung wird so aber selbst zum Algorithmus, der aber die soziale Gegenwart nicht erklären kann, denn diese ist das Resultat dieses Algorithmus. Es handelt sich um eine grundlos gewordene soziale Gegenwart, die einerseits nicht als Kontingenz erfahren werden kann, da sie Geschichte hat, -andererseits aber nicht mehr in diese Geschichte sich fügt. Das soziale Subjekt ist dann diese Spaltung: einerseits ist es in der Hegelschen Pflicht, Staat zu sein;[195] andererseits kann es diese Pflicht nicht mehr in seine bereits rationalisierten lebensweltlichen Erfahrungen integrieren. Genau diese Spaltung hat dann für Habermas wesentlichen Erklärungswert für die Pathologien der 'Moderne', die er bei Parsons ungeklärt sieht:

"Die in den Grundbegriffen vollzogene Gleichschaltung der Rationalisierung der Lebenswelt mit Komplexitätssteigerungen des Gesellschaftssystems verhindert genau die Unterscheidung, die wir vornehmen müssen, wenn wir die in der Moderne auftretenden Pathologien erfassen wollen." (Habermas Bd. II, 1981: 433)

Es geht, wenn man von Pathologien spricht, um ein Scheitern, um die Verhinderung von Versöhnung. Die Entzweiung besteht darin, daß die lebensweltliche Rationalität mit der Steigerung der Komplexität des funktio-

---

[195] "Der Staat ist als die Wirklichkeit des substantiellen Willens, die er in dem zu seiner Allgemeinheit erhobenen besonderen Selbstbewußtsein hat, das an und für sich Vernünftige. Diese substantielle Einheit ist absoluter unbewegter Selbstzweck, in welchem die Freiheit zu ihrem höchsten Recht kommt, so wie dieser Endzweck das höchste Recht gegen die Einzelnen hat, deren höchste Pflicht es ist, Mitglied des Staats zu sein." (Hegel Bd. VII, 1969: 399)

nierenden Ganzen nicht mithalten kann: das Besondere und das Allgemeine ist im Gang der Geschichte irreversibel auseinander gegangen. Die Vernunft der lebensweltlichen Subjekte reicht nicht mehr aus, den Hegelschen Staat zu machen oder dieser zu sein. Andererseits existiert der Staat, dieses System. Der pathologische Effekt zeigt sich nach Habermas in erster Linie an einer 'Fragmentierung des Alltagsbewußtseins':

"Die in System/Lebenswelt-Begriffen reformulierte Theorie der spätkapitalistischen Verdinglichung bedarf also der Ergänzung durch eine Analyse der kulturellen Moderne, die den Platz einer überholten Theorie des Klassenbewußtseins einnimmt. Statt der Ideologiekritik zu dienen, hätte sie die kulturelle Verarmung und die Fragmentierung des Alltagsbewußtseins zu erklären; statt den verwehten Spuren eines revolutionären Bewußtseins nachzujagen, hätte sie die Bedingungen für eine Rückkopplung der rationalisierten Kultur mit einer auf vitale Überlieferungen angewiesene Alltagskommunikation zu untersuchen." (Habermas Bd. II, 1981: 522)

Habermas umgeht die Geschichtsontologie und handelt sich dabei einen Theorieverzicht ein. Wenn die soziale Realität als Ganzheit nicht mehr existiert, ist das noch lange kein Grund für die Theorie der sozialen Realität, sich dieser Fragmentierung quasi mimetisch anzupassen. Die Festschreibung einer totalen Theorie als prinzipielle Täuschung folgt zwar dem Adornoschem Diktum, daß das Ganze das Unwahre sei, -gleichzeitig war der Adornoschen Philosophie der Trotz gegen diese Fragmentierung wesentlich. Von diesem Aufbegehren ist bei Habermas wenig zu spüren. Sein Gestus ist der von Resignation bzw. weiser Sentimentalität. Die Soziologie nach Habermas muß auf das Verstehen verzichten, -vermeidet aber auch das Nicht-Verstehen. Eine Theorie der sozialen Realität:

"...muß auf die kritische Beurteilung und normative Einordnung von Totalitäten, Lebensformen und Kulturen, von Lebenszusammenhängen und Epochen im ganzen verzichten." (Habermas Bd. II, 1981: 562)

Es ist ein erpreßter Verzicht auf Integrität: die Theorie kann dann am Ganzen gar nicht mehr scheitern, weil sie es erst gar nicht erfassen will. In dem Sinne geht es Habermas nicht so sehr darum, wie Soziologie eigentlich möglich ist, sondern darum, auf was Soziologie sich beschränken soll. Sie ist implizit nur noch dann möglich, wenn sie die Fragmentierung des Alltagsbewußtseins als Programm gleichsam in sich aufnimmt: eben den Begriff der sozialen Realität selbst aussetzt oder vernichtet. Der Verzicht der Theorie auf Totalität führt aber andererseits zu mancherlei Eintopf: zur kontingenten Sammlung von Einzelereignissen, deren scheinhafter Bezug zueinander von der Soziologie übernommen wird. So faßt etwa Habermas ohne weiteres unter dem Titel moderner Protestbewegung die Gegnerschaft zur Kernkraft und die Emanzipationsbestrebungen der Homosexuellen zusammen. Das kann nur einem fragmentierten Theoretiker unterlaufen, der auf den Begriff des Ganzen verzichtet hat.

Das wesentliche Moment dabei ist aber dies: durch die Aussetzung des Ganzen hat man die Dialektik von Allgemeinem und Besonderem eben nicht ausgetragen. Das Besondere wird in Abwesenheit der Allgemeinheit zum je einzelnen, und das ist eigentlich mit der Fragmentierung auch gemeint. Das soziale Subjekt soll in seiner Fragmentierung vergessen können, daß es leidet: stattdessen wird es sich seinen Bruchstücken zuwenden, in der Gewißheit, seine Integrität nicht erreichen zu können. Damit wird aber auch die Soziologie in gewisser Hinsicht grundlos, denn sie selbst kann nicht mehr darüber entscheiden, ob sie ein wichtigeres Geschäft vorstellt, als zum Beispiel das Zählen von Ameisen. Habermas kommt hier zu seinem Punkt:

"Darum wird eine Theorie, die sich der allgemeinen Struktur der Lebenswelt vergewissern will, nicht transzendental ansetzen können; sie kann nur hoffen, der ratio essendi ihrer Gegenstände gewachsen zu sein, wenn Grund für die Annahme besteht, daß der objektive Lebenszusammenhang, in dem sich der Theoretiker selbst vorfindet, dafür sorgt, daß sich ihm die ratio cognoscendi eröffnet." (Habermas Bd. II, 1981: 590)

Man kann Habermas zu Gute halten, daß er die richtige Konsequenz aus seiner Theorie zieht: allerdings erinnert das Ganze doch etwas an die Fabel, nach welcher der alte Fuchs die Trauben kurzweg als zu sauer bestimmt, nachdem er sie nicht erreichen konnte. Die Definition der sozialen Realität als Fragmentierung bzw. als Werden des Fragmentierens hält für die Soziologie nur Paradoxien bereit. Wenn die Fragmentierung notwendig ist, dann war alle Soziologie bisher in einer hartnäckigen Illusion befangen. Ist die Fragmentierung jedoch ein kontingent-empirisches Ereignis, so wird die Soziologie selber zum kontingent-empirischen Ereignis. In beiden Fälle wird Soziologie unnmöglich, denn ihr Gegenstand, die soziale Realität als einheitlich, geht ihr verloren. Dann bleibt in der Tat für den Soziologen nur noch die zitierte Habermasche Hoffnung, bei welcher es auch egal ist, ob sie sich auf die Komplexität des Systemischen oder auf die Rationalität der Lebenswelt bezieht. Letztlich ersetzt die Rede von der Fragmentierung der sozialen Realität lediglich das Bemühen, ihre konstitutive Negativität zu denken.

Diese gilt es nun zu entwickeln. Bisher haben wir die soziale Realität im Kontext der Begriffe von Identität, Differenz und Fragmentierung situiert gesehen. Daraus folgten Erklärungen für die Möglichkeit der Versöhnung, für die Existenz von Rationalität und für 'moderne Pathologien'. Das Nicht-Verstehen allerdings, das wesentlich das Verhältnis von Individuum und sozialer Realität strukturiert, hat in den betrachteten Theorien keinen Ort. Das Nicht-Verstehen wird ersetzt durch das Vergessen des Selbstverständlichen, durch Kontingenzerfahrung und durch die Dispersion von System und Rationalität. Wir wollen nun den Versuch unternehmen, soziale Realität so zu formulieren, daß das Phänomen des Nicht-Verstehens sowohl als fundamentales Struktur-Moment derselben sichtbar wird, als auch die konstitutive Rolle der sozialen Realität für das Nicht-Verstehen deutlich werden kann. Diese Wechselwirkung läßt sich auch so begreifen, daß sich soziale Realität über das Nicht-Verstehen reproduziert, indem sie dieses selber immer wieder hervorbringt.

In den Exkursen, die das Nicht-Verstehen auf der Ebene der sozialen Realität abgehandelt haben, tauchte immer wieder das Problem der Gegenwart und der Integration auf. Das sind die Bedingungen der hermeneutischen Ur-Situation: nämlich die Anwesenheit eines realen oder phantasierten Gesprächspartners und die Teleologie der Integration. Die Auseinandersetzung zwischen dem Individuum und dem, was es als Kraft sozialer Bestimmungen erfährt, ist wesentlich geprägt durch die Abwesenheit einer Instanz. Diese Instanz ist die 'Mehrheit', welchen Begriff es näher zu erläutern gilt. 'Mehrheit' sei das virtuelle Subjekt der sozialen Bestimmungen; -das kann die Phantasie über die Volksversammlung einer Ur-Horde sein, kann aber auch schlicht eine Mehrheit an Macht bedeuten. Die Mehrheit ist die Projektion eines sozialen Subjekts der Gattungsgeschichte, die Projektion eines Wollens. Die Dimensionen dieser Projektion können qualitativ oder quantitativ sein: sie konvergieren letztlich im Begriff der Macht als das, was sich durchsetzt.

Die Mehrheit im sozialen Prozeß zeichnet sich also dadurch aus, daß sie abwesend ist: das gilt aber nur, wenn man soziale Prozesse als Kommunikationsvorgang, also als prinzipiell hermeneutisch strukturiert begreift. Dies impliziert gleichzeitig die Abwesenheit des Subjekts der sozialen Bestimmungen. Nun kann aber das Individuum schlecht diese Einsicht haben, daß es sich um eine bloße Projektion handelt, denn jede soziale Handlung referiert dieser abwesenden Mehrheit. Es ist dies wiederum die Metaphysik, diesmal der 'sozialen Erfahrung'. So ist etwa jede Mehrheitsbildung, -etwa bei einer demokratischen Wahl, eine Referenz an eine abwesende Mehrheit, die sich als die soziale Bestimmung der gegenwärtigen gesellschaftlichen Lage und als das Hervorbringen von Problemlösungsangeboten zeigt. Jede

Machtstruktur in modernen Staaten repräsentiert eine Mehrheit unter der Bedingung, daß sie, was ihre kommunikative Verfügbarkeit betrifft, abwesend ist.

Hegel hat dieses Problem erkannt: seine Lösung ist die Figur des Königs, der eigentlich nur eine leere Intensität oder der reine Wille, -also Unperson[196] ist. Hegel bietet der für die soziale Realität wesentlichen Projektion eines Subjekts sozusagen eine Projektionsfläche. Es ist aber eher eine strukturelle als eine hermeneutische Lösung, denn der König steht als Gesprächspartner nicht zur Verfügung: wenn er im Namen des Volkes spricht, kann er sich beim lebendigen Volk nicht rückversichern. Der Name des Volkes ist dem König unbekannt. Er kennt, wenn er sich unerkannt unters Volk mischt, nur einzelne Namen, und das macht die ganze Angelegenheit wiederum kontingent. Der Modus, die Macht zu personifizieren bei gleichzeitiger Abwesenheit dieser Person ist ein Strukturmoment der sozialen Realität, das sich von primitiven Organisationsformen bis zu den modernen westlichen Demokratien durchgehalten hat. Die Ur-Horde setzte den Häuptling in Quasi-Spiritualität: die Macht sozialer Bestimmungen lag bei der 'Mehrheit' der abwesenden Götter. Die modernen Demokratien sind Ausdruck der Reflexion auf diese Konstellation, sofern sie gar nicht erst den Versuch machen, Macht zu personifizieren. Macht wird hier nur jeweils repräsentiert.

Zu erwähnen gilt es, daß die 'Mehrheit' als Macht, sofern sie als anwesend gedacht wird, eine Metapher für den Naturzustand vorstellt. Diese projizierte Anwesenheit markiert nicht den eigentlichen Vergesellschaftungsvorgang, sondern dieser beginnt erst, indem die Anwesenheit von Macht zurückgedrängt wird. Wenn die Anwesenheit der Macht der Mehrheit notwendig ist, so herrscht Naturzustand: andererseits erlaubt nur diese Anwesenheit die Kommunikation. Die Vergesellschaftung ist so auch ursprünglich stumm, ohne Selbstverständnis. Sie bringt auf der anderen Seite eine Virtualisierung der Mehrheit hervor, die nur auf dem Raster ihrer Abwesenheit funktionieren kann. Das sozialisierte Individuum projiziert diese abwesende Mehrheit dann als Wollen eines sozialen Subjekts.

Die weitere Frage ist nun, wie diese Konstellation der abwesenden Mehrheit auf die Individuen zurückwirkt. Die Antwort ist vorerst kurz: es ist ihre Vergangenheit, auf die sie keinen Zugriff haben, und die in jedem Moment ihrer Erfahrung von sozialer Realität nachwirkt. Das Individuum wird so

---

[196] "In einer wohlgeordneten Monarchie kommt dem Gesetz allein die objektive Seite zu, zu welchem der Monarch nur das subjektive -Ich will- hinzusetzen hat." (Hegel Bd.VII, 1969: 451)

gezwungen, die abwesende Mehrheit als Wollen eines sozialen Subjekts anzuerkennen. Wir haben das am Beispiel des 'Verkehrs der Geschlechter' zu verdeutlichen versucht: die Gegenwart dieses Kampfes um adäquate Anerkennung ist die Geschichte des Patriarchats, also einer Konstellation früherer 'Mehrheiten' (wobei immer mitzudenken ist, daß Mehrheit die Macht der Bestimmung vorstellt). Diese Mehrheit ist abwesend, -ihr sinnstiftendes Moment liegt nur noch in der Bestimmung der Geschlechter: also in der Bestimmung, daß eine Frau eine Frau und ein Mann ein Mann ist. Das Individuum erfährt hier die abwesende Mehrheit als seine eigene Bestimmung. Ähnlich verhält es sich im Falle der 'Neurose': die Mehrheit der Vorfahren haben die Verfassung von Normalität ebenso bestimmt, wie diese 'Erbsünde', die unendlichen Verwicklungen der einzelnen Menschen in ihre mißglückte Sozialisation. Das neurotische Individuum hat in seinem Unglück eben nur die abwesende Mehrheit als Ansprechpartner, und das ist wesentlich sein Unglück.

Da die Mehrheit abwesend ist, hat sie keine Gegenwart, -zumindest keine hermeneutische. Dennoch bestimmt sie die wirkliche Gegenwart, und zwar im Modus des Leidens. Die Bedingung des Leidens für das Individuum ist seine Leiblichkeit, denn in dieser Konkretion ist Leiden überhaupt möglich. Auch der sogenannte seelische Schmerz bindet sich letztlich an leibliche Äußerungen zurück, und in diesen leiblichen Äußerungen hat das Individuum eine Gegenwart. Das ist die negative Konstitution des Individuums als Besonderung. Die Vergesellschaftung, die Vergangenheit des Individuums als seine soziale Bestimmung hat nun die Funktion, gegen das Leiden gerichtet zu sein: Sozialisierung als Aussetzung einer ursprünglichen Gewalt. Darin könnte nun eine Identität des Individuums im sozialen Prozeß liegen, wäre der Begriff des kollektiven Leidens nicht in sich selber antagonistisch. Dieser Antagonismus löst sich auf in einer Entleiblichung des Leidens, - also in der Aussetzung der Gegenwart des Leidens. Nun hat aber das Individuum seine Gegenwart genau in der Leiblichkeit seines Leidens. Kollektivität ist eben nicht an einem Leib zu haben, sondern nur in der Arbeit der Abstraktion, die hier das Vergessen des konkreten Leidens ausmacht. Damit verlängert sich der Antagonismus: das Subjekt der sozialen Realität hat wesentlich den Auftrag, Leid zu vermeiden; diese Leidvermeidung ist auch so dem Willen der abwesenden Mehrheit zuzuschreiben. Andererseits leidet nicht das Subjekt der sozialen Realität, und die Mehrheit kann in ihrer Abwesenheit auch nicht leiden. Gelitten hat immer nur die einzelne Person.

Daraus ergibt sich noch keine Anthropologie; lediglich zeigt diese Konstellation die konstitutive Wirkung der sozialen Realität auf eine Fassung von Negativität an, aus der dann das Nicht-Verstehen folgen kann. Anthropologie wäre allenfalls dort angebracht, wo die Bestimmung des sozialisierten Individuums in den Begriffen von Ambivalenz und Bann gefaßt wird. Der Bann steht für die Metaphysik der Erfahrung, für die Unmöglichkeit, soziale Realität als Kontingenz zu erfahren. Der Begriff des Banns drückt aber schon diese Negativität aus: nämlich daß die Vergesellschaftung als Hervorbringen von Allgemeinheit gewissermaßen eine erzwungene ist. Das Individuum hat im Bann keine Gegenwart, denn ein Mensch, der unter einem Bann handelt, ist sich selber nicht gegenwärtig. Da nun aber der Bann nicht die Verwaltung schöner Seelen ist, -was den Umstand der Fortdauer des individuellen Unglücks bedeutet, wird das Individuum auf sich zurückgeworfen, was seinen Status der Negativität begründet.

Daraus ergibt sich wesentlich die Verfassung der sozialen Beziehung als Ambivalenz. Diese Ambivalenz ist der Ausdruck einerseits der Pflicht, wie Hegel es nennt, der Staat zu sein und die Versagungen, die das Individuum in seiner Verallgemeinerung erfährt. In der Ambivalenz ist die Gegenwart der sozialen Realität als negative: das Leiden an ihr schwindet fortdauernd an der Notwendigkeit der Anerkennung und damit auch mit der Notwendigkeit eines Absehens des Individuums von sich selbst. Die soziale Anerkennung ist, wie auch immer, Unterwerfung, erpreßte Rationalität angesichts eines Leidens; andererseits hat die soziale Realität keine Gegenwart an ihr selber, da sie eben immer einer abwesenden Mehrheit referiert, wobei der erste Ausdruck dieser Referenz im Begriff der Pflicht, -moderner: der sozialen Verantwortung gefaßt ist.

Ambivalenz ist eine spezifische Form der Passivität aber auch des Beharrens eines Anspruchs: darin kann man nun die Realisation des Nicht-Verstehens sehen. Das hermeneutische Verstehen wird so zum Ausdruck des Banns; steht für den Zwang, die abwesende Mehrheit verstehen zu müssen, was jede hermeneutisch konzipierte Freiheit zweifelhaft werden läßt. Die Frage, die sich demnach stellt, ist weniger die, wie man in den hermeneutischen Zirkel hineingelangen kann, denn vielmehr die, wie diesem Zirkel zu entkommen sei. Dafür stünde die Reflexion auf das Nicht-Verstehen, -also die Transformation des Charakters des Zustoßens des Nicht-Verstehens in eine aktive Haltung. Denn sowohl in der Ambivalenz als auch im Nicht-Verstehen hat das Individuum die Anerkennung seiner selbst, durch die soziale Realität hindurch, indem es sich vor ihr behauptet. Das aber betrifft schon das Ethos des Nicht-Verstehens, auf das wir noch später eingehen werden. Zunächst wollen wir zusammenfassen.

Die soziale Realität konstituiert das Nicht-Verstehen, -was bedeutet diese Aussage? Zunächst ist es ja genau diese soziale Realität, die den Ort mannigfaltiger Sinnstiftungen vorstellt. Sie gibt den Menschen ein Selbstverständnis und ein Fremdverständnis, also fundamentale Orientierungen in ihren Handlungen und auch Erfahrungen. Diese Verfassung der sozialen Realität ist gegen diverse Zumutungen gerichtet, -also gegen die unmittelbare Gewalt oder gegen sonstige kreatürliche Mächte. Die soziale Realität hat in ihrer Ausrichtung das Selbstverständnis eines Schutzmechanismus, der sich in die Individuen als Metaphysik der Erfahrung verlängert. Das Selbstverständnis der sozialen Realität ist also im Auftrag gegeben, die Zumutung oder das Leiden aufzuheben. Die Erfahrung des Leidens als nicht-metaphysische Erfahrung verhält sich jedoch zur sozialen Realität negativ. Diese Negativität findet keine Bestimmung an der sozialen Realität, da sie nur die konkreten Individuen betrifft, die in dieser Realität keine Gegenwart haben. Die soziale Realität leidet, vermittelt über das Leiden der einzelnen Individuen, an sich selber: das ist das grundlegende Verhältnis der Negativität.

Das Individuum wird in der Konkretion seines Leidens aus der konstitutiven Selbstverständlichkeit der sozialen Realität gewissermaßen hinausgeworfen. Denn sein Leiden ist weder selbstverständlich, noch ist es gegenüber dem Sozialen kontingent, da das projizierte Subjekt des Sozialen dadurch bestimmt ist, daß es Leid vermeidet. So verlängert sich die Konstellation der Negativität innerhalb der sozialen Realität in die Beziehung von Individuum und Sozialem; diese Beziehung realisiert sich schließlich im Nicht-Verstehen. Die Form, in der sich dieses realisiert, haben wir Ambivalenz genannt; ein Phänomen mit Doppelcharakter. Einerseits zeigt sich Ambivalenz als Flucht von ihr selbst, -ist also lediglich das, was verschwinden soll. Andererseits reproduziert sich Ambivalenz in den Versuchen, sich abzuschaffen, wobei diese Reproduktion wesentlich blind ist, da in solchen Prozessen keine Selbstreflexion liegt. Ob es andererseits möglich ist, mit Ambivalenz umzugehen -das ist die Frage nach dem (selbst)-bewußten Nicht-Verstehen-, werden wir im Abschlußkapitel behandeln. Mit der Konstitution des Nicht-Verstehens durch die soziale Realität ist aber nur ein Anfang des Konstitutionsprozesses gesetzt, denn die Reproduktion der Ambivalenz im Versuch, sich loszuwerden, bringt Konstellationen hervor, die eben über den Begriff der sozialen Realität hinausgehen. So kann etwa ein Individuum, wenn es leidet, lediglich die Härte des Gesetzes verspüren: hier sind Verständigungsversuche ausgesetzt. Im Gesetz stellt sich die Realität insgesamt bereits als nicht-kommunikative Wirklichkeit vor, womit wir beim Thema des nächsten Abschnitts sind.

Das Gesetz

Das Gesetz ist Anerkanntsein, also ein gewisser Abschluß eines Kampfes um Geltung. Das leitet sich natürlich von der sozialen Realität her, geht aber darinnen nicht auf, denn das Gesetz bezeichnet nicht nur die soziale Ordnung sondern die Bindung von Ordnungen schlechthin. Das Gesetz, wie es hier behandelt werden soll, umfaßt sowohl die 'Juris-Diction' als auch die 'Nomo-Thetik', -setzt also Rechtssprechung und Naturgesetz homolog. Wir wollen, um das Phänomen etwas anschaulicher zu machen, mit einer kurzen Betrachtung einer Erzählung von Kafka beginnen, die sich 'Vor dem Gesetz'[197] nennt.

Hier geht es um Scheitern, um Unversöhnlichkeit und Verweigerung aber auch um eine große Illusion; -die Erzählung schildert ein Verhältnis persistierender Negativität ohne eine Ontologie von Negativität nahe zu legen.[198] Die Form, in der dieses Verhältnis zuerst erscheint, ist das Verbot, das Verbot, in die Ordnung (auch der Verbote) einzutreten. Die Negativität zeigt sich auch im Mißlingen eines Gesprächs: der Türhüter ist bloße Repräsentanz, -beruft sich auch auf eine 'abwesende Mehrheit', bringt aber darüber hinaus die Figur des Aufschubs ins Spiel. Dem Held der Erzählung wird der Eintritt nicht generell verweigert, -nur sei die Gegenwart der Erlaubnis, der geeignete Zeitpunkt noch nicht gekommen. Außerdem wird dem Helden seine eigene Ohnmacht bedeutet: schon der Anblick des dritten Türhüters (in einer Hierarchie) wäre nicht mehr zu ertragen. Auch wäre jeder gewaltsame Versuch, das Verbot zu übertreten, per se zwecklos.

Die Geschichte beschreibt dann ein Warten und ein Alt-Werden; die Momente darin sind die Teilnahmslosigkeit des Türhüters und die Veranstaltungen des Protagonisten, einen Weg in das Gesetz zu finden.

"Er wird kindisch, und, da er in dem jahrelangen Studium des Türhüters auch die Flöhe in seinem Pelzkragen erkannt hat, bittet er auch die Flöhe, ihm zu helfen und den Türhüter umzustimmen." (Kafka Bd IV, 1976: 121)

Beim nahenden Tod des Helden der Erzählung beginnt das Gesetz zu glänzen; -außerdem erfährt er seine Besonderung und Individualisierung gerade dann, als es sich anschickt, in die Gattung aufzugehen: der Eingang zum Gesetz, den er nicht passieren durfte, war nur für ihn allein bestimmt. Soweit die Kafkasche Erzählung, in der das Gesetz als das schlechthin Eva-

---

[197] In: 'Erzählungen' (Kafka Bd.IV, 1976: 120ff)
[198] Wie es beispielsweise in Sartres Erzählungen und Dramen oft der Fall ist.

sive erscheint; die allegorische Manifestation eines absoluten Verbots wird aber in dieser Erzählung nicht geboten: da ist keine Unmöglichkeit, ins Gesetz einzutreten. Es wird aber eine Konstellation von Negativität aufgezeigt, die zum Warten und zum Kindisch-Werden führt. Der Türhüter repräsentiert zwar das Gesetz, aber er steht gleichzeitig in unendlicher Vermittlung zu ihm. Vor dem Gesetz wird der Türhüter ebenso partikular wie die Flöhe in seinem Pelz. Der Held der Erzählung ist in einen Verblendungszusammenhang gesetzt, der vom Gesetz, das da glänzt, herzukommen scheint.

Ähnlich wie dem Kafkaschen Protagonisten ergeht es auch jenen Wissenschaftstheoretikern, die Einlaß ins Gesetz begehren, -das heißt, nach einem Begriff des Gesetzes suchen. Diese Suche endet meist mit einem bestimmten Gestus der Resignation, -so auch bei Stegmüller:

"..(daß) wir von einer vollständigen Lösung des Problems der Gesetzesartigkeit noch weit entfernt (sind)."(Stegmüller Bd I,2 1969: 318)

Es zählt mithin zu den schwierigsten Aufgaben der Wissenschaftstheorie, eine Bestimmung zu finden, was denn ein Gesetz sei.[199] Die Rolle eines Türhüters spielt der sogenannte 'irreale Konditionalsatz': die unendliche und negative Vermittlung möglicher Gesetzesbegriffe. Der logische Wahrheitswert eines 'irrealen Konditionalsatzes' setzt eine Definition des Gesetzes voraus,[200] während Wahrheit selbst 'weder eine hinreichende noch notwendige Bedingung für Gesetzesartigkeit ist'.[201] Das Problem ist die Partikularität der Einzelfälle, auf die sich das Gesetz nur beziehen kann, und die dennoch beliebig gesetzt werden können. Der Held der Kafkaschen Erzählung traut dem Türhüter ja auch eine bestimmte Macht zu, eine bestimmte Willkür, sonst würde er seine Bestechungsversuche unterlassen. Das Verhältnis der einzelnen Repräsentanz zum Gesetz bleibt ungeklärt, sowohl in der Kafkaschen Erzählung als auch in der modernen Wissenschaftstheorie.

Das Verhalten eines einzelnen soll dem Gesetz unterliegen, -da es aber sein Verhalten ist, besondert sich das einzelne und hat auch einen Geltungsanspruch in sich selber, -eben als dieses Besondere. Der mögliche Übergang von der Kontingenz des einzelnen zur wesentlichen Besonderheit ist das Problem der spezifischen Repräsentanz:

"Die zentrale erkenntnistheoretische Funktion des Gesetzesbegriffs dürfte damit klar geworden sein. Weder für das Induktionsproblem noch für die Aufgabe, eine Explikation des Erklärungsbegriffs zu liefern, noch für die

---

[199] Vgl. Stegmüller Bd I,2, 1969: 274
[200] Vgl. Stegmüller Bd I,2, 1969: 289
[201] Vgl. Stegmüller Bd I,2, 1969: 273

Frage des Wahrheitskriteriums für irreale Konditionalsätze scheint eine befriedigende Antwort möglich zu sein, solange die Unterscheidung zwischen Kontingenz und Gesetzesartigkeit nicht präzisiert ist." (Stegmüller Bd. I,2, 1969: 300)

Aus allen beliebigen Erscheinungen läßt sich, unter Annahme spezifischer Bedingungen, ein Gesetz machen: so wäre es das beliebige Setzen. Diese Beliebigkeit widerspricht aber dem Begriff des Gesetzes, das ja individuelles Verhalten als Repräsentanz einer allgemeinen Ordnung situieren soll. Für diese Konstellation steht auch das 'Goodman-Paradoxon'.[202] Das Paradoxon besteht einfach darin, daß man wahre Aussagen über anwesende und abwesende Smaragde macht, also die Zeitdimension möglicher Erfahrung ins Spiel bringt. Diese Zeitdimension ist dem Gesetz nicht äußerlich, sondern wesentlich: insbesondere das naturwissenschaftliche Gesetz hat das Interesse an einer zukünftigen Wirklichkeit: man will wissen, ob der Apfel fallen wird, nicht ob er gefallen ist. Die Frage nach dem Gesetz ist die nach der Transformation von Erfahrungswissen in Gewißheit über die Zukunft. Das Paradoxon von Goodman zeigt nun, daß es keine endgültigen Bestätigungen für jene Hypothesen geben kann, die die Erfahrung nahe legt. Mit anderen Worten: es gibt keine deduktiv-nomologische Begründung der Induktion, -also einer Fortschreibung des Erfahrungswissen in die Zukunft. Die Vertauschbarkeitsannahme muß sich frei von der realen Zeit halten, also von der Zeit, in welcher Erfahrung stattfindet. Und die reale Zeit konstituiert erst das Besondere, auf welches das Gesetz sich nicht beziehen darf.

"Eine gesetzesartige Aussage darf keine Bezugnahme auf bestimmte Zeitpunkte, Orte oder Objekte enthalten."(Kutschera Bd I, 1972: 340)

Gesetze haben nur absolute Geltung in einem Konstrukt von Zeitlosigkeit, -sie sind in dem Sinne also unwirklich. Hier scheint auch wieder die theologische Komponente im Gesetzesbegriff durch: nur Gott lebt in der Zeitlosigkeit und nur sein Erfahrungswissen läßt die Induktion zur Gewißheit werden. Diese Unwirklichkeit oder Negativität sind keine vollständigen Bestimmungen des Gesetzes, denn es hat ja Wirklichkeit: die Menschen leben in und nach Gesetzen. Zunächst können wir nur festhalten, daß das Gesetz das Interesse an einer zukünftigen Wirklichkeit ist. Hier nun können wir auf die erwähnten irrealen Konditionalsätze zurückkommen, -auf das, was ihre Formulierung motivieren könnte. Wenn morgen die Sonne nicht aufgeht, wird der Mond vom Himmel fallen. Das ist ein typischer irrealer Konditionalsatz. Das Interesse in ihm läßt sich so formulieren: Was passiert, wenn

---

[202] Näheres zum 'Goodman-Paradoxon' vgl. Kutschera Bd. I, 1972: 137 ff)

morgen die Sonne nicht aufgeht? Dieses Interesse hat nun in der Tat eine Wirklichkeit, und diese Wirklichkeit kann man als Wirklichkeit der Angst begreifen. Die Angst bezieht sich wesentlich auf die Wirklichkeit der Zukunft als unbestimmte. Aus dem Erfahrungswissen läßt sich allerlei Zukunft ausmalen. Gegen diese Angst wäre hier das Gesetz, daß die Sonne immer aufgeht, wobei sich das Gesetz in seiner Bewegung gegen die Angst nicht an empirische Häufigkeiten binden darf[203]. Das Gesetz darf nicht induktiv bestätigt werden, denn der Aberglaube, etwa die schwarze Katze, die einem Unglück bringt, folgt ja auch den Prinzipien der Induktion.

"Naturgesetze haben demgegenüber einen unbeschränkten Anwendungsbereich, sie sind daher Sätze, die, solange sie nicht als wahr akzeptiert werden,(---) die Wahrscheinlichkeit Null haben; und sie behalten diese Wahrscheinlichkeit auch nach Beobachtung noch so vieler positiven Instanzen, d.h. sie sind nicht induktiv bestätigungsfähig." (Kutschera Bd.I, 1972: 342)

An diesem Punkt angelangt, gibt es eigentlich nur noch zwei Wege, einen Begriff des Gesetzes zu finden: einen theologischen und einen pragmatischen. Der theologische Modus hat den Vorteil, daß er Denkbarkeiten per Dogma ausschließen kann, im selben Zuge, wie Gott selbst keiner induktiven Bestätigung fähig ist. Die Anerkennung Gottes erspart sich die Negativität durch den Glauben, etwa dem christlichen, wonach das Wort tatsächlich verkündet ward. Da aber die theologische Grundlegung des Gesetzes nicht an die mögliche Ordnung der Wirklichkeit hinreichte, waren es die positiven Wissenschaften, die das Gesetz in eigene Regie nahmen und eben in das Dilemma kamen, zu sagen, was das Gesetz sei. Das Dilemma findet seinen Ausdruck darin, daß die pragmatische Definition die einzige Form bleibt, in der das Gesetz zu haben ist. Zur pragmatischen Version führt in einem ersten Schritt eine negative Formulierung:

"Ein Naturgesetz ist ein nichtanalytischer wesentlich universeller Satz, der wissenschaftlich als wahr akzeptiert wird, obwohl er weder verifizierbar noch einer induktiven Bestätigung zugänglich ist." (Kutschera Bd. I, 1972: 434)

Das Naturgesetz ist Anerkannt-Sein, ebenso wie Gott ein Anerkannt-Sein ist. Der Glaube ist aber nicht grundlos, sondern beruft sich auf das, was man

---

[203] Ulrich Sonnemann hat das Gesetz im Kontext seiner 'Furcht vor dem Satz' interpretiert, und dabei ebenfalls die Erzählung Kafkas herangezogen. Bei Sonnemann erscheint der Satz, gegen welchen das Gesetz gerichtet ist, als die Unruhe des Besonderen in seinem Anspruch gegen das Allgemeine oder das Befestigte. Auch der Abbruch des Gesprächs durch das Gesetz, die Nivellierung der hermeneutischen Situation wäre Resultat dieser Angst. (Vgl. Sonnemann 1981: 301ff)

Evidenz nennen könnte. Nur läßt sich eben diese Evidenz nicht selbst dem Gesetz unterwerfen sondern eben nur behaupten.

"Wenn wir sie (-die Naturgesetze/ r.s.) als wahr akzeptieren, so nicht deswegen, weil wir wissen, daß sie wahr sind, oder das doch für wahrscheinlich halten, sondern weil sie sich bisher bewährt haben, d.h. allen Überprüfungen von Einzelinstanzen standgehalten haben, und wegen des großen theoretischen und praktischen Interesses, das ihnen zukommt, weil sie eine wesentliche Vereinfachung und Vereinheitlichung im System unserer Annahmen über die Welt bewirken und viele neue Informationen beinhalten." (Kutschera Bd.I, 1972: 342)

Das Gesetz unterliegt, sofern es pragmatisch definiert wird, einem Sinnkriterium, das ein Sollen ist: das Gesetz soll Sinn machen, damit es anerkannt werden kann. Hier nun wäre die Hermeneutik endlich über die positiven Wissenschaften erhaben, denn Begriffe wie 'Bewährung' und 'praktisches Interesse' können nur lebensweltliche Bezüge herstellen. Das Gesetz hat seine Wahrheit nicht an einer Logik[204] sondern am Prozeß der Anerkennung innerhalb von Kommunikation. Dieser Prozeß kann wiederum nicht dem Gesetz unterworfen werden, da die Kommunikation das Besondere ist und das Gesetz nicht von den Besonderungen abhängig sein darf. Ob ein einzelner Wissenschaftler ein Gesetz anerkennt, muß ebenso irrelevant bleiben, wie die Anerkennung eines Gesetzes von einer großen Mehrheit von Wissenschaftlern. Das Gesetz will Anerkennung durch das Allgemeine, und der Pragmatismus agiert implizit mit der Identifizierung von Anerkennung, Bewährung und Gesetzesartigkeit.

Gesetz ist letztlich das, was sich bewährt hat: dahinter ist eine blinde Theorie des 'surviving of the fittest', eine Art Evolutionsgedanke. Auch in Zukunft wird sich das durchsetzen, was sich durchgesetzt hat, wobei das Gesetz eben das Durchgesetze ist. Damit partizipiert auch das Gesetz an einer ursprünglichen Gewalt, und die Frage wäre, ob es denn prinzipiell andere Gesetze gibt, als solche, die sich aus dem Paradeigma des 'Gesetzes des Stärkeren' ableiten lassen. Erfahrungswissen wird so zum Wissen des Gebannten, der leidenden Kreatur: es ist das Wissen um die eigene Ohnmacht gegenüber einem prinzipiell Stärkeren. Um die Verbindung zum vorigen Abschnitt zu aktualisieren: dieses prinzipiell Stärkere ist im Fall der sozialen Erfahrung die 'abwesende Mehrheit'.

Wenn die Wissenschaftstheorie im Kontext des Gesetzesbegriffs am Ende ihrer Weisheiten auf Hermeneutik verweist, heißt das noch lange nicht, daß

---

[204] Vgl. Kutschera Bd I, 1972: 329

die Hermeneutik ihrerseits einen Begriff des Gesetzes haben und halten kann. Denn das Gesetz ist nicht Resultat eines lebendigen Gesprächs, sondern Druck der Wirklichkeit auf das Individuum. Das Individuum kann sich mit der Ordnung der Wirklichkeit nicht auseinandersetzen, -unterliegt dem Gesetz im Prozeß der Anerkennung der Tatsächlichkeit. Diese Anerkennung ist nicht frei, welches Kriterium einer hermeneutischen Version zugrunde liegen würde. Das Individuum muß die Tatsächlichkeit anerkennen, um zu überleben. Insofern kann das Gesetz für die Hermeneutik nur jene Gewalt repräsentieren, mit welcher man sich arrangieren muß.

Das Gesetz bleibt in einer Konstellation von Negativität: in ihm ist ein Interesse an der Wirklichkeit im Sinne der Anerkennung einer Ordnung. Die freie Anerkennung wäre eine Induktion, die Bezug auf die Erfahrung des einzelnen nimmt. Nun reicht die Erfahrung keines einzelnen aus, um die Bewährung für das Allgemeine zu leisten, und das Gesetz bezieht sich auf das Allgemeine. Das Gesetz bleibt dem Verstehen der Individuen entzogen; allerdings ist das Gesetz für die Individuen auch nicht kontingent: das Interesse an der eigenen zukünftigen Wirklichkeit in Rücksicht auf das Allgemeine ist den Menschen substantiell.

Um die Negativität des Gesetzes genauer zu entwickeln, wollen wir nun auf Hegel zurückgreifen; in dessen 'Logik' wird das Gesetz vorerst im Abschnitt 'Die Objektivität' eingeführt, die zur subjektiven Logik gehört. Objektivität ist hier das Negative des Begriffs, sofern sie ihm noch äußerlich ist. Hegel setzt:

"Die Ordnung, welches die bloß äußerliche Bestimmtheit der Objekte ist, ist in die immanente und objektive Bestimmung übergegangen; dies ist das Gesetz." (Hegel Bd. VI, 1969: 426)

Es ist eine Form von Zurechnung und Anerkennung: die Bestimmung will in diesem Sinne nicht äußerlich sein: sie will das Objekt oder diese Wirklichkeit in einer Immanenz. Das bleibt bei Hegel aber ein bloßes Sollen, denn das Gesetz ist das Setzen als Objekt, als Wirklichkeit, nicht das Objekt und die Wirklichkeit selbst.

"Jenes Identische oder Ideelle der Individualität ist um der Beziehung auf die Äußerlichkeit willen ein Sollen; es ist die an und für sich bestimmte selbstbestimmende Einheit des Begriffs, welcher jene äußerliche Realität nicht entspricht und die daher nur bis zum Streben kommt." (Hegel Bd VI, 1969: 426)

In der Reflexion darauf, daß das Gesetz bloß dieses Streben ist, wird das Gesetz als beliebig erkannt; diese Beliebigkeit nennt Hegel den 'freien Mechanismus', der in eine freie Notwendigkeit übergeht. Das Notwendige ist das Interesse an der Immanenz der Objekte, -am Recht der Wirklichkeit. Die Freiheit daran ist, daß das Gesetz nur für sich selbst als diese Abstraktion besteht. Das Gesetz ist somit bloß negative Bestimmung der Kontingenz bzw. der Äußerlichkeit. Die Objektivität soll nicht in der Äußerlichkeit, in ihrer bloßen Erscheinungsweise aufgehen. Darin erscheint wiederum das Interesse, daß die Wirklichkeit nicht beliebig sei. Andererseits erkennt sich das Gesetz als die negative Form der Beliebigkeit und hebt sich im Chemismus auf. Dieser Begriff mutet freilich etwas komisch an, meint aber:

"Der Chemismus macht im ganzen der Objektivität das Moment des Urteils, der objektiv gewordenen Differenz und des Prozesses aus." (Hegel Bd. VI, 1969: 428)

Das Gesetz geht über in das Urteil; -dieser Gedanke wird, wie wir später sehen werden, in der 'Rechtsphilosophie' etwas anders gestaltet: hier aber geht es um das Reich der Objektivität, in welchem das Gesetz in seiner Negativität keinen Bestand hat, sondern sich bloß im Urteil realisieren und damit aufheben kann. Das meint nichts anderes, als daß das Gesetz seine konkrete Anwendung ist, also seine Allgemeinheit immer wieder erstreiten muß. Sicherlich ist das ein unhaltbarer Zustand, und dementsprechend kommt das Urteilen bei Hegel in einer Teleologie zur Ruhe. Diese Teleologie braucht dann keine Gesetze mehr, bzw. ihr sind die Gesetze völlig untergeordnet. Das ist übrigens auch die Essenz des Pragmatismus: die Durchsetzung des Stärkeren, die Bewährung ist eine teleologische Figur. Die einzelnen Gesetze werden dagegen immer nur 'post hoc' darin bestätigt, daß sie sich durchgesetzt haben.

Etwas anders wird der Begriff des Gesetzes bei Hegel in der 'Phänomenologie des Geistes' behandelt; -auch hier hat es im System den Status der Negativität, aber diese ergibt sich aus der Bestimmung des Gesetzes als Gesetz: der Begriff des Gesetzes hebt dieses selbst auf. Das fällt durchaus zusammen mit dem Dilemma der Wissenschaftstheorie, die ein Gesetz des Gesetzes haben will, -also eine Bestimmung der Wahrheit dessen, was ein Gesetz zum wahren Gesetz macht.

"...denn es ist nur das Gesetz als das Wahre vorhanden; aber der Begriff des Gesetzes ist gegen das Gesetz selbst gekehrt." (Hegel Bd.III, 1969: 122)

Es bleibt immer der Stachel der Beliebigkeit, der Autoritätsanmaßung über das, was wirklich sein soll. Der Verstand freilich fühlt diesen Stachel nicht, denn das Gesetz ist sein Reich, sofern der Verstand eben von einem unmittelbaren Interesse an der Wirklichkeit beherrscht wird. Dieses unmittelbare Interesse hält sich nicht durch und hebt sich in einem Selbstbewußtsein auf. Hegel nimmt in der 'Phänomenologie' das Gesetz als Resultat der Arbeit des Verstandes, was der pragmatischen Lösung des Gesetzesproblems in der gängigen Wissenschaftstheorie nahekommt. Es geht um die natürliche Ordnung, um die immanente Ordnung der Wirklichkeit, die quasi eine Akzeptanz erpreßt. Hegel spricht hier von der 'Kraft', also von einer Durchsetzungsfähigkeit einer ideellen Ordnung im Reich der Erscheinungen. Der Stein fällt beharrlich zu Boden, bis dieser Umstand als Gesetz anerkannt wird. Der Widerspruch, den Hegel formuliert, ist auch der Widerspruch des Pragmatismus: das Gesetz ist immer nur das Selbstverständliche und hat keine andere Wahrheit als eben diese Selbstverständlichkeit. Sobald der Begriff des Gesetzes gefragt ist, ist die Selbstverständlichkeit per se aufgehoben. Der Pragmatismus trägt diesen Widerspruch nicht aus, sondern bleibt beim bloßen Kompromiß stehen: bei der Anerkennung der Existenz einer Selbstverständlichkeit. Damit hat der Pragmatismus aufgehört, Philosophie zu sein.

Wenn nach Hegel der Begriff des Gesetzes gegen dieses selbst gerichtet ist, -was ja die moderne Wissenschaftstheorie nur bestätigen konnte, so zeigt dies die prinzipiell negative Struktur des Gesetzes, sofern Positivität nur im Begriff zu haben ist. Hegel entkommt dieser negativen Struktur auf zweifache Weise: einmal durch das Selbstbewußtsein (in der 'Phänomenologie des Geistes') und ein anderes mal durch das Urteil. Das sind durchaus zwei verschiedene Lösungen, die in der 'Rechtsphilosophie' zusammenfinden, wobei dieses Zusammenfinden letztlich durch die Polizei gewährleistet wird.

Dies wird in jenen Passagen der 'Rechtsphilosophie' geschildert, in welchen es um das Gesetz geht. Dem Gesetz ist die Rechtspflege vorausgesetzt als sich realisierendes Recht, das in Erscheinung treten muß, um eine Wirklichkeit zu haben. Vorauszuschicken ist, daß Hegel den Rechtsbegriff nur der bürgerlichen Gesellschaft zuerkennt; -erst in dieser bürgerlichen Gesellschaft gibt sich das Individuum eine Allgemeinheit und hat von daher auch einen Anspruch und ein Interesse am Recht. Das liegt an der Selbstbewußt-heit der freien Person, die eben nur die bürgerliche Gesellschaft hervorbringt:

"Die Sonne wie die Planeten haben auch ihre Gesetze, aber sie wissen sie nicht; Barbaren werden durch Triebe, Sitten, Gefühle regiert, aber sie haben kein Bewußtsein davon. Dadurch, daß das Recht gesetzt und gewußt ist, fällt alles Zufällige der Empfindung, des Meinens, die Form der Rache, des Mitleids, der Eigensucht fort, und so erlangt das Recht erst seine wahrhafte Bestimmtheit." (Hegel, Bd. VII, 1969: 364)

Wir sehen auch hier das Problem der spezifischen Repräsentanz bzw. des irrealen Konditionalsatzes. Der Einzelfall oder das Individuum darf keine Geltung haben, denn sobald es ein 'Recht des Herzens' oder ein Naturrecht hat, kann sich auch anderes als Recht und Gesetz durchsetzen. Das Gesetz muß rückhaltslos sein, darf sich aus keiner anderen Instanz herleiten. Was im Falle der Suche nach Kriterien für 'Gesetzesartigkeit' scheitert, ist in der Rechtsphilosophie nach Hegel eine Voraussetzung: es darf keine deduktiv-nomologische Ableitung des Gesetzes geben, denn in diesem Fall wäre es verhandlungsfähig. Das Gesetz als Recht muß selbstverständlich sein. Nun fragt sich aber angesichts des Hegelschen Modells, wie sich ein Individuum als 'eins' mit dem Gesetz wissen kann, wenn das Gesetz seine Existenz gegen das Individuelle schlechthin hat. Da sich das gereifte bürgerliche Individuum selbst als Staat verstehen soll, so müßte es sich auch als Gesetz erkennen. Dann aber bedürfte es keiner expliziten Gesetze mehr. Hegel weicht hier von seinem sonstigem Schema ab und verwendet ein Modell, das durchaus an Kant erinnert, sofern es um Kontrolle, um Eindämmung und nicht um Aufhebung geht. Das Recht realisiert sich, durch die Zufälligkeit hindurch, in der Strafe:

"In dieser Zuspitzung des Allgemeinen, nicht nur zum Besonderen, sondern zur Vereinzelung, d.i. die unmittelbare Anwendung, ist es vornehmlich, wo das rein Positive der Gesetze liegt. Es läßt sich nicht vernünftig bestimmen noch durch die Anwendung einer aus dem Begriffe herkommenden Bestimmtheit entscheiden, ob für ein Vergehen eine Leibesstrafe von vierzig Streichen oder vierzig weniger eins (---) das Gerechte sei. (---) Die Vernunft ist es selbst, welche anerkennt, daß die Zufälligkeit, der Widerspruch und Schein ihre, aber beschränkte Sphäre und Recht hat und sich nicht bemüht, dergleichen Widersprüche ins Gleiche und Gerechte zu bringen; hier ist allein noch das Interesse der Verwirklichung, das Interesse, daß überhaupt bestimmt und entschieden sei (---) vorhanden." (Hegel Bd.VII, 1969: 366)

Das ist eine durchaus pragmatische Form: das Gesetz besteht darin, daß es sich rücksichtslos durchsetzt. Es setzt sich durch gegen alle Zufälligkeit, indem es jede Individualität ignoriert und damit vernichtet. Gegenüber der Wirklichkeit des Individuellen, welche ja die Wirklichkeit der Erfahrung ist, bleibt das Gesetz seinerseits kontingent, wobei hier diese Negativität nicht aufgehoben, sondern zur notwendigen Unbestimmtheit erklärt wird. Diese erstaunliche Wendung bei Hegel ist aber als Prinzip in der ganzen Rechtsphilosophie angelegt; -als Verzicht auf die Identität von Objektivität und Wirklichkeit. Das Gesetz repräsentiert das Objektive als Idealität, die der Kraft der

Wirklichkeit das Ihre läßt. Das Interesse an der Wirklichkeit hindert die ideale Objektivität sozusagen an ihrem Siegeszug. Die individuellen Wirklichkeit ist also eine Kraft, die sich gegen die Wirklichkeit als Idealität richtet, und damit Objektivität als Gesetz einfordert.

Das Interesse an der Wirklichkeit ist immer zugleich auch Interesse an der Gegenwart, denn nur das Allgemeine oder Gott kann so lange warten, bis das Wirkliche vernünftig geworden ist. Das meint, daß es ein Recht gibt, weil die Individuen nicht auf die ewige Gerechtigkeit hoffen können. Das Gesetz als Vollzug dieses Interesses gehorcht also einer bestimmten Not der Individuen, und indem es gehorcht, vernichtet es dieselben. Dadurch hat es gegenüber der individuellen Wirklichkeit immer etwas unbestimmt Negatives, welches die einzelnen Individuen meist als Gewalt erfahren. Hegel wagt es in seiner Spätphilosophie nicht, diese Konstellation als List der Vernunft auszugeben, also als etwas Vorläufiges, das das eigentliche Ideal nur negiert, um ihm zu dienen. Dennoch kommt es auch in der Rechtsphilosophie zu einer Aufhebung, die der in der 'Logik' vorgezeichnete Form des Urteils (hier als Verurteilung) und der in der 'Phänomenologie' präsentierten Form des Selbstbewußtseins (hier als Einsicht des Verbrechers) folgt:

"Statt der verletzten Partei tritt das verletzte Allgemeine auf, das im Gerichte eigentümliche Wirklichkeit hat, und übernimmt die Verfolgung und Ahndung des Verbrechens, welche damit (---) sich in die wahrhafte Versöhnung des Rechts mit sich selbst, in Strafe verwandelt, -in objektiver Rücksicht als Versöhnung des durch Aufheben des Verbrechens sich selbst wiederherstellenden und damit als gültig verwirklichenden Gesetzes, und in subjektiver Rücksicht des Verbrechers als seines von ihm gewußten und für ihn und zu seinem Schutze gültigen Gesetzes, in dessen Vollstreckung an ihm er somit selbst die Befriedigung der Gerechtigkeit, nur die Tat des Seinigen findet." (Hegel Bd. VII, 1969: 374)

Die eigentliche Sünde ist der Form nach schon im Prinzip der Individualität angelegt,[205] eben als Besonderung gegen das Allgemeine. Die Strafe kann durchaus als Ent-Individualisierung, also als Vernichtung der Kraft der individuellen Wirklichkeit begriffen werden, welcher Prozeß auch das Setzen von ideeller Objektivität beinhaltet. Die konkrete Strafe wird aber von einem konkreten Individuum erfahren, das darin keine Allgemeinheit hat. Der Verbrecher erleidet die Strafe immer nur als Individuum, und als solches hat er

---

[205] Mit welcher These sich Kierkegaard kritisch und eindringlich beschäft; -er kommt zum Resultat, daß die Individualität die Bedingung des Glaubens ist, da der Glaube über den ethischen Begriff der Sünde (bei Hegel) erhaben ist. (Vgl. Kierkegaard 1976 II)

ebenfalls ein Interesse an der Wirklichkeit, das nie mit dem des Gesetzes identisch werden kann. Genau so, wie die Strafe keine Bestimmung am Verbrechen hat, hat auch der Verbrecher an der Strafe keine Bestimmung: daher findet der Verbrecher in der Strafe auch nicht die Tat des Seinigen, sondern bloß Fremdes, dessen Selbstbewußtsein er nicht ist.[206] Nach Hegel müßte sich hingegen der Verbrecher selbst verurteilen. -die Kraft des Urteils müßte aus dem Widerspruch zwischen seiner Tat und dem Gesetz in ihm selbst entwachsen. Hingegen ist nur die Kraft seiner Sünde da, die seine Wirklichkeit gegen die Objektivität des Gesetzes ist. Deswegen verharrt das Gesetz im Zustand des Sollens, in der Negativität: um zur Wirklichkeit zu kommen, bedarf es der Polizei:[207] sie sorgt dafür, daß das Allgemeine gegenüber der Kraft des Individuellen eine Wirklichkeit haben kann.

Das ist nun abermals Pragmatismus: das Gesetz ist letztlich Gesetz, weil es sich durchsetzt. Und das wiederum erinnert an das 'Überleben des Stärkeren': in der Tat haben die Stärkeren das Gesetz gemacht, und wenn das Gesetz geändert werden mußte, war es ein Zeichen von Schwäche. Das Gesetz selber ist so immer naturwüchsig, aber dieser Umstand bedeutet nicht, daß es ein Naturrecht der Stärke gebe. Das Gesetz ist wesentlich die formale Figur des Sich-Durchsetzenden, das sich, indem es sich durchsetzt, eine Wirklichkeit gibt. Damit hat es jede Vermittlung mit den besonderen Individuen ausgesetzt und verbleibt gegenüber deren Erfahrungswelt im Status von Negativität. Dafür steht etwa auch jener von Schelsky eingeführte Begriff der 'juridischen Rationalität', der die Individuen verpflichten will, sich zur Rechtsfähigkeit zu bilden.[208] Das impliziert schon, daß das Individuum von sich aus keine Rechtsneigung verspürt.

Um die konstitutive Wirkung des Gesetzes bezüglich der Negativität nun näher zu demonstrieren, sei hier der Begriff des Gesetzes als Recht und als Naturgesetz zusammen gedacht. Beide Teile konvergierten ja in der Definition des Gesetzes als Interesse an der Wirklichkeit. Dieses Interesse impliziert auch schon die Ordnung, denn eine kontingente oder partikulare Wirklichkeit böte keine Orientierung. Es ist ein Interesse an einer allgemeinen Ordnung, die sich gegen jede Individualität und deren mögliche Anmas-sung behaup-

---

[206] Man könnte, nicht ohne Zynismus, von den Stalinschen Schauprozessen als einer diesbezüglichen Ausnahme sprechen: hier wurden die 'Verbrecher' zur Einsicht gezwungen. Im Akt der Selbstkritik wurde das Hegelsche Modell mit Gewalt durchgesetzt. Vor aller Welt fanden Bucharin, Deborin etc. in der Verbannung oder im Todesurteil offiziell die Tat der Ihrigen.
[207] Vgl. Hegel Bd.VII, 1969: 381
[208] "Man muß das bekannt gewordene Wort vom 'Bürgerrecht auf Bildung' vom Kopf auf die Füße stellen und das Recht als Bildungspflicht des Bürgers durchsetzen." (Schelsky 1980: 127)

ten kann. Individualität erscheint ja gegenüber dem Gesetz als Verbrechen oder als irreale Kondition. Das Subjekt dieses Interesses an der Wirklichkeit unterliegt einem Verdrängungsmechanismus: ursprünglich ist es die Not des Individuums gegen die Allgewalt kontingenter Natur. Dagegen wird, vor der Idee des Gesetzes und des positiven Rechts, die Metaphysik gesetzt. Das reicht von der Magie bis zum Monotheismus: in allen Fällen handelt es sich um allgemeine Ordnungen, die nicht weiter ableitbar sind, bis auf die Instanz, die sie verkündet. So muß denn auch jede Metaphysik die Wirklichkeit des Individuums verdrängen, denn diese Wirklichkeit ist auch das Interesse an einer geordneten Wirklichkeit. Diese Verdrängungsleistung sitzt so 'tief' in den einzelnen Individuen, daß es ihre Erfahrungen strukturiert. In der Tat basiert das, was wir metaphysische Erfahrung nannten, auf 'religiöser Erfahrung', welcher Terminus hier aber sehr abstrakt genommen werden muß. Besser wäre vielleicht, von semantischer Umwelterfahrung zu sprechen.[209]

Die Metaphysik kennt die letzte Instanz und deren 'Willen': da dieser Wille mit der Wirklichkeit unmittelbar identisch sein muß (kein Gott kann wollen, daß keine Schwerkraft sei), gibt es die Möglichkeit, diesen 'Willen' in das Gesetz selbst zu verlegen. Damit wird das Gesetz positiv. Das Interesse an der Wirklichkeit erscheint nun als Interesse der Wirklichkeit an sich selber. Das ist die positive Macht, die Macht der Tatsächlichkeit, und das Individuelle kennt nur die pragmatisch reflektierte Unterwerfung unter diese Macht. Das geht mit einem gewissen Desinteresse an der Wahrheit einher; die Wahrheit wäre im gemeinsamen Bestimmungsgrund von Individuum und Allgemeinheit. Dieser wird durch die Verfassung des Gesetzes wesentlich ausgeschlossen: sowohl das Naturgesetz als auch die Rechtssprechung ist per definitionem gegenüber dem Individuellen rücksichtslos. Das Gesetz setzt sich immer nur gegenüber dem Individuum durch, indem es dasselbe einer Ordnung der Allgemeinheit unterwirft.

In neuerer Zeit geschieht auch eine praktische Konvergenz von 'Juris-Diction' und 'Nomo-Thetik': nämlich im sogenannten Naturschutz. Hier werden Ordnungen kompatibel gemacht, wobei es den Anschein hat, als ob die Natur der schwächere Teil wäre. Die Verbrechen gegen die Natur werden

---

[209] Die Wahrnehmung des Menschen ist nach bestimmten Gestalten, Schemata strukturiert. Ob der Frosch, der nur die Fliege und nicht die Maus wahrnehmen kann, bereits eine 'metaphysische Erfahrung' macht, wäre sehr anzuzweifeln. Allerdings ist von einem Kontinuum zwischen der Wahrnehmung in bestimmten Gestalten und einer semantischen Wahrnehmung auszugehen. Daß die Morphologie der Erfahrung in ihre metaphysische Struktur reicht, bedeutet aber nicht, daß es eine 'natürliche Metaphysik' gäbe. Die 'metaphysische Erfahrung' schließt sich aber an die natürliche Gestaltwahrnehmung an und ist von ihr durchdrungen.

von dieser nicht bestimmt genug bestraft; -natürlich straft die Natur schon, und zwar in der schönsten Hegelschen Manier: die Verbrecher an der Natur finden dann wirklich nur noch die Tat der Ihrigen, -also in der ökologischen Katastrophe. Beim Naturschutz handelt es sich somit um eine Vorwegnahme der Strafe der Natur, die in der Gegenwart noch keine Wirklichkeit hat. Das einzelne Verbrechen an der Natur hat eher kontingenten Status, belanglose Individualität. Das war es lange Zeit auch: die einzelnen Abwässer waren gegenüber der fast unendlichen Weite der Ozeane belanglos. Nun sorgt aber das Naturschutz-Gesetz dafür, daß sich die Wirklichkeit gegenüber dieser Kontingenz oder Individualität behauptet, indem es die Gegenwart einer Strafe setzt, die das Gesetz ist. Die ökologische Katastrophe wird meist durch eine 'ökonomischen Katastrophe' (d.i. die Geldstrafe) substituiert. Diese Substitution ist notwendig, denn der Verbrecher wird seine 'Sintflut' nicht erleben. Mit dieser Strafe verschafft sich das Allgemeine am so bestraften Individuum eine Wirklichkeit. Die negative Bewegung vollzieht sich hier wiederum in der völligen Unangemessenheit der Strafe, die jedem Begriff von juridischer Rationalität Hohn lacht: sie ist aber notwendig unangemessen, da kein Kapitän eines Öl-Frachters die Meere selber säubern kann.

Das Gesetz unterwirft partikulare Erscheinungsformen, die die Wahrheit der Individualität ausdrücken, doch dieser Ausdruck hat keine Kraft gegenüber dem Interesse der Wirklichkeit an sich selber. Die partikularen Erscheinungsformen werden so unterworfen oder kolonialisiert. Etwa die schönen Wilden, die es zwar nie gab, aber die dennoch in einer Art Synthesis von Recht und Naturordnung lebten, welche natürlich eine großartige Projektion der 'zivilisierten Welt' war. Der Naturschutz etwa wäre bei den Wilden das Vernehmen einer inneren Stimme, eines spirituellen Verbotes, und dieses 'innere Vernehmen' kennt keine Allgemeinheit. Das 'Wilde' richtet sich gegen das Gesetz: das Gesetz reagiert darauf, indem es den 'Wilden' die Wirklichkeit raubte. Die Wirklichkeit des Wilden war nur noch vorläufig oder kontingent. In praktischer Hinsicht wurden sie kolonialisiert, bzw. zivilisiert, oder man schickte sie in Reservate, wo sie Zeit haben sollten, zur Gegenwart der Wirklichkeit zu kommen.

Die Entwicklungsgesetze, die die einzelnen Personen betreffen, haben ebenfalls die Funktion eines Reservates: die Partikularität des 'unreifen' Menschen, findet Ausdruck im Gesetz über die Kinder, das dem Naturgesetz über die Entwicklung folgt. Das 'Ich' des Kindes ist Täuschung, die an der Ordnung des Allgemeinen bestimmt ist. Das Interesse an der Wirklichkeit betrifft auch das Denken selbst, das einer natürlichen Ordnung kompatibel gemacht werden soll. Die Ordnung der Neuronen soll letztlich diese Macht sein, die eine allgemeine Ordnung der Denkbarkeit garantiert. Der diesbezügliche Rechtstitel steht in der nächsten Zeit in der Entwicklung der 'Künstlichen Intelligenz' zur Disposition.

Das Recht des Einzelfalls, die Besonderung bleibt jedoch der Stachel des Gesetzes: wird dem Individuellen nur Unwirklichkeit zugeschrieben, so wird die Ordnung des Allgemeinen bezugslos. Wird aber das Individuelle als Bestimmung der Ordnung gesetzt, so bleibt nur Kontingenz übrig. Die besondere Erfahrung drängt zur Metaphysik: dieses Drängen ist das Interesse. Die ältere Metaphysik projiziert dieses Interesse in ein 'Ich will' irgendeiner Instanz; das positive Gesetz muß dieses Interesse gänzlich verdrängen. Es ist ein anderes, ob man sich einem Gott oder bloß einem Gesetz unterwirft: deswegen reicht das Gesetz nie an die Erfahrung der einzelnen Individuen bzw. es ist mit ihr nicht vermittelbar. Im Gesetz bleibt ein nicht-integrierbares Moment, wodurch die letzte Bestimmung des Gesetzes eine tautologische oder pragmatische ist: das Gesetz selbst ist das Interesse, daß Gesetz sei.

Das Gesetz konstituiert das Nicht-Verstehen, -vorerst bedeutet dies den trivialen Umstand, daß es etwas gibt, was jenseits von Verständigung liegt. Verstehen ist gerichtet auf Verständliches, auf die mögliche Identifikation lebendiger Individuen. Die Grenze dieser Identifikation ist seitens der Hermeneutik am Dinglichen anerkannt: hier wird eben nicht mehr verstanden, sondern erklärt, und deswegen ist auch das Gesetz. Diese Grenze läßt sich aber bei kritischer Betrachtung nicht aufrecht erhalten, welchen Umstand wir in unseren Exkursen zu zeigen versucht haben: die Physik der Neuronen spielt etwa in die 'Geisteswelt' gleichermaßen hinein, wie die Statistik sich vom humanen Anspruch auf Glück und Schicksalsbewältigung nicht freimachen kann. Deswegen muß die vorhin erwähnte Grenze in die Hermeneutik selbst verlegt werden, was dann die Differenz des Nicht-Verstehens wäre, die sich innerhalb des Umkreises des Verstehens auftut.

Das meint, daß Gewalt und Natur in die Lebenswelt der Menschen hineinragen. Die Individuen erfahren dieses Wirken als Gewalt, Unglück, Pathologie oder Leid. Gegen diese Zumutung erhebt sich die ältere Metaphysik, die ihrerseits in der Möglichkeit metaphysischer Erfahrung vorbereitet ist: die Gewalt und die Natur werden bedeutungsvoll. Diese Konstellation, die den weitaus größten Teil der Menschheitsgeschichte prägte, wurde instabil. Auf die historischen Gründe dieser Instabilität wollen wir hier nicht eingehen.[210] Wichtig ist, daß die traditionelle Hermeneutik (als Humanismus) und die Naturwissenschaften (als Positivismus) beide ihre ursprüngliche Stoßrichtung gegen die Metaphysik haben.die Hermeneutik kann keine Instanz anerkennen, deren Willen nicht kommunizierbar ist: sie verleugnet daher systematisch dieses Hineinragen der Natur in die Lebenswelt. Der Positivismus als diesbezügliches Pendant zur Hermeneutik, definiert das Gesetz jenseits aller kommunikativen Akte.

Die Konstitution des Nicht-Verstehens am Gesetz haben wir schon mehrmals nachvollzogen. Da ist vorerst ein Interesse, daß eine Allgemeinheit, eine geordnete Wirklichkeit sei. Dieses Interesse oder der Impuls geht von den einzelnen Individuen aus, gleichzeitig ist es im Wesen dieses Interesses, seinen Ursprung vergessen zu machen, was man als Mechanismen von Verdrängung und Verleugnung bezeichnen kann. Das Gesetz wird so grundlos und richtet sich gegen jede Individualität. Das Gesetz, um wirksam zu sein, muß den Individuen als Fremdes, Äußerliches erscheinen. Würden die Individuen im Gesetz ihr Eigenes erkennen, so wäre es notwenig verhandlungsfähig: diese Verhandlungsfähigkeit macht in einem zweiten Schritt die Wirklichkeit des Gesetzes relativ. So darf es also keine Vermittlung zwischen dem Allgemeinen als Gesetz und der Individualität geben. Das Gesetz hat quasi die Gewalt der Natur ersetzt, aber dem Individuum erscheint nun so seine eigene Unterwerfung als berrechenbarer. Sein Verhältnis zum Gesetz bleibt aber notwendiges Nicht-Verstehen.

Etwas komplizierter als im Falle der sozialen Realität ist hier der Konstitutionsvorgang deswegen, weil das Gesetz gleichzeitig das Nicht-Verstehen substituiert. Indem Nicht-Verstehen durch das Gesetz begründet wird, entsteht in der Anerkennung des Gesetzes durch das Individuum ein Angebot, das Nicht-Verstehen zu ersetzen. Auf die Leerstelle, die die metaphysische Naturerfahrung hinterlassen hat, reagiert nun das Gesetz. Eine andere mögliche Reaktionsform wäre die Kunst des Nicht-Verstehens, welche gegen die Anerkennung im Gesetz gerichtet ist, aber davon später. Zunächst erzeugt diese Leerstelle die Not der Unbestimmtheit, die zugleich aber substantiell ist, weil sie überall und immer in die Lebenswelt der Individuen eingreift. Nicht-Verstehen wäre ein Aushalten dieser Unbestimmtheit, während die Verlockung des Gesetzes darin besteht, die Gewalt einer Bestimmung zu unterwerfen, sie zu zähmen, indem man sich ihr unterwirft. Das Aushalten von Unbestimmtheit wäre im Falle des Rechts eine Drohung von Anarchie, im Falle der Naturgesetze die Drohung des Verlusts humaner Orientierung

---

[210] Zu diesem Thema vgl. Sattler 1972

im Kosmos. Ob die Drohungen so stark sind, daß oben erwähnten Prozesse von Verleugnung und Verdrängung unumgänglich sind, sei noch dahingestellt. Klar scheint aber, daß sie für die Konstitution des Nicht-Verstehens ebenfalls wesentlich zu sein scheinen.

Halten wir also fest: die soziale Realität konstituiert das Nicht-Verstehen auf der Basis einer nicht kommunikationsfähigen 'abwesenden Mehrheit'. Dieses Nicht-Verstehen referiert dem Vergesellschaftungsvorgang überhaupt, und dessen Nachwirken in die soziale Gegenwart. Mit dieser Vergesellschaftung entsteht gleichermaßen Natur als das Außen sowie die Gesetzesmäßigkeit der sozialen Realität als 'zweite Natur'. Gegenüber diesen beiden Formen des 'Außen' konstituiert das Gesetz das Nicht-Verstehen und substituiert es zugleich, indem die Menschen als Individuen das Gesetz anerkennen. In einem letzten Schritt fragen wir nun danach, wie diese Anerkennung überhaupt möglich ist. Wir thematisieren damit das Unbewußte.

Das Unbewußte

Das Interesse an der Wirklichkeit ist das Verlangen, zur Gegenwart zu kommen; im Falle des Gesetzes setzt dies einen Verdrängungs-oder Verleugnungsprozeß der einzelnen Individuen voraus. Diese Akte können keine reflexiven sein, denn dann wäre das Gesetz bloß am Individuum, an dessen Einsicht und Wollen bestimmt. Zu fragen ist also nach dem Subjekt dieses Prozesses; im weiteren Sinn nach dem Subjekt des Individuums. Das Individuum überlebt ja das Allgemeine oder dessen Anspruch auf Wirklichkeit vorerst dadurch, daß es, seinerseits im Anspruch auf Wirklichkeit, immer wieder auf sich selbst zurückfällt. Dieses Zurückfallen ist kein kontingenter Prozeß, sondern ergibt sich notwendig aus der Konstitution des Allgemeinen als Allgemeines. Das meint die schon oft zitierte Unversöhnlichkeit von Individualität und Allgemeinheit. Für sich selbst hat das Individuum aber nur diese unbestimmte Wirklichkeit, die sich in dem manifestiert, was wir die nicht-metaphysische Erfahrung nannten. In diesen Erfahrungen, die hinter das Verdrängen und Verleugnen zurückgehen, nimmt das Individuum Kontakt zum Subjekt seiner selbst auf. Dieses Subjekt des Individuums wäre, um an den vorigen Abschnitt anzuknüpfen, gleichzeitig auch das Subjekt des Verbrechens:

"Die Strafe dient der Befriedigung des unbewußten Strafbedürfnisses, das zu einer verbotenen Tat trieb. Wir wissen, daß die Wurzeln dieses präexistenten Schuldgefühls im Ödipuskomplex zu suchen sind. Wir tragen dann der Doppelfunktion der Strafe Rechnung, wenn wir hinzufügen, die Strafe befriedige auch das Strafbedürfnis der Gesellschaft durch deren unbewußte Identifizierung mit dem Verbrecher."(Reik 1974: 155f)

Das ist nun viel auf einmal gesagt, und sicherlich ist manches an diesen Begründungen schief: uns geht es aber um die Einführung des 'Unbewußten', das im obigen Zitat die Position des Subjekts einnimmt, -eine Instanz, die die Versöhnung von Allgemeinheit und Individualität anscheinend leisten kann. Die Hegelsche Befriedigung durch die Strafe wird hier ersetzt durch die Annahme, eine Gesellschaft könne sich mit einem Individuellen identifizieren, freilich ebenfalls nur unbewußt. Wie dem auch sei: die Rede geht über das 'unbewußte Strafbedürfnis', -also um die Kraft im Individuum, die nach Wirklichkeit verlangt, und sei es auch eine Wirklichkeit gegen das Allgemeine. Damit stellt sich diese Instanz von vorne herein in den Umkreis von Negativität, was dem trivialen Umstand entspricht, daß das Unbewußte per se ein negativer Terminus ist.

Das 'Unbewußte', wie es die Psychoanalyse konstruiert, ist gegen die Kontingenz gedacht; -in der Tat ging es Freud wesentlich darum, die Kontinuität der psychischen Vorgäng zu beweisen. Diese Kontinuität[211] verweist auf ein Subjekt der Wirklichkeit des Individuums, das damit keine wirkliche Gegenwart hat, denn die Gegenwart des Individuums für sich ist das Bewußtsein. Es gibt in diesem Sinne keine Zufälligkeit des Tuns eines Individuums: alles ist rückführbar auf ein Agens, das keine Gegenwart hat, und dennoch wirklich ist. Das Individuum selbst erfährt an dieser Ordnung sein Schicksal, -es erfährt sein Gesetz, aber das ist schon zu viel gesagt, denn in der Erfahrung von Schicksal und Gesetz wird die Instanz des Unbewußten veräußert. Vorerst erfährt das Individuum nur ein Schicksal und ein Gesetz.

Diese Konstellation ist in der Sage um Ödipus beschrieben, welche seinerzeit Freud aufgriff, um damit eine wesentliche Struktur der Psyche zu beschreiben. Es ist viel Unsinn über diese Parabel geredet worden, aber ungeachtet dessen ist sie noch immer geeignet, das Unbewußte als philosophischen Begriff zu situieren. Die Geschichte des Ödipus handelt von der Wirklichkeit einer Ordnung und von der Struktur der Verfehlung dieser Ordnung. Das Unglück beginnt schon vor der Geburt, -diese hat nicht jene Freiheit, wie sie im bürgerlichen Recht bestimmt ist, wonach das Individuum immer ursprünglich freie Kontingenz ist, und erst nach der Geburt in den Prozeß der allgemeinen Bestimmung oder der Bestimmung zur Allgemeinheit eintritt.

---

[211] Vgl. Freud, S.: 'Das Unbewußte' (Freud Bd.III, 1974)

Ödipus ist dem Gesetz unterworfen, aber Ödipus hat an diesem keine Gegenwart. Es ist der Fluch des Geschlechts, es sind die Verhängnisse der Geschichte, die seine Bestimmung ausmachen.

Es gibt auch die Möglichkeit, das Ganze glimpflich enden zu lassen, denn es existiert die Weissagung über das Schicksal des noch nicht gezeugten Ödipus. Laios und Jokaste haben ja die Möglichkeit, nachdem ihnen der Spruch des Orakels zugänglich gemacht worden ist, auf die Lust und ihren Fortbestand in der Allgemeinheit zu verzichten. Das Begehren dominiert die Gegenwart des Wissens, das ein allgemeines ist; Laios und Jokaste konstituieren sich als Individuen, indem sie sich nicht nach dem Orakel richten, das ihnen implizit empfiehlt, keine Kinder in die Welt zu setzen. Daß sie dennoch zeugen, ist ihr Verbrechen, -und ihr Schicksal ist es, daß sie Individuen sind.

Das Weitere ist der Vollzug der Ordnung und damit Vollzug der wirklichen Allgemeinheit. Eine Kette von Zufällen, die in ihrer Gegenwart als wirkliche Kontingenz erscheinen (wie man sich eben auf den Straßen Hellas begegnet), haben ihre Wahrheit in der Vergangenheit und in der Zukunft: in der Wirklichkeit ihrer Gegenwart muß sich das Individuum irren, wie es denn auch Ödipus tut. Er weiß um die Tat, die er begehen wird, und meidet seine vermeintlichen Eltern: dieses Tun ermöglicht erst aber die Tat, deren Subjekt das ist, was nicht gewußt wird. Die Weissagung hat ein anderes Niveau als das mögliche strategische Wissen gegen sie. Die Geschichte wird dadurch etwas kompliziert, da Ödipus sich im Rätselraten hervortut. -also durchaus mit den Mächten des Schicksals mithalten kann. Er beschämt die Sphinx derart, daß sie sich gleich vom Felsen hinabstürzen muß. Dies wiederum deutet auf eine grundlegende Ambivalenz, die der Macht des Wissens zugrunde liegt; -auch Teiresias ist in dieser Konstellation, denn das Wissen, daß er anzubieten hat, ist die tragische Version der möglichen Lösungen über das Rätsel der Pest schlechthin. Das Unbewußte wird im Fortgang der Ereignisse durchgehend als Nicht-Wissen thematisiert, das aber keinen kontingenten Status hat: das Nicht-Wissen ist substantiell für den Verlauf des Schicksals. Auch ist es nicht strikt gegen das Wissen bestimmt, denn erstens zeigen die Instanzen des Wissens sich durchaus als mitteilsam und zweitens scheint eine nachträgliche Aufklärung immer möglich. Nur in der Gegenwart der Menschen schlägt das Nicht-Wissen in bestimmtes Schicksal um.

Es geht vorerst bei dem Mythos des Ödipus um das Gesetz, das sich als Subjekt im Individuum und gegen das Individuum durchsetzt. Dabei handelt es sich um die Ur-Konstitution des Gesetzes, das in seiner Negativität die

Wirklichkeit des Individuums als Täuschung strukturiert. Man muß daraus nicht gleich eine negative Ontologie der Seinsverfehlung machen[212]; -bei Freud erscheint dies alles noch als Bruch in einer Biogenese. Das Unbewußte ist dann gewissermaßen der Preis, der durch die humane Ablösung von der Kreatürlichkeit gefordert wird. Das Erleben und die Erfahrungen der Menschen haben ihre Gegenwart als Bewußtsein, -sind aber eingebunden in einen Prozeß, der in der Erfahrung und im Erleben nicht aufgeht.

Der Begriff des Unbewußten fängt aber nicht bei Freud an: auch die deutsche Philosophie, angefangen bei Schelling über Schopenhauer bis Eduard von Hartmann, hat sich um jenes Subjekt des Individuums gekümmert. Bei Schelling ist noch die Rede vom 'Unvordenklichen', -also vom Bruch in der bewußten Gegenwart des Denkens.[213] Schopenhauer sucht die Anbindung ans Kreatürliche, an einen biologischen Willen, der sich in den Menschen und ihren Vorstellungen durchsetzt. Dieser Wille ist durchaus eine Bestimmung, und die Irrtümer der Gegenwart sind funktionelle Derivate.[214] Das bereitet die Versöhnung als Schicksalsergebenheit vor. Eduard von Hartmann, in der Nachfolge Schopenhauers, radikalisiert dieses Prinzip in seinem Begriff des Unbewußten:

"Alles Bewußtsein ist rein passiv, bloß rezeptiv und aktionsunfähig; alles Unbewußte ist aktiv und produktiv".(Hartmann Bd.I, 1931: 190)

Hier nun wird klar, was mit dem Subjekt des Individuums gemeint ist, - nur steht bei Hartmann das Unbewußte im Verhältnis der Bestimmung. Es bleibt keine Differenz:

"Individualisiertes Bewußtsein und individualisierte unbewußte Tätigkeit gehören untrennbar zusammen, aber sie verhalten sich wie Produkt und Produktivität; im bewußt gewordenen Produkt bleibt die Produktivität unmittelbar unbewußt, wenn man auch mittelbar aus dem Produkt auf das Vorhandensein einer an sich unbewußten Produktivität zurückschließen kann." (Hartmann Bd. I 1931: 193)

Das kommt dem Schellingschen Versuch nahe, die Negativität des Subjekts, wie sie noch bei Hegel gesetzt ist, abschaffen zu wollen. Das Subjekt wird zur positiven Instanz, die bloß in der Gegenwart des Individuums keine

---

[212] Vgl. Lacan 1980: 291ff.

[213] Vgl. Schelling 1977: 98 ff und 160 ff. Schelling kommt letztlich auf einen 'theologischen Prozeß'; -wichtig aber ist, daß er quasi die Grenzen des Denkens aus sich selbst ableitet.

[214] Vgl. Schopenhauer, A.: 'Die Welt als Wille und als Vorstellung'; (Schopenhauer 1972, Bd. 1 und Bd.2)

Wirklichkeit hat. Daran bestimmt sich die Negativität des Bewußtseins, die aber aufhebbar ist.

"..das Prinzip der praktischen Philosophie besteht darin, die Zwecke des Unbewußten zu Zwecken seines Bewußtseins zu machen." (Hartmann Bd. II 1931: 221)

Das ist gegen die philosophische Tradition der Aufklärung gerichtet, sofern hier die Souveränität der Zwecksetzung des bewußten Menschen geopfert wird. Vorausgesetzt ist eine Allweisheit des Unbewußten, wobei diese Konstellation doch sehr an negative Theologie erinnert. Hier nimmt das Individuum in seiner Gegenwart den Status einer unvollständigen Partizipation an dieser Allweisheit und Alleinheit ein.[215] Der Gang der bestimmten Negation ist vorgezeichnet: das Bewußtsein kann als Unvollständiges durch Anpassung an unbewußte Zwecke verschwinden, womit auch das Unbewußte verschwunden wäre:

"Eine Identitätsphilosophie ist ebensogut nur als Philosophie des Unbewußten möglich". (Hartmann Bd. I 1931: 198)

Das Unbewußte wird zum Garant dafür, daß Identität möglich sei; -allein es ist die Frage, wieso der Umweg des Bewußtseins notwendig ist. Das wiederum läßt sich nur mit dem Hinweis auf Kontingenz beantworten oder mit der These, daß das Unbewußte als dieses Subjekt den Umweg braucht, um zu sich selbst zu kommen. Die Negativität des Unbewußten hat keine Gleichzeitigkeit mit dem Bewußten: die Täuschungen werden damit nicht konstitutiv, sondern bloß temporär. Das Subjekt des Individuums macht sich dann gleichsam in der Opferung positiv: damit wäre auch eine Identität in der Wirklichkeit erreicht und das Unbewußte unwesentlich gemacht.

Nach Freud war Sartre einer der ersten, die die Konsequenz aus der philosophischen Konstruktion des Begriffs des Unbewußten gezogen haben. Sartres negative Ontologie schreibt die Negativität des Unbewußten als diese Wirklichkeit fest, die ja der Entwurf als Gegenwart der einzelnen Menschen ist. Die Ontologisierung der Negativität braucht das Unbewußte nicht:

"Die existenzielle Psychoanalyse verwirft die Lehre vom Unbewußten: der psychische Tatbestand erstreckt sich für sie ebensoweit wie das Bewußtsein. Aber wenn der grundlegende Entwurf vom Subjekt vollkommen erlebt wird und als solcher völlig bewußt ist, so bedeutet das keineswegs, daß er von ihm zugleich erkannt werde....". (Sartre 1952: 717)

Sartres Verwerfung des Unbewußten wirft ein scharfes Licht auf diesen Begriff. Das Unbewußte als Subjekt hat die Gleichzeitigkeit mit der Wirk-

---

[215] Vgl. Hartmann Bd. I 1931: 86ff

lichkeit des Individuums, entzieht sich aber dieser Wirklichkeit. Sartre rechnet diese Struktur dem Bewußtsein selbst zu, das damit die Negativität der Wirklichkeit vollständig auf sich nimmt. Es ist der Bezug zum Nichts seiner selbst: damit konvergieren Verkennen und Erkennen weitgehend, was eine Ontologie der Negativität, wie wir im Abschnitt über den Begriff zu zeigen versucht haben, in Kontingenz umschlagen läßt. Die Wirklichkeit ist relativ zum Subjekt des Nichts seiner selbst; die Wirklichkeit geht in der Kontingenz auf. Desgleichen konvergieren Glück und Unglück in der kontingenten Freiheit des Entwurfs. Dementsprechend will Sartre die Psychoanalyse nicht auf das Unglück beschränken, sondern schlichtweg auf alles Tun anwenden:

"(Die)...untersuchten Verhaltensweisen werden nicht nur die Träume, die Fehlleistungen, die Besessenheit und die Neurosen sein, sondern auch und vor allem die Gedanken des Wachzustandes, die erfolgreichen und passenden Handlungen, der Lebensstil usw. Diese Psychoanalyse hat ihren Freud noch nicht gefunden." (Sartre 1952: 723)

Wie sollte sie auch, war es doch Freuds Anliegen, die Momente der Diskontinuität, der Spaltung und der Verzweiflung aufzuklären, denn diese Phänomene markieren zugleich den Bruch in der wirklichen Gegenwart des Individuums. Das Individuum erfährt sozusagen sein Subjekt in der Diskontinuität und es erfährt seine Wirklichkeit als Entwurf ebensosehr als Protest gegen diesen Entwurf. Eigentlich will Sartre dem Krankheitsbegriff entkommen, will diese Negativität aufheben, indem er sie als Struktur festschreibt. Die Wirklichkeit der Krankheit hat aber Gegenwart: das Individuum erfährt physisches Leid. Sartre geht jedoch geschickt vor, und definiert Krankheit bzw. das Unbewußte als Zuerkennung, welcher Definition wir durchaus folgen möchten:

"Daraus ergibt sich, daß die aus den Tiefen des Unbewußten herausgeschnittenen Komplexe (---)vom Standpunkt des Anderen aus aufgefaßt werden. (---), das heißt, sein Sein ist Für-Andere-Sein; auch dann übrigens, wenn der Psychoanalytiker und das analysierte Subjekt ein und dasselbe sind." (Sartre 1952: 718)

Sartre bedenkt hier allerdings nicht, daß die Zuerkennung gleichzeitig in die Struktur der Anerkennung eingespannt ist: das Sein für Andere kommt als soziale Realität auf das Individuum zurück, und darin erfährt das Individuum sein neurotisches Leiden. Da es für Sartre, wie wir gezeigt haben, diese Anerkennung, auch in diesem negativen Sinne nicht gibt, spielt auch die Zuerkennung keine Rolle mehr. Nach Sartre hat der Neurotiker in diesem Sinne keinen Grund, mehr zu leiden als alle anderen Menschen, da auf Grund der absoluten Geschiedenheit der Individuen füreinander, das neurotische Leid jeweils inkommensurabel und damit auch beliebig wird. Wenn ein Psychoanalytiker sich ein Unbewußtes zuerkennt, so tut er das, bezüglich der sozialen Realität, aus einer anderen Position: der Analytiker ist für sich ein 'anderer Anderer' als er ein 'Anderer' gegenüber einem Patienten ist.

Ein großer Versuch, den Begriff des Unbewußten auch für die Hermeneutik fruchtbar zu machen, stammt von Paul Ricœur,[216] der in seiner 'Interpretation' zeigen will, wie deutendes Verstehen des Unbewußten möglich ist. Dazu muß er den psychischen Prozeß als Prozeß der Bestimmung definieren, wie denn überhaupt sein Begriff der Negativität eng an Hegel gebunden ist.[217] Die Wirklichkeit des Individuums findet zur Einheit der Gegenwart im Symbol: darin hebt sich gewissermaßen das Unbewußte auf und wird der Deutung als Verstehensleistung zugänglich. Das Unbewußte ist eine Variante der Sprache, eine bestimmte Negativität innerhalb der Sprache, die sich aber dialektisch auflöst. Das Symbol erscheint vorerst als das Überdeterminierte, als jene substantielle Unbestimmtheit, die als Subjekt des Individuums fungiert, nicht aber zur Gegenwart des Individuums werden kann.

"Meine These ist folgende: das, was die Psychoanalyse Überdeterminierung nennt, läßt sich nicht außerhalb einer Dialektik zweier Funktionen verstehen, die zwar als Gegensätze gedacht werden, die das Symbol aber in einer konkreten Einheit koordinieren. Die Ambiguität des Symbols besteht dann nicht in einem Mangel an Eindeutigkeit, sondern in der Möglichkeit, gegensätzliche und in sich kohärente Interpretationen zu tragen und zu erzeugen. (---) Das Symbol ist es, das aufgrund seiner Überdeterminierung die konkrete Identität zwischen der Progression der Gestalten des Geistes und der Regression zu den Schlüssel-Signifikanten des Unbewußten verwirklicht." (Ricœur 1974 I: 507f)

Im Symbol findet für Ricœur das 'Unvordenkliche' und die 'Projektion' zueinander: als konkrete Einheit ist es dem lebendigen Austausch zugänglich. Diese Konstellation ermöglicht es, jenseits von Kulturpessimismus eine versöhnliche Version der Psychoanalyse zu konstruieren, -was freilich nicht ohne eine bestimmte Definition des Unbewußten gelingen kann. Die fast alles entscheidende Frage bei dieser Definition ist die, ob das Unbewußte als Subjekt des Individuums für das Individuum selber eine Gegenwart haben kann. Das Subjekt des Individuums haben wir ja weiter oben als diejenige Macht bestimmt, die ein Interesse an der Wirklichkeit des Individuums hat,

---

[216] Vgl. Ricœur 1974 II
[217] Vgl. den Abschnitt über 'Sartre/Ricœur' im ersten Teil dieser Arbeit.

also als ein Interesse, dem Individuum in der Ordnung des Allgemeinen einen wirksamen Ort zuzuweisen. Die Versöhnung wäre so zu denken, daß das Individuum sich mit der Ordnung, die es erzeugt, ohne Unterwerfung identifizieren kann; -gewissermaßen seine eigene Erzeugung einholt.

Ricœur versucht eben für diese Frage eine versöhnliche Antwort zu finden, indem er auf die sprachliche Einheit des Symbols verweist: in ihm kann die Vergangenheit mit der Zukunft versöhnt werden. Die Sublimierung gelingt, indem sie neuen Sinn stiftet und damit ihren Grund einer Bestimmung unterwirft. Was Ricœur bei seiner 'Interpretation' jedoch nicht beachtet, ist der Unterschied zwischen dem Symbol und der Symbolisierung als Tun eines Subjekts. Das Symbol ist sehr wohl eine Einheit, deren Überdeterminierung in der Tat als Bewegung von Bestimmungen begriffen werden kann. Die Bestimmungen kommen aber nie zur Gegenwart: es sind Deutungen von Ereignissen der Vergangenheit oder die Ausrichtung dieser Ereignisse auf eine Zukunft, was man Sublimierung genannt hat. Das Symbol als Verhüllendes kann zwar enthüllt werden, aber nur um den Preis seiner Unwirklichkeit in der Gegenwart. Die Deutung ist bloß eine Projektion des Vergangenen in eine Gegenwart, von der man hofft, daß sie dieser Vergangenheit nicht allzu fremd ist. Der Analysand versteht eine Deutung nie: er kann sie höchstens plausibel finden, also die Position der Nachträglichkeit mit dem Analytiker teilen. Das Entscheidende jedoch ist, daß keine Deutung unmittelbar in der Lage ist, die Symptomproduktion, also das Symbolisieren zu vernichten.

Das Tun oder die Symbolisierung ist hingegen die Wirklichkeit der Gegenwart: indem das Subjekt des Individuums, also das Unbewußte in der Symptombildung symbolisiert, hat es Gegenwart und damit ist auch das Symptom wirklich. Diese Aktivität findet aber im Erzeugten, im Symbol keine Ruhe, da es in diesem keine Gegenwart haben kann. Gegenüber dem möglichen Sinn des Symbols ist das Symbolisieren selbst die rastlose und unbestimmte Arbeit und eben nicht ein Prozeß von konvergierenden Bestimmungen. Zum Beispiel kommt die Zwangshandlung in der Tat nicht zur Ruhe. Sie ist ständige Wiederholung, obwohl sie ja im einmal sedierten Symbol eine Bestimmung finden könnte. Die Befriedigung des Symbolisierens am Symbol findet nicht statt: ebensowenig, wie das kleine Kind, im berühmten Freudschen Beispiel[218] zur Ruhe kommt, wenn es die abwesende Mutter per Garnrolle symbolisiert.

Das Tun des Symbolisierens ist unbestimmte und damit in gewisser Weise auch sinnlose Wiederholung: darin persistiert die Verfehlung, die vielerlei

---

[218] Vgl. Freud : 'Jenseits des Lustprinzips' (Freud Bd. III,1971)

Das Tun des Symbolisierens ist unbestimmte und damit in gewisser Weise auch sinnlose Wiederholung: darin persistiert die Verfehlung, die vielerlei Namen haben kann. Das Symbolisieren verfehlt das Symbol, das Begehren verfehlt seine Befriedigung, das Sein des Individuums verfehlt sich selber; - diese Struktur der Verfehlung, die die Rastlosigkeit der Symptome provoziert, ist gleichzeitig auch die Instabilität des Lebendigen, die Freud dazu motiviert hat, den Todestrieb einzuführen. Die sinnlose Wiederholung, das reine Funktionieren verfehlt immer die Gegenwart, die nur als lebendige Gegenwart gedacht werden kann. Dieses Verfehlen ist die Tendenz des Todes oder eben Unglück, Negativität. In einer gewagten Analogie (-weil hier das Unbewußte gleich dem Orakel gesetzt wird) läßt sich auch der Mythos des Ödipus so interpretieren, daß Ödipus dem Orakel deswegen nicht entkommen kann, weil er es versteht. Er versteht das 'Symbol', den Text der Weissagung, aber dieser Text ist nicht seine Gegenwart. Das Tun des Orakels ist immer ein anderes als das, was an Weissagungen übrig bleibt. Das Orakel in seiner Kraft, eine gegenwärtige Wirklichkeit zu strukturieren, treibt Ödipus, der auch Interesse an seiner Zukunft hat, in die Gegenwart eines sinnlosen Kampfes.

Eine andere Version eines verstehbaren Unbewußten bietet Alfred Lorenzer, der die Psychoanalyse als kritisch-hermeneutisches Verfahren verstanden wissen will. Hierbei interessiert ihn der Prozeß der Heilung, den er als Verständigungsprozeß zwischen dem Analysanden und dem Analytiker setzt.

"Die Sprachvermittlung ist ein dialektischer Prozeß zwischen den Sprachspielen des Analysanden und den Sprachspielen des Analytikers. Der Vorsprung des Analytikers wird nicht durch unmittelbaren Einsatz einer Theorie als Wahrheitsfundament begründet. (---) Das hermeneutische Verfahren der Psychoanalyse ist zugleich ein praktisch-änderndes (---) ; es gehört direkt der Praxis zu." (Lorenzer 1976: 154f)

Die Gegenwart erscheint hier als Praxis; Lorenzer spricht nicht mehr vom Symbol, sondern vom Spiel der Sprache, das unmittelbare Wirkung in der Gegenwart, also in der Praxis hat. Diese Wirkung zeigt sich als Verfehlung mit Regeln, -als Gesetz, das in seinem Interesse zur Wirklichkeit der Gegenwart kommt. Dieses Gesetz, das die Regel der Sprache ausmacht, ist aber privatisiert, individualisiert: deswegen nennt Lorenzer dies auch eine Sprachverfehlung. Dagegen setzt der Analytiker die Rekonstruktion, will also nicht die Symbole deuten, sondern das Tun des Symbolisierens korrigieren.[219] Der Analytiker repräsentiert so die gütige Allgemeinheit, die geduldig an der beschädigten Produktion herumlaboriert,[220] um die aktuelle Verfehlung durch die Rekonstruktion des Prozesses der Bestimmungen aufzuheben.

Das Verstehen des Analytikers basiert auf der Vergegenwärtigung: daß also das Tun des Symbolisierens an ihm zu einer Gegenwart kommt, welcher Prozeß Freud als Übertragung bezeichnet hat. Hier ist aber das Problem, warum es überhaupt zu jener Übertragung kommen kann, denn die Übertragung selbst ist eingespannt in den Vorgang des Symbolisierens, ist eine Vergegenwärtigung. Die beschädigte Produktion, wie Lorenzer die neurotische Symptombildung nennt, hat aber ihre Bestimmung nicht an der Gegenwart der Übertragung, sondern wiederum nur in einer nachträglichen Aufklärung. Das ist die List der Psychoanalyse: ihren nachträglichen Status versucht sie durch eine Regression zu kompensieren, aber diese Kompensation hat immer den Index einer Spaltung in der Gegenwart. Die Regression findet nur als Erleben statt, das von der gegenwärtigen Wirklichkeit des Individuums abgezogen ist. Die beschädigte Produktion hat zwar ihren Ursprung im Tun des Unbewußten, aber die Vergegenwärtigung einer ursprünglichen Beschädigung bleibt in ihrer unüberbrückbaren Differenz zur gegenwärtigen Wirklichkeit des Individuums gewissermaßen stecken.

Daß das Unbewußte nach Lorenzer nur in einer Art privatisierten Regel zur Gegenwart kommt, verweist schon auf den verzweifelten Versuch des Individuums, dem Leiden eine symbolische Ordnung zu geben, es darin zur Ruhe kommen zu lassen. Die aktuelle Regel aber ist in Bewußtheit, ist Wissen und unterliegt nicht dem Unbewußten. Lorenzer aber sieht es anders: für ihn gehört die privatisierte Regel quasi noch einer Sprache des Unbewußten an. Diese Sprache produziere dann gleichsam subjektiven Sinn: "Der subjektive lebensgeschichtliche Sinnzusammenhang wird im hermeneutischen Feld zwischen Analytiker und Analysand objektiviert, indem eine gemeinsame Sprache hergestellt wird." (Lorenzer 1973: 154) Die Sprache ist aber je schon gemeinsam, da es das Interesse beider Parteien an der Wirklichkeit ausdrückt. Lorenzer scheint von der Übersetzbarkeit unbewußter Inhalte auszugehen in dem Sinne, daß der Analytiker aussprechen kann, was das Unbewußte meint. Diese Übersetzung oder das Her-

---

[219] Lorenzer demonstriert die hermeneutische Arbeit der Psychoanalyse in seinem Buch 'Sprachzerstörung und Rekonstruktion' am Fallbeispiel des 'kleinen Hans', der den 'Sinn' von Pferd nicht weiß.

[220] Vgl. Lorenzer 1973: 218

stellen einer gemeinsamen Sprache geschieht aber nicht im psychoanalytischen Prozeß; -was passiert ist vielmehr dies, daß der Analytiker ein Unbewußtes zuerkennt und damit ein Subjekt des Analysanden als Subjekt seines Sprechens anerkennt. Mit diesem Subjekt gibt es jedoch keine Verständigung,[221] da es immer nur in Verfehlungen kommunizieren kann, also in dem Sinne nie meint, was es sagt. Die konstitutiven Elemente einer Sprache des Unbewußten, wie sie Freud entdeckt haben will, sind ja Entstellungen, Verschiebungen etc.; also Deformationen, die eine Verständigung verhindern. Verstehen könnte er höchsten das, was ihm der Patient sagt, aber er hat ja bereits in dessen Sprechen ein anderes Subjekt anerkannt. Damit beginnt der Prozeß der Psychoanalyse, -eben mit dem Nicht-Verstehen, mit der Nicht-Anerkennung des Individuums in seiner Gegenwart des Sprechens.

Lorenzer setzt das Unbewußte als Sprache, -eben als ein Regelwerk oder Gesetz, das dementsprechend auch verletzt, beschädigt werden kann. Damit hat es eine Bestimmtheit gewonnen, die durch die Sprache vermittelt ist. Lorenzer betont zwar die 'Praxis', aber diese Praxis transzendiert nirgendwo ihre sprachlich-kommunikative Verfassung. Indem das Unbewußte als bestimmte Negativität gehandhabt wird, ist auch die Möglichkeit gegeben, es an der Wirklichkeit der Kommunikation aufzuheben. Es wäre dann eine bloß sprachverweigernde Instanz, die durch geduldiges Zuhören und diversen Übersetzungsversuchen heim in die Sprache geholt werden kann. Gegen diesen hermeneutischen Ansatz läßt sich sagen, daß das Unbewußte wohl Sprache sein kann oder sprachlich verfaßt ist; nicht aber kommuniziert es, oder besser: die Sprache des Unbewußten ist akommunikativ, weil das Subjekt dieser Sprache, eben das Unbewußte, unbestimmt ist. Wenn das Sprechen als Symptom in einer Regel erscheint, so heißt das bloß, daß unbewußte Inhalte zur Darstellung drängen, also ein bestimmtes Interesse an der Wirklichkeit haben. An diesen Regeln jedoch hat das Individuum keine Gegenwart. Das Subjekt des Individuums ist reines Sprechen: die Sprache ist das, was übrig bleibt, wie auch eine Gegenwart immer nur übrig bleibt.[222]

---

[221] Theodor Reik hat dies als erster Psychoanalytiker konsequent formuliert. In seinem Buch 'Hören mit dem dritten Ohr' (1983) findet sich ein Kapitel mit der Überschrift: 'Mut zum Nicht-Verstehen'.

[222] Es wäre interessant, Bergsons 'elan vital' konsequent in Hinblick auf den Freudschen Begriff des Unbewußten zu lesen. Auch bei Bergson ist es die Verfassung der Sprache selber, die notwendig zur Ausgrenzung produktiver, lebendiger Prozesse führt. Die Sprache kann keine Dauer formulieren, -die eigentlichen Lebensvorgänge aber spielen sich in der Dauer ab. Vermutlich käme die 'Dauer' einer Mischung aus einer romantischen und einer Freudschen Version des Unbewußten nahe. (Vgl. Bergson 1987)

Letztlich kann man die hermeneutische Fassung des Unbewußten mit der Metapher der verheilten Wunde fassen. Die Verletzung ist je schon im Prozeß ihrer Heilung, denn ohne Heilung gibt es keine Wunde. Der Patient würde dann bloß unter der Narbe leiden, und der Analytiker wäre eine Art Schönheitschirurg. Demgegenüber wäre die nicht-hermeneutische Position die, daß es sich bei der Neurose um eine offene, eiternde Wunde handelt. Der Fremdkörper bleibt und auch die Abwehrreaktionen des Körpers werden bleiben: was dann Heilung ist, läßt sich dann am ehesten mit dem Begriff der Integration angeben. Solche 'Verharmlosung' der Wunde des Unbewußten kommt auch in einem letzten hermeneutischen Plädoyer zum Ausdruck:

"Aufgabe des analytischen Dialogs ist es, diese zunächst noch 'inszenierte Wahrheit' -und dies gilt nicht minder für das Symptom selbst- in das Wort einzuholen. Eine solche 'Bergung' ist aber nur möglich, weil die hier ins aktuelle Wort kommenden imaginären Fixierungen infantiler Konfliktsituationen sich je schon vom Symbolischen durchwoben finden. Nur weil wir vom Symbolischen her leben und uns in ihm humanisieren, schon immer 'Gespräch' sind, kann sich die geschichtliche Wahrheit der konflikthaften Originalvorfälle im Medium der symbolischen Beziehung der psychotherapeutischen Situation enthüllen. Nur weil die Anfänge mit den aktuellen Bezügen je schon 'kommunizieren', ist auch Psychoanalyse möglich."[223]

Hier ist es nun klar ausgesprochen: die vor-symbolischen Erfahrungen sind in Wirklichkeit je schon symbolisiert. Das Inhumane gibt es nicht, weil wir uns je schon humanisieren. Hier sieht man auch klar, wie in der hermeneutischen Position das Unbewußte zu einer negativen Bestimmung der Sprache wird. Man möchte den letzten Satz dieses Zitates einfach umdrehen: Psychoanalyse ist dann deswegen möglich, weil die Anfänge nicht mit den aktuellen Bezügen kommunizieren, genau so wenig, wie jede Theorie der Sprache notwendig nicht in der Lage ist, ein vollständiges Entstehungsmodell ihres Objekts zu liefern. Da das Unbewußte spricht, aber nicht kommuniziert, entsteht die neurotische Irritation. Die Hermeneutik jedoch scheint die Neurose mit einem diskursiven Problem zu verwechseln, aber keine Neurose ist harmlos. Um die hermeneutische Position noch einmal zusammen zu fassen: das Unbewußte als Subjekt des Individuums wird so definiert, daß es in einer symbolischen Ordnung prinzipiell bestimmbar ist. Damit kann, in einer Horizonterweiterung, das Individuum seines Subjekts letztlich mächtig werden.

---

[223] Lang. H.: 'Sprache - das Medium der psychoanalytischen Therapie' (Gadamer und Boehm 1978: 268)

Daß das Unbewußte in seinem Sprechen eine Differenz zur Sprache erzeugt und eben diese Differenz ist, -diese These hat Ähnlichkeiten mit den Ansichten Jacques Lacans über das Unbewußte. Was Lacan entsprechend lehrt, ist die Fähigkeit, nicht-metaphysische Erfahrungen zu machen, -auf den 'Diskurs des Unbewußten hören' zu lernen, wie er es nennt. Dabei setzt er die Ebene dieses Diskurses von den Ebenen des Symbolischen und des Realen ab. Im Symbolischen, -das ist nach unserer Sprache das Gesetz, ist das Interesse an der Wirklichkeit als Allgemeinheit. Das Unbewußte bewegt sich aber, .nach Lacan, auf einer Ebene des Imaginären, wobei dieses Imaginäre nur als Bruchstelle zwischen einem virtuell-ursprünglichen Begehren und dem Gesetz fungiert. Das Imaginäre bei Lacan ist das Individuelle[224] schlechthin, das Begehren in seiner Rücksichtslosigkeit gegenüber jeder Allgemeinheit. Das Unbewußte ist so die Unzufriedenheit mit dem Gesetz, das Eingeständnis des Scheiterns einer vorgängigen Versöhnung zwischen Wunsch und Wirklichkeit, -um es einmal ganz platt auszudrücken. In der Tat ist das Symbolische bei Lacan das Allgemeine: die Entäußerung des individuellen Begehrens an eine sprachliche Umwelt, die zwar der Struktur des Begehrens folgt, es gleichzeitig aber unmöglich macht. Das Begehren macht sich, indem es sich in Symbolisierungen äußert, gleichsam auch unwirklich. Die Sozialisation fängt diese Unzufriedenheit auf, bzw. gleicht sie dem allgemeinen Kulturpessimismus an. Wenn in dieser Sozialisation, insbesondere in der familiären etwas schiefgeht, kann sich diese Unzufriedenheit nicht ausbalancieren, und das Unbewußte erscheint manifest als neurotisches Symptom.[225]

Was eine Negative Hermeneutik von Lacan trennt ist dies, daß Lacan suggeriert, man könnte sich auf die Seite des Unbewußten schlagen, indem man, durch absichtliche Deformation des rationalen Diskurses, eine nicht-metaphysische Erfahrung quasi aufbereiten, wenn nicht sogar erzwingen kann. Damit einher geht die Ausklammerung der sozialen Realität und des Gesetzes, aber Lacan ist in erster Linie Kliniker, während die Negative Hermeneutik sich im weiteren Sinne als Sozialphilosophie versteht. Das meint, daß in der Analyse das Interesse an der Wirklichkeit zeitweise durchaus aufgegeben werden kann, aber eben nur zeitweise. Die Aufgabe liegt beim

---

[224] Lacan spricht auch vom 'Subjekt des Subjekts' welcher Terminus unserem 'Subjekt des Individuums' entspricht.

[225] Es ist Mode, Lacan zu mystifizieren, an welchem Phänomen er wesentliche Mitschuld trägt. Sein Neurosenmodell, das sich eigentlich nie geändert hat, läßt sich ganz einfach in eine allgemeine Sozialisationstheorie einpassen, so wie sie von anderen europäischen 'fortschrittlichen' Psychoanalytikern schon länger formuliert wurde.

Analytiker: indem er die Haltung des Nicht-Verstehens einnimmt, klammert er sein Interesse an der Wirklichkeit ein[226] und versucht stattdessen sein eigenes Unbewußtes zum Zuge kommen zu lassen. Dieser klinische Prozeß läßt sich aber nicht als Modell sozialer Realität verwenden. Aus der nicht-metaphysischen Erfahrung läßt sich keine 'Haltung', geschweige denn eine Lebensform gewinnen, denn nicht-metaphysische Erfahrungen treten immer nur partikularisiert auf. Lacan reflektiert zu wenig auf die Bedingungen der Möglichkeit nicht-metaphysischer Erfahrungen, und das führt zur Esoterik, welcher Charakter der Lacanschen Lehre in der Tat nicht abzusprechen ist. Die Esoterik, wir haben es ausgeführt, lebt ja von der Besonderung des Individuums, und der analytische Prozeß ist in gewisser Weise ja auch eine Besonderung. Die Philosophie darf jedoch diese Besonderung nicht gelten lassen: sie muß den analytischen Begriff des Unbewußten in einen philosophischen übersetzen.[227]

Dennoch soll der Lacansche Begriff des Unbewußten Ausgangspunkt für die folgenden Ausführungen sein, die den konstitutiven Charakter des Unbewußten für das Nicht-Verstehen betreffen. Denn Lacan nähert sich in seinem Denken, wenn nicht einer negativen Hermeneutik, so doch einer Hermeneutik der Negativität. Beginnen wir wieder mit dem psychoanalytischen Prozeß, den man als Entpartikularisierung des Nicht-Verstehens bezeichnen könnte: der Patient kommt zum Analytiker, weil er etwas ganz Bestimmtes nicht versteht. Das ist das Symptom. Die Arbeit der Analyse zeigt, daß dieses bestimmte Nicht-Verstehen kein Bruch in einer wirklichen Ordnung des Individuums ist, sondern Ausdruck dieser Ordnung selbst. Erst durch diese Ent-Partikularisierung des Nicht-Verstehens, durch die Auflösung der Bestimmtheit des Symptoms, kann das Leiden am Symptom aufgelöst werden. Dies ist ein Absehen von der Selbstverständlichkeit der Ordnung des Allgemeinen, also die Einführung von Unbestimmtheit. Um sagen zu können, ob dieser Prozeß etwas mit 'Heilung' zu tun hat; -dafür bräuchte es eine umfassende anthropologische Theorie der Krankheit, die es nicht gibt, und welche

---

[226] Was in gewisser Weise den Gestus der Husserlschen Phänomenologie imitiert. In der 'epoché' Husserls wird auch der Geltungsanspruch der Wirklichkeit zu Gunsten der Erfahrbarkeit eingeklammert. (Vgl. Husserl 1977)
[227] Ein Versuch der 'Einordnung' Lacans zwischen traditioneller Hermeneutik und neuem Strukturalismus stammt von M. Frank. Am Ende dieses Versuchs sieht Frank eine Nähe Lacans zur frühen deutschen Romantik im Kontext der Frage nach der Individualität. Zu bemerken ist, daß Lacan selber die Individualitätsproblematik nicht besonders interessiert: diese ist vielmehr erst philosophisch aus seinem Werk zu deuten.(Vgl. Frank 1980: 114)

nachzuholen wir hier nicht leisten können.[228] Für unsere Zwecke ist jedoch die implizite Anerkennung eines Unbestimmten wesentlich, was zum Absehen des Individuums von sich selber und damit auch von seinem Leiden führen kann.[229]

Die Rede von der Anerkennung des eigenen Unbewußten, welche Konstellation am Ende einer Psychoanalyse stehen soll, ist aber wesentlich komplexer, als es die meisten theoretisierenden Psychoanalytiker begreifen. Diese Anerkennung wäre nur als fortlaufende und persistierende Negativität zu verstehen. Zuerst wäre darin die Abspaltung des Subjekts des Individuums von diesem zu setzen. Das verhält sich nicht nach der Fichteschen Setzung des Nicht-Ichs, denn bei Fichte bleibt die Transzendenz des idealistischen Subjekts seiner prinzipiellen Einheit untergeordnet. In der Psychoanalyse hingegen ist das Subjekt des Individuums substantiell gegen das Ich gesetzt. Der Schluß bei Fichte ist paradigmatisch für jene positiv-dialektische Konstellation, wonach der setzende Teil, das Subjekt dieser Anerkennung, im Anspruch des Verstehens steht und damit sich als der wesentliche Teil begreift. Das wäre die Restitution des 'Ich' in der Anerkennung des eigenen Subjekts, das sich somit die wesentliche Kraft und die Allgemeinheit erhalten hat. Das aber könnte nur funktionieren, wenn das Tun des anderen Teils keine Wirklichkeit in der Gegenwart hätte, -wenn also der anerkennende Teil seine Wirklichkeit vollständig beherrschen würde. Es ist aber gerade die Spaltung in der Wirklichkeit der Gegenwart, die diese Anerkennung überhaupt erst motiviert. Es existiert eine Nötigung zur Anerkennung, welche als Negatives einer Freiheit vorerst erscheint. Die Persistenz der Negativität besteht nun darin, daß der anerkennende Teil keine Bestimmung am anerkannten Teil haben kann: das 'Ich' des Anerkennenden bleibt in seiner Wirklichkeit als Allgemeinheit immer nur gegen das Unbewußte gedacht.

Im Umkreis der bestimmenden Negativität hätte das Ich einen Kampf mit dem Unbewußten auszutragen, aus welchem es als Sieger hervorgehen kann; -das ist die wesentliche Idee der hermeneutischen Versionen der Psychoanalyse. Um aber hier mit Hegel zu denken, liegt kein Prozeß der Anerkennung vor, da das Unbewußte nichts von diesem Sieg weiß, -sich nicht unterwirft und damit eine Bestimmung möglich machen könnte. Die fortlaufende Ne-

---

[228] Zu diesem Thema: Canguilhem 1972

[229] In diesem Kontext wird die Psychoanalyse häufig mit jener Passage der Hegelschen Phänomenologie verglichen, die den Ausweg aus dem 'unglücklichen Bewußtsein' zeigt: bei Hegel allerdings sind die Menschen am Ende schlechthin glücklich, während bei Freud das Glücksversprechen nie einlösbar ist.

gativität zeigt sich darin, daß die mögliche Anerkennung des Unbewußten den Unterschied nicht tilgt: weder kann das Bewußte seine Bestimmung am Unbewußten haben, noch gibt es eine bewußte Bestimmung des Unbewußten. Das liegt an der Unmöglichkeit, eine Erfahrung der Erfahrung zu machen. Wenn ein Mensch Angst hat, also die Erfahrung der Angst macht, so kann er diese Erfahrung nicht abermals erfahren: er kann nicht, im Status der Angst, zurücktreten und auf diese Erfahrung qua Erfahrung reflektieren. An die Stelle des mißlingenden Versuchs, die Verdoppelung der Erfahrung haben zu können, tritt die Metaphysik der Erfahrung, die die 'brutale' Gegenwart der Erfahrung ein Stück weit zu mildern in der Lage ist. Die Gegenwart der nicht-metaphysischen Erfahrung ist unteilbar, -nur nachträglich läßt sich die Erfahrung reflektieren, aber dann ist es eben keine Erfahrung mehr, sondern Reflektiertes, -welche Verwechslung wir schon in den 'Exkursen' mehrmals thematisiert haben.

Die Existenz des psychoanalytischen Prozesses ist aber selbst noch kein Ausdruck der Wirklichkeit, denn es gibt immer die wesentliche Alternative, das eigene Unbewußte nicht anzuerkennen, sich eben nicht auf den psychoanalytischen Prozeß einzulassen. Die Psychoanalyse als Praxis ist gegenüber der sozialen Realität und gegenüber dem Gesetz partikular. Andererseits ist die Anerkennung des Unbewußten ja kein freier Entschluß der unwirklichen Individualität, sondern Resultat der Wirklichkeit des Leidens. Das Leiden erscheint in der Wirklichkeit des Allgemeinen vorerst aber nur zerstreut und kontingent: demnach wären es auch kontingente Personen, die eben genötigt wären, das Unbewußte anzuerkennen. Das allerdings würde sich in dem Moment ändern, an welchem man zeigen könnte, daß die soziale Realität und das Gesetz das neurotische Leid notwendig hervorbringen.

Das mag eines Tages geschehen, sofern die soziale Realität sich gegenwärtig auf eine Unruhe und Komplexität zubewegt, welche Konstellation die menschliche Psyche als konservatives Organ wesentlich überfordert und das neurotische Leid epidemisch erzeugt. Noch aber ist das Unbewußte, auch in der Form seiner neurotischen Manifestation, eingebunden in die Prozesse seiner Verkennung, -eben in die soziale Realität und in das Gesetz. Das heißt in erster Linie, daß die Lebensnot in unserer Gegenwart noch wesentlich das neurotische Leid überdeckt, und von daher die soziale Realität die erste Orientierung der Individuen vorstellt. Da aber die Anerkennung des eigenen Unbewußten gegen diese Orientierung an der sozialen Realität gerichtet ist, bleiben die Menschen notwendig in den Prozessen dieser Verkennung befangen: diese verleihen den Individuen, sofern sie nicht manifest neurotisch sind, den Status der Ruhe. Die Wirklichkeit der Unruhe dagegen, die in der Anerkennung des Unbewußten liegt, ist das Festhalten am Individuellen gegen die Kraft der Allgemeinheit. Wenn hier vom Allgemeinen die Rede ist, so muß nun die Frage nach dem Verhältnis zwischen sozialer Realität und dem Unbewußten gestellt werden. Die Schwierigkeit dieser Frage liegt darin, daß jedes Leiden als Wirklichkeit des Unbewußten einerseits eine soziale Verfassung hat, andererseits in dieser nicht aufgelöst werden kann, sofern die soziale Verfassung eine Metaphysik der Erfahrung generiert, die auch wesentlich gegen das Unbewußte gerichtet ist. Wir haben dies als die wesentliche Struktur der konstitutiven Negativität der sozialen Realität bezeichnet.

Dagegen steht der Prozeß des Unbewußten, der eine 'Entvergesellschaftung' vorstellt: in der Wirklichkeit des psychischen Leidens entzieht sich das Individuum der Allgemeinheit, welcher Umstand nichts anderes als eine Definition der Normalität ist. Am Anfang dieses Abschnitts wurde die Frage nach dem Subjekt des Individuums gestellt, das ein Interesse an der Wirklichkeit desselben gegen die Allgemeinheit anmeldet; wenn nun das Unbewußte dieses Subjekt ist, so verhält sich eine Theorie des Unbewußten komplementär zur negativen Struktur der sozialen Realität. Eine solche Theorie weist jede Metaphysik, jede allgemeine Ordnung als Derivate unbewußter Prozesse aus. Das ist ja die tiefste 'Kränkung', die die Psychoanalyse unserer Kultur zugefügt hat: daß nämlich die soziale Ordnung keine höhere Dignität hat, als eine 'Verlegenheit' des Unbewußten zu sein. Auch das Gesetz wird so in ein Bedingungsverhältnis zum Unbewußten gesetzt.

Das Unbewußte wurde gegen die soziale Realität vorerst als naturhaft gesetzt, was aber eher einer Verlegenheit entspringt, denn diese Natur hat keine Bestimmung außer der, nicht in Diskursivität und Allgemeinheit aufzugehen. Die Neurose ist nur zu einem Teil kommunizierbar: ihr Kern, der persistiert, ist jenes Moment der Unbestimmtheit, das nur durch Anerkennung zu einem Verhältnis zum Individuellen kommt. Diese Momente haben wir in den Exkursen eben nicht an der Neurose exemplifiziert, sondern am Scheitern der Kommunikation in der Psychose, an den esoterischen Gestalten, und an der psychischen Verfassung des Somas. Alles erinnert an Natur: selbst die Sprache der Psychotiker scheint, wie die Sprache des Körpers und der Sterne, einem kreatürlichen Reservoir zu entspringen. Diese Erinnerung aber ist eine Projektion, die durch eine Differenz in der Gegenwart motiviert ist.

Das Unbewußte konstituiert das Nicht-Verstehen; -damit ist vorerst der schon erwähnte Umstand bezeichnet, der besagt, daß es keine Erfahrung der Erfahrung geben kann. Das hermeneutische Verstehen setzt genau diese

Möglichkeit, -nämlich die Erfahrung einer fremden Erfahrung als Möglichkeit von Verschmelzung. Im Kontext des Unbewußten ist aber die Erfahrung der Erfahrung schon der Begriff, also ein Rekurs auf die Metaphysik der Erfahrung, die das konkrete Andere entwirklicht. Die nicht-metaphysische Erfahrung, der Bruch in der Ordnung des Sinnhaften und des Integrierbaren hat an sich jene unbestimmte Negativität, die nicht im Begriff aufgeht, und wenn der Begriff sie unterwirft, so hat er sie in ihrer Wirklichkeit verfehlt. Auf der anderen Seite prägt das Unbewußte die Erfahrung, indem es eine metaphysische Struktur derselben ermöglicht: also Prozesse wie Verdrängung, Übersehen etc. in Gang setzt und damit Wahrnehmungen erzeugt, mit welchen man leben kann. Eine Erfahrung des Unbewußten ist nur im Bruch dieser Erfahrung möglich, -also dort, wo Diskontinuität entsteht. Damit ist die Erfahrung des Unbewußten aber keine Erfahrung der Erfahrung mehr, sondern Abwesenheit der Metaphysik in der Erfahrung. Das bedeutet auch gleichzeitig die Entvergesellschaftung, in welcher das besondere Individuum zu einer Wirklichkeit gegen das Allgemeine kommt. Diese Wirklichkeit ist eine Wirklichkeit der Erfahrung, welche im Allgemeinen und gegen es persistiert. Diese Erfahrung ist letztlich die Erfahrung des Unbestimten.

Die Wirklichkeit des Unbewußten ist aber nicht jenes Außen, das sich, weil es etwa vorsprachlich strukturiert wäre, dem Verstehen entzieht. Das Verstehen selbst ist gegen das Unbewußte gerichtet, also gegen die Abschottung des Besonderen für sich und damit gegen das Subjekt des Individuums, das als Kraft dieser Abschottung auftritt. Der Verstehensprozeß ist dann der Versuch, dieses Unbewußte einer Bestimmung zu unterwerfen, womit aber die Verfehlung gegeben ist. Die Zuerkennung des Unbewußten ist ein nachträglicher Akt, eine Form der Realisierung des Nicht-Verstehens in Hinblick auf eine klinische Praxis. Indem das Unbewußte ist, erzeugt es Verstehen und Nicht-Verstehen zugleich. Das Nicht-Verstehen wäre der Selbstbezug, der nicht den Modi psychischer Repräsentanzen untersteht, die wiederum die Metaphysik der Erfahrung ermöglichen. Die Unbestimmtheit des Unbewußten liegt darin, daß es ein Eigenes ist, das als Fremdes erfahren wird, und daß diese Ambivalenz nicht aufgelöst werden kann, denn in jedem Versuch der Auflösung reproduziert sich dieses negative Verhältnis.

Der gesamte Konstitutionszusammenhang des Nicht-Verstehens läßt sich nun nochmals verdeutlichen, indem wir die Konstituenten wieder zurück verfolgen. Das Unbewußte ermöglicht das Nicht-Verstehen: als Subjekt des Individuums hat es Interesse an der Wirklichkeit und stellt psychische Modi für das Verstehen zur Verfügung. Da diese psychischen Modi die Struktur der Verkennung (qua metaphyischer Erfahrung) haben, ermöglicht das Un-bewußte gleichsam auch das Nicht-Verstehen. Die Exsistenz des Nicht-Verstehens zeigt im tiefsten Punkt ein Anpassungsdefizit der Psyche, denn nur im Mißlingen des Verstehens, im Versagen der psychischen Modi der Verkennung ist Nicht-Verstehen möglich und Leid wirklich. Das Gesetz nun fordert in gewisser Weise das Nicht-Verstehen, indem es Instanzen setzt, die jede Vermittlung ausschließen. Dieses Setzen von Instanzen reagiert letztlich auf die Not der Individuen, die, um nicht dem Prozeß unendlicher Negativität zu verfallen, sich im Gesetz eine Wirklichkeit schaffen, die aber gegen sie gerichtet ist. Die soziale Realität schließlich erzwingt das Nicht-Verstehen, indem die Vergesellschaftung die Anerkennung einer abwesenden Mehrheit fordert, die ebenfalls sich jeder hermeneutischen Vermittlung entzieht.

VI. Zusammenfassung

Man kann den Grundgedanken der nun ausgeführten *Negativen Hermeneutik* durchaus in einigen Sätzen darstellen. Thesenartig formuliert:

1. *Es gibt Nicht-Verstehen als nicht-metaphysische Erfahrung.*
2. *Diese Erfahrungen sind nicht kontingent.*
3. *Das Nicht-Verstehen ist dem-Verstehen nicht äußerlich.*
4. *Das Nicht-Verstehen ist keine bestimmte Negation des Verstehens.*
5. *Um das Nicht-Verstehen adäquat fassen zu können, braucht es einen spezifischen Begriff von Negativität.*
6. *Das Nicht-Verstehen hat einen spezifischen Konstitutionszusammenhang.*

Natürlich sind solche Thesen wenig aussagekräftig, und deshalb haben wir sie auch an das Ende gestellt, damit zusammenfassend der Gang der Arbeit noch einmal verdeutlicht wird. Wir haben quasi mit der fünften These angefangen und versucht, einen neuen Begriff von Negativität zu entwickeln, - vorerst als heuristische Vorgabe. Erst dann konnte plausibel werden, was es heißt, daß das Nicht-Verstehen weder kontingent, noch dem Verstehen äußerlich ist. Die Exkurse sollten die erste und die zweite These stützen, -nicht als Existenzbeweis, sondern als Aufweis einer Plausibilität. Die Konstituenten schließlich standen für die sechste These: es galt zu zeigen, daß das Nicht-Verstehen in den Prozessen von Symbolisierung (Unbewußtes), Wirklichkeitskonstitution (Gesetz) und Vergesellschaftung (Soziale Realität) begründet ist.

Nun soll die Frage nicht ausgespart bleiben, für was denn die ganze Veranstaltung gut sein soll, bzw. was man mit den Ergebnissen der *Negativen Hermeneutik*, falls man sie teilt, anfangen soll. Diese Frage ist, wenn man gewohnt ist, Philosophie als selbstevident zu nehmen, recht leicht zu beantworten; -in dieser Hinsicht wäre die vorliegende Arbeit der Versuch, der Welt und ihrer Erscheinungsweise per begrifflicher Erkenntnis gerecht oder gerechter zu werden. Nun aber thematisiert die *Negative Hermeneutik* ja notwendig auch diese Vorgabe der Philosophie, die gleichermaßen den Sinn von Verstehen berührt. Mit der Einführung des Nicht-Verstehens wird das Primat des Fortschritts der Erkenntnis, sofern Verstehen eine Form von Erkenntnis sein kann, gewissermaßen zur Disposition gestellt. Eine Theorie des Nicht-Verstehens, die solches nicht als bestimmbar oder kontingent ausweist, steht im Verdacht der Resignation bzw. des Verzichts auf Erkenntnis durch den Willen zum Verstehen. Wenn Hermeneutik eine Kunst ist, so wäre die 'Kunst des Nicht-Verstehens' vor die Frage gestellt, warum man sie lernen sollte. Gefragt ist also nach dem möglichen Ethos eines Nicht-Verstehens.

Zunächst aber bezieht sich die *Negative Hermeneutik* auf das Ethos der tradierten Hermeneutik, das ein humanistisches ist und etwa in dem Satz darstellbar wäre, daß die Menschen einander verstehen sollen, da durch dieses Verstehen die Möglichkeit von Friede und Versöhnung gegeben sei. Nun aber hat die Negative Hermeneutik aufgezeigt, daß das Verstehen und dessen Ethos einem Schutzbedürfnis folgen. Der Modus, mit dem Nicht-Verstandenen umzugehen, nämlich es als Form bestimmter Negation oder als Kontingenz zu setzen, entspricht dann einer quasi-natürlichen Reaktion auf die Bedrohlichkeit des Nicht-Verstehens. Nun wäre die Frage nach dem Ethos die, ob es gut sei, daß der Mensch sich schütze, indem er versteht. Dies ist auch die Frage nach dem Ethos einer universellen, allseitigen Kommunikation, wie es etwa aus der Gadamerschen Hermeneutik entwickelt wurde. Es ist der friedliche Akt, in welchem ein Mensch auf den anderen zugeht und sagt: 'Sprich mit mir, denn ich möchte Dich gerne verstehen, auf daß Dein Tun und Sagen nicht mehr bedrohlich für mich sei.' Es mag verwundern, aber dieses Ethos teilt die Negative Hermeneutik, ebenfalls, gerade weil sie der Hermeneutik nicht äußerlich ist.

Das Ethos der tradierten Hermeneutik geht aber weiter: es beinhaltet das Sollen, weiter zu sprechen, weiter zu verstehen. Bei Gadamer gibt es in dem Sinne nie einen Grund, das Gespräch abzubrechen, eben weil das Gespräch nach Maßgabe der Hermeneutik nicht scheitern darf. Wenn es tatsächlich scheitert, so war dieses Scheitern durch vielerlei Umstände bedingt, die im Gespräch rekonstruierbar sind. Die vorliegende Arbeit hat nun den Versuch unternommen, aufzuzeigen, daß es dieses Scheitern gibt, und von daher wird das Sollen, weiter zu sprechen, weiter zu verstehen, ausgesetzt. Das meint keine symmetrische Umkehrung; -daß etwa ein Sollen des Nicht-Sprechens, des Nicht-Verstehens gesetzt wäre. Es fällt nur dieses bestimmte Sollen weg. Und hier schließt sich die Frage an, ob denn das hermeneutische Sollen Leid verursacht, ob es als Ethos dem Anspruch auf Glück der einzelnen genügt. Es ist dies wiederum die Frage, ob es gut sei, daß der Mensch sich schütze, indem er versteht.

Um hier eine Antwort zu finden, gilt es zu rekapitulieren: im Verstehen liegt Vernichtung des Individuellen durch das Allgemeine. Das Allgemeine aber ist das Bestehende oder dessen Projektion. Es gibt also in der Forderung nach Ent-Individualisierung, und nichts anderes ist das Gebot des Weiter-Sprechen-Sollens, einen Druck der Anpassung an ein Allgemeines. Wenn dieses auch idealisiert ist, so ist es doch wiederum nur die wirkliche Projektion der wirklichen Allgemeinheit aus sich selbst. Die Forderung nach Ent-Individualisierung war bei Hegel noch die Unterwerfung des Besonderen unter den Begriff: im Kontext des Verstehens funktioniert der Mechanismus der Unterwerfung subtiler. Im Verstehen liegt eine Macht, die umschlägt in Ohnmacht, vergleichbar einem Schutzwerk, das zwar die Macht gegen das Außen ist, -ebensosehr aber das, was es beschützt, auch einsperrt. Im Verstehen schützt sich das Individuum vor sich selber bzw. vor seinen nicht-metaphysischen Erfahrungen. Ist die Divergenz von Begriff und Lebenswirklichkeit in vielen Fällen offensichtlich, so kann das ungeheure Bedürfnis nach Verstehen selten gegen die Erfahrung abgesetzt werden, da eben die Erfahrung zum Verstehen drängt. Die konkrete Erfahrung unterwirft sich diesem Bedürfnis, das ein Bedürfnis der Erfahrung selbst ist.

Soweit ist die Rede von der Unterwerfung artifiziell; der Mechanismus des Verstehens ist aber nicht bloß das Drängen der Erfahrung, sondern ebensosehr das Resultat der Abhängigkeit der Einzelnen vom Allgemeinen. Daß die Erfahrung zum Verstehen, zum Allgemeinen drängt, folgt dem Umstand, daß das Allgemeine im Individuum seinen Stachel hat: diesen will es los werden indem es das Individuelle zu eliminieren, vernichten strebt. Die Arbeit der Vernichtung jedoch leistet das Individuum insoweit selber, als es versteht, und damit erst dem Allgemeinen eine Wirklichkeit gibt. Noch stärker ausgedrückt: das Individuelle in der Bewegung seiner Ent-Individualisierung, im Prozeß der Negation ist die Wirklichkeit des Allgemeinen. So reproduziert sich im Verstehen diese Wirklichkeit des Allgemeinen und vollzieht damit eben die Hegelsche Bewegung der Aufhebung der Individualität. Freilich kommt hier keine Freiheit heraus, sondern eine Gestalt fortlaufenden Zwanges oder das, was Adorno den 'Bann' nannte. Durch diesen Bann entmächtigt sich das Individuelle im Verstehen, indem es die gesetzte Wirklichkeit als Macht der Allgemeinheit anerkennt. Sofern nun diese Allgemeinheit das individuelle Unglück nicht ausmerzt, ja es sogar selber erzeugt, reproduziert das Verstehen, indem es die Wirklichkeit der

Allgemeinheit reproduziert, auch dieses Leiden. Es gibt, um es kurz zu fassen, nach Maßgabe des hermeneutischen Sollens keine gewaltsame Beendigung des Leidens. Daß das Gespräch fortdauern solle, macht das Leid, das vielleicht zum Gespräch geführt hat, notwendig.

Was aber steht dafür? -Was passiert beim Abbruch des Gesprächs? Zunächts stellen sich Affekte ein, die für das Nicht-Verstehen stehen: Staunen, Überraschung Verwunderung etc. Diese Affekte haben keine Bestimmung in einer Dialektik von Fremdem und Vertrautem, sondern sind nachträglich. Das bestimmte Staunen wäre die Bewegung der Suche, die sich aufhebt; das unbestimmte, also substantiell-negative Staunen, das hier gemeint ist, ist jene Negativität, die sich erst am Ende des Prozesses einstellt. Die Rede vom 'Affekt' mag etwas befremdlich klingen, aber vielleicht stellt man sich das so wie mit der Müdigkeit vor, die etwa am Ende jener Reflexion steht, durch welche sie erzeugt wurde. Das hermeneutische Sollen dürfte in diesem Sinne keine Müdigkeit kennen, die den Prozeß des Verstehens beendet. Das Staunen nun, das für das Nicht-Verstehen steht, ist der Affekt als Resultat des Verstehens, aber eben ein Resultat, das sich zum Prozeß des Verstehens negativ verhält, weil es diesen abbricht.

Dieser Abbruch ist kein Reflex, sondern das Inne-Werden der Negativität im Prozeß des Verstehens. Die traditionelle Hermeneutik folgt eher einem genuinen Reflex, den man als Erfahrungsintegration bezeichnen könnte, welche Einschätzung übrigens bei Dilthey explizit ist. Was gegenüber diesem Reflex dann tatsächlich die Kunst der Hermeneutik ausmacht, wäre der Modus der Perfektionierung dieses Reflexes. Die Kunst nun, die zu sein das Nicht-Verstehen für sich in Anspruch nimmt, ist die Arbeit gegen diesen Reflex: die Arbeit des Staunens, das sich nicht loswerden will. Es ist in diesem Sinne ein weiter Weg zu diesem Staunen, zum Nicht-Verstehen und er setzt ein Moment von Angstfreiheit voraus, ebenso wie es der Angstfreiheit bedarf, um an einem Schutzwerk die Erfahrung des Gefängnisses machen zu können. Das Moment der Angstfreiheit hat durchaus seine historischen Bestimmungen, worauf wir weiter unten eingehen wollen; -zunächst gilt es aber näher zu begründen, warum es überhaupt der Angstfreiheit bedarf.

Für diese Begründung lohnt es sich, noch einmal auf die Anerkennungsproblematik zurückzukommen, denn die Anerkennung eines Anderen als Seinesgleichen ist sozusagen der Algorithmus des Verstehens und Bedingung der Vernunft. Bei Hegel bildet die Anerkennung das Selbstbewußtsein als Verallgemeinerung des Besonderen in einem anderen Besonderen. Erst in der Allgemeinheit des Selbstbewußtsein ist der Friede möglich: das andere

Selbstbewußtsein ist nicht das Fremde schlechthin, sondern hat seine Bestimmung ebensosehr am eigenen Selbstbewußtsein. In der Anerkennung bestimmt sich die Gattung als Identisches ihrer selbst: der Mensch lebt fortan unter Menschen, welche Gewißheit eine Angst vernichtet. Nun aber setzt die Anerkennung voraus, daß es gleiche Wesen sind, die sich da anerkennen und verstehen. Eine Anerkennung des Fremden als Fremdes kann es nach diesem Hegelschen Muster nicht geben, aber genau darum geht es im Kontext des Nicht-Verstehens. In der Anerkennung des Fremden als Fremdes schwindet einem nämlich das eigene Selbstbewußtsein, und dies ist in der Tat der Fall, sofern man staunt.

Das Schwinden des Selbstbewußtseins setzt allerdings dessen Bildung voraus und Selbstbewußtsein hat auch immer diese Funktion des Schutzes vor Selbstauflösung, vor dem eigenen Verschwinden, vor einer möglichen Nicht-Identität; das Selbstbewußtsein Hegelscher Prägung ist gegen Negativität schlechthin gerichtet. So stellt sich abermals die Frage, wie Nicht-Identität möglich sei. Adorno konnte Nicht-Identität als Tatbestand akklamieren: der Begriff reicht nicht an das Leid der Welt heran. Die Negative Hermeneutik muß mögliche Nicht-Identität etwas anders situieren, geht es ihr doch nicht um die Metaphysik des Begriffs sondern um die Metaphysik der Erfahrung. Das bedeutet, daß ein möglicher Ethos Adornos sich noch auf der Ebene des Denkens bewegt, während das Ethos einer Negativen Hermeneutik in die psychische Schicht der Wahrnehmung eingreift, also auch eine Anbindung an Ästhetik hat. Das Sollen des Nicht-Verstehens als Nicht-Identität in der Erfahrung setzt ein Mißtrauen gegen diese voraus; setzt voraus, daß das gebildete Selbstbewußtsein die Macht hat, Leiden zu verdrängen, eine Immanenz herzustellen, die in der Tat nicht nur Verkennung erzeugt, sondern auch tatsächlich eine Schutzfunktion hat. So gesehen geht es um ein Mißtrauen gegenüber einer gelungenen Verdrängungsleistung, und dieses Mißtrauen kann sich nur darauf berufen, daß es Leiden gibt, welches an der metaphysischen Erfahrung gar keine Bestimmung mehr hat, -also in diesem Sinne gar nicht erfahren wird. Warum aber sollte man nicht-erfahrenes Leiden überhaupt kritisieren, -warum sollte man versuchen, eine lebbare Immanenz zu sprengen und damit einen vielleicht lebbaren Status der Versöhnung aufs Spiel setzen?

Der Preis für diese Immanenz ist die Ent-Individualisierung: das bedeutet aber umgekehrt, daß das Leiden, falls es auftritt, individualisiert bleibt. Das Fortbestehen schlechter Individualität ist es schließlich, was die Negative Hermeneutik motiviert, und was ihrem möglichen Ethos zu Grunde liegt. Die schlechte Individualität ist jene, die sich zu Gunsten einer Allgemeinheit in der Erfahrung auflösen muß und die, falls sie eine nicht-metaphysische Erfahrung überhaupt macht, in sich verloren bleibt als Kontingenz oder als Bestimmung durch das Allgemeine. Das Nicht-Verstehen wäre so ein Rechtstitel einer Individualität, die ihrer eigenen nicht-kontingenten und unbestimmten Negativität inne ist. Das aber würde in einer radikalen Zuspitzung auch bedeuten, daß diese Individualität aus der Sprache sich zurückzieht. Der Nominalismus schreibt der Sprache eben auch eine Schutzfunktion zu: man spricht, um sich nicht die Köpfe einzuschlagen, um etwas zu haben, was gegen die Verlorenheit der Menschen steht. Nun ist diese nominalistische Konzeption zweifellos ein Mythos, da sie von einer Urschöpfung der Sprache ausgeht. Vielmehr gab es diese Verlorenheit der Individualität vor der Sprache nicht; es gab diese Verlorenheit immer nur als Möglichkeit, als Bedrohung, die die Menschen zur Sprache verhielt.

Die Individualität oder das Nicht-Sprachliche ist so als das Böse gesetzt: selbst der Teufel verschwindet in der Sprache, sofern man ihn eben beim Namen nennen kann. Und wie nach christlichem Muster der Teufel verschwindet, sobald er identifiziert ist, -so funktioniert auch das Ethos der Versöhnung per sprachlicher Vermittlung in der traditionellen Hermeneutik. Demgegenüber wäre ein Teufel zu denken, der keinen Namen hat, und deswegen auch nicht verschwinden kann, sobald er benannt wird. Dieses Böse hat dann eben keine Bestimmung mehr und sofern es sich als Fortdauer des Unfriedens, des Krieges in dieser Welt manifestiert, kann es nicht kontingent sein. Es ist nämlich genau dies die Frage, was den Menschen passiert, wenn sie den Teufel unter ihnen nicht erkennen. Freilich sind sie dann der Lockung des Bösen und der Sünde verfallen, aber nur Gott hat dann noch einen Begriff von dieser Sünde und vom Teufel. *Negative Hermeneutik* ist in einem weiteren Schritt die Anerkennung des substantiell Bösen und damit in einer letzten Konsequenz doch gegen die Grundzüge des Humanismus und des Protestantismus (welche Geisteshaltungen durchaus homogen zueinander stehen) gerichtet: der Teufel ist keine Bestimmung Gottes mehr, sondern kogenuin mit dem 'alten Herrn'. Da aber gerade deswegen das Böse nicht als böse bestimmt werden kann, ist auch diese Benennung der Negativität hinfällig.

Man kann nicht sagen, daß es Gott nicht gelungen wäre, den Teufel zu verstoßen oder, um aus den christlichen Mysterien wieder zurückzukehren: man kann nicht sagen, daß die Humanisierung nicht gelungen wäre. Man kann überhaupt wenig sagen, denn es gibt für das Gelingen der Humanisierung kein Maß. Es gibt nur die Bestimmung eines Standes der Humanisierung in sich selbst, und diese Bestimmung reflektiert eben einen historischen Status. Dieser ist für die Negative Hermeneutik notwendig: Nicht-Verstehen ist erst in einer bestimmten historischen Konstellation möglich; setzt eben bestimmte Prozesse voraus. Die historische Relativität des Nicht-Verstehens hängt von der Möglichkeit der oben erwähnten Angstfreiheit ab, die ebenfalls mit der Humangeschichte variiert. Die historische Relativität bedeutet hier nicht Datierbarkeit; -auch ist sie eng bezogen auf das christliche Abendland.

Nicht-Verstehen setzt Angstfreiheit voraus; diese setzt wiederum eine gewisse Bildung des Selbstbewußtseins voraus. Die Stärke des Selbstbewußtseins, -seine Verhärtung in ausgrenzender Identität hängt von der Stärke des hermeneutischen Bedürfnisses ab, welches wiederum auf die Lebensnot reagiert. Solange eine bestimmte Lebensnot vorherrscht, ist die traditionelle Hermeneutik das Adäquate, denn sie ist der Prozeß dieser Bestimmung hin zu einer möglichen Versöhnung mit dieser Lebensnot. Es ist in diesem Sinne eine Ära von Aneignung einer allgemeinen Wirklichkeit auf Kosten des Individuellen. Diese real-geschichtliche Ära, die Hegel einst als Weltprozeß deklarierte, hat lokal zu einem Ende gefunden, das sich als Bruch zeitigt. Als Bruch einerseits, weil das Glücksversprechen nicht eingehalten worden ist; als Bruch andererseits, weil das vollendete Selbstbewußtsein als Allgemeines nun eine andere Art von Lebensnot erzeugt. Diese könnte man als unbestimmte Lebensnot bezeichnen, denn sie hat kein bestimmtes Pedant an der Wirklichkeit als Allgemeinheit.

Der Begriff der unbestimmten Lebensnot bezieht sich auf zwei Wurzeln; - zum einen wäre, nach Maßgabe der zivilisatorischen Möglichkeiten, eine Menschenwelt denkbar, in welcher kein einzelner eine bestimmte Not leiden müßte. Was damit angesprochen sein soll, ist die Abschaffbarkeit der Not, die der Natur referiert, also Not, die durch Hunger, Raumknappheit und sonstiger Gewalt entsteht. Diese Abschaffbarkeit bestimmter Not läßt erst die unbestimmte Lebensnot zu. Die zweite Wurzel dieser unbestimmten Lebensnot ist die Bildung des Unbewußten: in dem Maße, wie das Selbstbewußtsein sich gebildet hat, also sich zu einer Allgemeinheit aufschwingt, entfaltet sich auch die Wirklichkeit des Unbewußten. Wer Hunger leidet, -dessen Unbewußtes hat kaum Wirklichkeit. Und erst auf ein gebildetes Unbewußtes läßt sich Bezug nehmen, welcher Akt eben die erwähnte Angstfreiheit ermöglicht.

Die Schwelle von bestimmter und unbestimmter Lebensnot fordert nicht nur die Entfaltung des (Hegelschen) Selbstbewußtseins bzw. des (ganz Un-

hegelschen) Unbewußten: auch die soziale Realität hat sich zur vollen Staatlichkeit entfaltet wobei Staatlichkeit hier nicht mehr als bloße Struktur der
sozialen Realität gedacht ist, sondern als einzig mögliche Form, wie dieselbe
erfahren werden kann. Auch das Gesetz hat sich entfaltet, etwa in dem Sinne,
daß es keinen Phänomenbereich gibt, der sich dem Interesse der Wissenschaft an der Wirklichkeit entziehen würde. Besagte Schwelle ist also historisch markiert: im Umschlag von bestimmter in unbestimmte Lebensnot wird
die traditionelle Hermeneutik inadäquat. Nun: wir können hier nicht den
historischen Ort einer *Negativen Hermeneutik* zufriedenstellend herleiten; es
soll genügen, die historische Relativität des Nicht-Verstehens in Bezug auf
Angstfreiheit als Resultat der Bildung des Selbstbewußtseins in Abhängigkeit
von der Ausbildung des Unbewußten, des Gesetzes und der sozialen Realität
angedeutet zu haben.

Das mögliche Ethos einer *Negativen Hermeneutik* wäre somit letztlich in
der Kritik an der Wirklichkeit zu lokalisieren. Das meint nicht die Kritik an
einer bestimmten Verfassung der Wirklichkeit, sondern das Aufbegehren
gegen die Macht der Wirklichkeit gegen das Individuelle. Im Nicht-
Verstehen ist damit die Angst vor der eigenen Unwirklichkeit aufgegeben,
und diese Aufgabe korrespondiert vielleicht dem Umstand, daß der Status
eines möglichen umfassenden Glücks eben auch einer von Unwirklichkeit ist.

VII. Literaturverzeichnis

Abraham, K.: 'Psychoanalytische Studien'; Frankfurt 1969

Adler, A: 'Studie über die Minderwertigkeit von Organen'; Frankfurt 1979

Adorno, Th. W.: 'Ästhetische Theorie'; Frankfurt 1973
-ders.: 'Jargon der Eigentlichkeit'; Frankfurt 1974
-ders.: 'Minima Moralia'; Frankfurt 1975 I
-ders.: 'Negative Dialektik'; Frankfurt 1975 II
-ders.: 'Soziologische Schriften I und II; Frankfurt 1974/75
-ders.: 'Gesammelte Schriften'; Frankfurt 1973-1978

Apel, K. -O.: 'Transformation der Philosophie'; Frankfurt 1976

Arbeitskreis Öffentlichkeitsbeteiligung (Autorenkollektiv): 'Bürger ante portas'; Essen 1975

Ariès, P.: 'Studien zur Geschichte des Todes im Abendland'; München 1981

Aristoteles: 'opera, ex recensione I. Bekkeri'; Berlin 1960
-ders.: 'Metaphysik'; Hamburg 1966

Bachelard, G.: 'Die Philosophie des Nein'; Wiesbaden 1978

Bachmann, C.H.: 'Psychoanalyse und Verhaltenstherapie'; Frankfurt 1975

Basaglia, F.: ' Die negierte Institution - Die Gemeinschaft der Ausgestossenen'; Frankfurt 1971

Bataille, G.: 'Die Aufhebung der Ökonomie'; München 1974

Batson, G. et al.: 'Schizophrenie und Familie'; Frankfurt 1972

Beauvoir, S. de: 'Das andere Geschlecht'; Reinbek bei Hamburg 1968

Benjamin, W.: 'Gesammelte Schriften'; Frankfurt 1980

Bergson, H.: 'Denken und schöpferisches Werden'; Frankfurt 1987
-ders.: 'Zeit und Freiheit'; Frankfurt 1989

Biemel, W.: 'Heidegger'; Reinbek bei Hamburg 1973

Bilz, R.: 'Paläoanthropologie I und II'; Frankfurt 1973/74

Birbaumer, N.: 'Physiologische Psychologie'; Berlin 1975

Bortz, J.: 'Statistik für Sozialwissenschaftler'; Berlin 1979

Bourke, J.G.: 'Das Buch des Unrats'; Frankfurt 1992

Bourdieu, P.: 'Die feinen Unterschiede'; Frankfurt 1982
-ders.: 'Zur Soziologie der symbolischen Formen'; Frankfurt 1974

Bubner, R.; Cramer, K. und Wiehl, R. (Hrsg.): 'Hermeneutik und Dialektik'; Tübingen 1970

Burke, P.: 'Vico'; Berlin 1987

Camus, A.: 'Der Mythos von Sisyphos'; Reinbek bei Hamburg 1959

Canguilhem, G.: 'Das Normale und das Pathologische'; Berlin 1972

Changeux, J.P.: 'Der neuronale Mensch'; Reinbek bei Hamburg 1984

Chasseguet-Smirgel, J. (Hrsg.): 'Psychoanalyse der weiblichen Sexualität'; Frankfurt 1976

Childe, V.G.: 'Soziale Evolution'; Frankfurt 1973

Cixous, H.: 'Die unendliche Zirkulation des Begehrens'; Berlin 1977

Compte, A.: 'Die Soziologie'; Stuttgart 1974

Corea, G.: 'Mutter Maschine'; Berlin 1985

Cremerius, J.: 'Zur Theorie und Praxis der psychosomatischen Medizin'; Frankfurt 1978

Dahmer, H.: 'Libido und Gesellschaft'; Frankfurt 1982

Daly, M.: 'Reine Lust - Elemental-feministische Philosophie'; Berlin 1985

Darwin, C.: 'Die Abstammung des Menschen'; Stuttgart 1966

Derrida, J.: 'Die Schrift und die Differenz; Frankfurt 1976
-ders.: 'Grammatologie'; Frankfurt 1974
-ders.: 'Vom Geist - Heidegger und die Frage'; Frankfurt 1992
-ders.: 'Gesetzeskraft. Der mythische Grund der Autorität'; Frankfurt 1991

Dieckmann, B. und Pescatore, F. (Hrsg.): 'Lektüre zu de Sade'; Frankfurt 1981

Diels, H.: 'Die Fragmente der Vorsokratiker'; Berlin 1922

Dilthey, W.: 'Gesammelte Schriften'; Stuttgart und Göttingen 1968
-ders.: 'Das Wesen der Philosophie'; Stuttgart 1984

Dörner, K. und Plog, U.: 'Irren ist menschlich'; Wunsdorf 1980

Duerr, H.P. (Hrsg.): 'Die Wissenschaft und das Irrationale'; Frankfurt 1985
-ders. (Hrsg.): 'Sehnsucht nach dem Ursprung'; Frankfurt 1983
-ders.: 'Traumzeit - Über die Grenze zwischen Wildnis und Zivilisation'; Frankfurt 1978
Durkheim, E.: 'Erziehung, Moral und Gesellschaft'; Darmstadt 1978
-ders.: 'Regeln der soziologischen Methode'; Neuwied 1965

Eliade, M.: 'Das Heilige und das Profane'; Reinbek bei Hamburg 1955

Elias, N.: 'Über den Prozeß der Zivilisation'; Frankfurt 1977

Eysenck, M. W.: 'theories on arousal'; New York 1980

Feldenkrais, M.: 'Die Entdeckung des Selbstverständlichen'; Frankfurt 1986

Fichte, J. G.: 'Weke'; Berlin 1971

Forget, P. (Hrsg.): 'Text und Interpretation'; München 1984

Foucault, M.: 'Sexualität und Wahrheit' (3 Bände); Frankfurt 1986
-ders.: 'Wahnsinn und Gesellschaft'; Frankfurt 1973
-ders.: 'Die Ordnung der Dinge'; Frankfurt 1974

Frank, M.: 'Das Sagbare und das Unsagbare'; Frankfurt 1980
-ders.: 'Gott im Exil'; Frankfurt 1988

Freud, S.: 'Studienausgabe'; Frankfurt 1968-1975

Gadamer, H. G.: 'Wahrheit und Methode'; Tübingen 1975
-ders. und Habermas, J.: 'Das Erbe Hegels'; Frankfurt 1979
-ders.: 'Replik' in 'Hermeneutik und Ideologiekritik' Frankfurt 1980
-ders. und Boehm, G. (Hrsg.): 'Die Hermeneutik und die Wissenschaften'; Frankfurt 1978

Gehlen, A.: 'Anthropologische Forschung'; Reinbek bei Hamburg 1961

Groddeck, G.: 'Das Buch vom Es'; Frankfurt 1979

Habermas, J.: 'Der Universalitätsanspruch der Hermeneutik' in 'Hermeneutik und Ideologiekritik'; Frankfurt 1980
-ders.: 'Theorie des kommunikativen Handelns'; Frankfurt 1981

Halder, F.: 'Verhaltenstherapie'; München 1975

Hartmann, E. v.: 'Philosophie des Unbewußten'; Leipzig 1931

Haug, G. und Kamann, F.: 'Selbstverwaltung - die Basis einer befreiten Gesellschaft'; Reutlingen 1981

Hegel, G. W. F.: 'Werkausgabe'; Frankfurt 1969-1974
-ders.: 'Frühe politische Systeme'; Berlin 1974

Heidegger, M.: 'Sein und Zeit'; Tübingen 1972
-ders.: 'Unterwegs zur Sprache', Pfullingen 1959
-ders.: 'Über den Humanismus' in Haag, K. H. (Hrsg.): 'Die Lehre vom Sein in der modernen
    Philosophie'; Frankfurt 1963
-ders.: 'Holzwege'; Frankfurt 1950
-ders.: 'Einführung in die Metaphysik'; Tübingen 1970 I
-ders.: 'Was heißt Denken'; Tübingen 1970 II
-ders.: 'Schellings Abhandlung über das Wesen der menschlichen Freiheit'; Tübingen 1973
-ders.: 'Zur Seinsfrage'; Frankfurt 1956
-ders.: 'Nietzsche'; Pfullingen 1961

Heinrich, K.: 'Versuch über die Schwierigkeit nein zu sagen'; Frankfurt 1982
-ders.: 'tertium datur'; Frankfurt 1981

Herriot, P.: 'Psychologie der Sprache'; München 1974

Hinrichs, I.: 'Sterben in Indien' in 'In irrer Gesellschaft'; Frankfurt 1979

Hobbes, T.: 'Leviathan'; Reinbek bei Hamburg 1965

Hörisch, J.: 'Die Wut des Verstehens'; Frankfurt 1988

Hofstadter, D. R.: 'Gödel, Escher, Bach'; Stuttgart 1985

Horkheimer, M.: 'Kritische Theorie der Gesellschaft'; Frankfurt 1968
-ders.: 'Sozialphilosophische Studien'; Frankfurt 1972

Horstmann; R.P. (Hrsg.): 'Dialektik in der Philosophie Hegels'; Frankfurt 1978

Huber, E.: 'Alternative Gesundheitspolitik' in 'Handbuch für alternative Kommunalpolitik';
    Bielefeld 1985

Hume, D.: 'Prinzipien der Moral'; Hamburg 1972

Husserl, E.: 'Cartesianische Meditationen'; Hamburg 1977
-ders.: 'Logische Untersuchungen'; Tübingen 1968

Irigaray, L.: 'Waren, Körper, Sprache - Der ver-rückte Diskurs der Frau'; Berlin 1976
-dies.: 'Unbewußtes, Frauen, Psychoanalyse'; Berlin 1977
-dies.: 'Speculum'; Frankfurt 1981

Jacobson, E.: 'Das Selbst und die Welt der Objekte'; Frankfurt 1978

Jaspers, K.: 'Von der Wahrheit'; München 1991
-ders.: 'Vernunft und Existenz'; München 1973

Joseph, B.: 'Verstehen und Nicht-Verstehen'; in: 'Psyche 11, Jahrgang 40'; Stuttgart 1986

Jung, C. G.: 'Gesammelte Werke'; Freiburg 1966-1972

Kafka, F.: 'Gesammelte Werke'; Frankfurt 1976

Kant, I.: 'Werkausgabe'; Frankfurt 1977
-ders.: 'Frühschriften'; Berlin 1961
Kierkegaard, S.: 'Die Krankheit zum Tode'; München 1976 I
-ders.: 'Furcht und Zittern'; München 1976 II
-ders.: 'Philosophische Brocken'; Frankfurt 1975

Klages, L.: 'Vom kosmogonischen Eros'; Stuttgart 1921
-ders.: 'Grundlegung der Wissenschaft vom menschlichen Ausdruck'; Bonn 1950

Klein, M.: 'Das Seelenleben des Kleinkindes'; Reinbek bei Hamburg 1972

Koch, E. R.: 'Chirurgie der Seele'; Frankfurt 1978

Kojève, A.: 'Hegel'; Frankfurt 1975

Kracauer, S.: 'Geschichte - Vor den letzten Dingen'; Frankfurt 1977

Kristeva, J. (Hrsg.): 'Textsemiotik und Ideologiekritik'; Frankfurt 1977

Kutschera, F.v.: 'Wissenschaftstheorie I und II'; München 1972

Lacan, J.: 'Schriften I, II und III'; Olten 1973-1986
-ders.: 'Das Ich in der Theorie Freuds und in der Technik der Psychoanalyse (Seminar II)';
    Olten 1980

Lang, M.: 'Sprache - das Medium psychoanalytischer Therapie' in: Gadamer, H. G. und
    Boehm, G. (Hrsg.): 'Die Hermeneutik und die Wissenschaften'; Frankfurt 1978

Laplanche, J. und Pontalis, J. B.: 'Das Vokabular der Psychoanalyse'; Frankfurt 1975

Laubenthal, F.: 'Leitfaden der Neurologie; Stuttgart 1976

LeBon, G.: 'Psychologie der Massen'; Stuttgart 1959

Lepenies, W.: 'Soziologische Anthropologie'; Berlin 1977

Leuninger, H., Miller, M. H. und Müller, F.: 'Psycholinguistik - Ein Forschungsbericht'; Frankfurt 1972

Lévi-Strauss, C.: 'Strukturale Anthropologie'; Frankfurtt 1972 I
-ders.: 'Das wilde Denken'; Frankfurt 1973
-ders.: 'Mythologica' (4 Bände); Frankfurt 1976
-ders.: 'Rasse und Geschichte'; Frankfurt 1972 II

Lichtheim, G.: 'Das Konzept der Ideologie'; Frankfurt 1973

Locke, J.: 'Über die Regierung'; Reinbek bei Hamburg 1966

Lorenz, K.: 'Über tierisches und menschliches Verhalten'; Frankfurt 1967

Lorenzen, P.: 'Konstruktive Wissenschaftstheorie'; Frankfurt 1974

Lorenzer, A.: 'Sprachzerstörung und Rekonstruktion'; Frankfurt 1973
-ders.: 'Die Wahrheit der psychoanalytischen Erkenntnis - Ein historisch materialistischer Entwurf'; Frankfurt 1976

Luhmann, N.: 'Politische Planung'; Opladen 1971
-ders.: 'Soziale Systeme'; Frankfurt 1987
-ders.: 'Die Wissenschaft der Gesellschaft'; Frankfurt 1992
-ders.: 'Rechtssoziologie'; Reinbek bei Hamburg 1972

Lukács, G.: 'Geschichte und Klassenbewußtsein'; Darmstadt 1970

Lyotard, J. F.: 'Intensitäten'; Berlin 1978

Mannoni, M.: 'Die wilden Kinder'; Frankfurt 1979

Marx, K. und Engels, F.: 'Werke' (MEW); Berlin 1972-1976

Mayntz, R.: 'Funktion der Beteiligung bei öffentlicher Planung'; Berlin 1972

Mead, G. H.: 'Geist, Identität und Gesellschaft'; Frankfurt 1978

Merleau-Ponty, M.: 'Phänomenologie der Wahrnehmung; Berlin 1966

Nietzsche, F.: 'Werke'; Berlin 1969-1972

Oppitz, M.: 'Notwendige Beziehungen'; Frankfurt 1975

Parsons, T.: 'Zur Theorie sozialer Systeme'; Wiesbaden 1976
-ders.: 'Soziologische Theorie'; Darmstadt und Neuwied 1973
-ders. und Schütz, A.: 'Zur Theorie des sozialen Handelns - Ein Briefwechsel'; Frankfurt 1977

Piaget, J.: 'Gesammelte Werke' (Studienausgabe); Stuttgart 1975

-ders.: 'Einführung in die genetische Erkenntnistheorie'; Frankfurt 1973 I
-ders.: 'Die Bildung des Zeitbegriffs beim Kinde'; Frankfurt 1974
-ders.: 'Das moralische Urteil beim Kinde'; Frankfurt 1973 II

Platon: 'Platonis Opera'; ed. I, Burnet, Oxford 1906
-ders.: 'Sämtliche Werke'; Reinbek bei Hamburg 1957

Plessner, H.: 'Die Stufen des Organischen und der Mensch'; Berlin 1975

Pörksen, N.: 'Kommunale Psychiatrie'; Reinbek bei Hamburg 1974

Reik, T.: 'Psychoanalyse und Justiz'; Frankfurt 1974
-ders.: 'Hören mit dem dritten Ohr'; Frankfurt 1983

Ricœur, P: 'Geschichte und Wahrheit'; München 1974 I
-ders.: 'Die Interpretation'; München 1974 II

Róheim, G.: 'Psychoanalyse und Anthropologie'; Frankfurt 1977

Rosanow, J. A.: 'Wahrscheinlichkeitstheorie'; Berlin 1970

Rousseau, J. J.: 'Emil'; Leipzig 1928

Royce, J. R. (Ed.): 'Multivariate analysis and psychological theory'; New York 1973

Salomon, W. C. (Ed.): 'Statistical Explanation and Statistical Relevance'; Pittsburgh 1971

Sartre, J. P.: ' Das Sein und das Nichts'; Reinbek bei Hamburg 1952
-ders.: 'Kritik der dialektischen Vernunft'; Reinbek bei Hamburg 1967

Sattler, M. (Hrsg.): 'Staat und Recht'; München 1972

Schelling, F. W. J.: 'Philosophie der Offenbarung'; Frankfurt 1977
-ders.: 'System des transzendentalen Idealismus'; Hamburg 1992
-ders.: 'Über das Wesen der menschlichen Freiheit'; Frankfurt 1975

Schelsky, H.: 'Die Soziologen und das Recht'; Opladen 1980

Schleiermacher, D. F. E.: 'Werkauswahl in vier Bänden'; Leipzig 1911
-ders.: 'Hermeneutik und Kritik'; Frankfurt 1977

Schmidt, R. F.: 'Grundriß der Neurophysiologie'; Berlin 1979

Schneeweiß, H.: 'Ökonometrie'; Würzburg - Wien 1971

Schopenhauer, A.: 'Sämtliche Werke'; Wiesbaden 1966-1972

Schütz, A.: 'Der sinnhafte Aufbau der sozialen Welt'; Frankfurt 1974

-ders.: 'Theorie der Lebensformen'; Frankfurt 1981
-ders.: 'Gesammelte Aufsätze I und II'; Den Haag 1972

Schurz, R.: 'Ethik nach Adorno'; Frankfurt 1985
-ders.: 'Die Aufgabe der Therapie' in 'Fragmente - Schriftreihe zur Psychoanalyse Bd. 35/36';
    Kassel 1991
-ders. und Pflüger, J.: 'Der maschinelle Charakter'; Wiesbaden 1986
-ders.: 'Algorithmus und Ambivalenz' in Krafft, A. und Ortmann, G. (Hrsg.): 'Computer und
    Psyche'; Frankfurt 1988

Shannon, C. E.: und Weaver, W.: 'The Mathematical Theory of Communication'; Bell System
    Tech. J. 27, 1948, Urbana 1949

Skinner, B. F.: 'Die Funktion der Verstärkung'; München 1974

Smith, A.: 'Eine Untersuchung über Natur und Wesen des Volkswohlstandes'; Gießen 1973

Sonnemann, U.: 'Negative Anthropologie'; Frankfurt 1981

Spengler, O.: 'Der Untergang des Abendlandes'; München 1972

Spinoza, B. d.: 'Ethik'; Leipzig 1975

Stegmüller, W.: 'Probleme und Resultate der Wissenschaftstheorie' (Vier Bände); New York,
    Heidelberg, Berlin 1969-1973

Stierlin, H.: 'Astrologie und Herrschaft'; Frankfurt 1988

Suchenwirth, R.: 'Taschenbuch der klinischen Neurologie'; Stuttgart 1975

Szasz, T.: 'Psychiatrie - Die verschleierte Macht'; Frankfurt 1978

Szondi, P.: 'Einführung in die literarische Hermeneutik'; Frankfurt 1975
-ders.: 'Poetik und Geschichtsphilosophie'; Frankfurt 1974

Theweleit, K.: 'Männerphantasien'; Frankfurt 1977

Touraine, A.: 'Was nützt die Soziologie?'; Frankfurt 1976

Uexküll, T. v. (Hrsg.): 'Lehrbuch der psychosomatischen Medizin'; München 1981

Voland, E. (Hrsg.): 'Fortpflanzung: Natur und Kultur im Wechselspiel'; Frankfurt 1992

Weber, M.: 'Die protestantische Ethik und der Geist des Kapitalismus'; Tübingen 1934
-ders.: 'Soziologie - Universalgeschichtliche Analysen - Politik'; Stuttgart 1973

Weininger, O.: 'Geschlecht und Charakter'; Berlin 1932

Weizsäcker, C. F. v.: 'Die Einheit der Natur'; München 1974
-ders.: 'Aufbau der Physik'; München 1988

Weizsäcker, V. v.: 'Der Gestaltkreis'; Frankfurt 1973
-ders.: 'Diesseits und Jenseits der Medizin'; Stuttgart 1950
-ders.: 'Natur und Geist'; München 1977

Wendler, J.: 'Retardierung der kognitiven Entwicklung' in : Hetzer, G. und Todt, H. (Hrsg.):
    'Angewandte Entwicklungspsychologie'; Heidelberg 1979

Wittgenstein, L.: 'Philosophische Untersuchungen'; Frankfurt 1975
-ders.: 'Über Gewißheit'; Frankfurt 1984